江苏省旅游协会2014年重点研究课题

智慧旅游理论研究·智慧旅游实践发展·智慧旅游典型案例

姚国章 丁世红 周晓平
韩玲华 刘忠祥 高 峰 ◎著

智慧旅游新探索

Zhihui Lüyou Xin Tansuo

东北师范大学出版社
NORTHEAST NORMAL UNIVERSITY PRESS
长春

图书在版编目（CIP）数据

智慧旅游新探索 / 姚国章等著． —长春：东北师范大学出版社，2015.9
ISBN 978-7-5681-1283-3

Ⅰ．①智… Ⅱ．①姚… Ⅲ．①地方旅游业—旅游业发展—研究—江苏省 Ⅳ．①F592.753

中国版本图书馆 CIP 数据核字（2015）第 225365 号

□策划编辑：王红娟　□封面设计：中联学林
□责任编辑：刘玥婷　□内文设计：中联学林
□责任校对：张　帆　□责任印制：张允豪

东北师范大学出版社出版发行
长春市净月开发区金宝街118号（邮政编码：130117）
销售热线：0431—84568122
传真：0431—84568122
网址：http://www.nenup.com
电子函件：sdcbs@mail.jl.cn
北京天正元印务有限公司印装
2016年1月第1版　2016年1月第1版第1次印刷
幅面尺寸：170mm×240mm　印张：18　字数：280千

定价：54.00元

序

众所周知，旅游业不仅是促进国民精神文化享受、提升文明素质的重要行业，而且是促进人的全面发展进步的重要事业。作为一种国民经济地位越来越重要的综合性产业，旅游业具有关联度大、涉及面广、带动作用强、贡献度高等特点，对稳增长、调结构、惠民生、促转型、增活力意义重大。在新形势下，加快旅游业的发展，是适应人民群众消费升级和产业结构调整的必然要求，对拉动就业、增加收入、提高人民生活质量、增进国际交流、促进经济平稳增长和生态环境改善以及形成国家与地区综合实力等方面都有着巨大的作用。进一步加快旅游业的健康、快速发展，已成为全国各地共同面临的一项战略性任务。

智慧旅游作为旅游业发展运营的一种新模式，是游客市场需求与现代信息技术驱动旅游业创新发展的新动力和新趋势，既是全面提升旅游业发展水平、促进旅游业转型升级、提高旅游满意度的重要抓手，又是把旅游业建设成为国民经济的战略性支柱产业和人民群众更加满意的现代化服务业的战略选择，因此，智慧旅游的发展具有十分重要的意义。

江苏省是智慧旅游概念的发源地。数年来，全省旅游系统以及相关各方共同对智慧旅游进行了多方面的探索，并取得了令人欣喜的进展。在理论研究方面，省内相关高校和科研机构活跃着一支以智慧旅游为主要研究对象的专家队伍，取得了不少有价值的成果，本书的出版便是其中有代表性的成果之一；在智慧旅游城市建设方面，南京、苏州、无锡等全省7个首批国家智慧旅游试点城市通过组建智慧旅游城市联盟的方式，结合各自的实际情况，开展了卓有成效的探索，部分智慧城市的建设水平已处在国内前列；在智慧旅游企业方面，江苏省既拥有途牛、同程等国内一流的旅游电商服务企业，又在近几年形成了"有客网络""八爪鱼在线旅游"等一批有代表性的智慧旅游服务企业；在智慧景区建设方面，江苏省近年来涌现出了灵山大佛、镇江茅山以及苏州山塘等一系列特色明显、成效显著的智慧景区典型，为全国智慧景区的建设树立起了良好的典范；在智慧旅游人才培养方面，江苏省旅游局已会同相关高校和培训机构，开展了智慧旅游专业人才的教育和培训工作，并正在探索常规人才的培训机制；在智慧政务建设方面，旅游系统省、市、县三级政务网络已建成运行，成了政府支撑智慧旅游发展的重要载体，与此同时，智慧旅游云计算和大数据平台等重大工程已开始进行部署；在智慧旅游新媒体应用方面，江苏省已积累了较多的经验，省局微博获得全国大奖，南京、无锡、苏州、扬州等市在微博、微信等应用方面已积累了丰富的经验，为其他城市智慧旅游的发展提供了借鉴。总体而言，经过近五年的快速推进，江苏省在智慧旅游建设方面成果丰富、成绩明显、成效显著，为江苏省建设旅游强省和世界一流的旅游目的地奠定了坚实的基础。当然，我们在看到进步的同时，也应认识到，全省智慧旅游的发展存在的问题和困难错综复杂，所面临的挑战多种多样。我们要结合国家对智慧旅游的发展要求，紧密结合全省的实际情况，一步一个脚印地走出一条有特色、有成效、有新意、有生命力的智慧旅游发展道路。

从国内外智慧旅游发展的实践来看，智慧旅游并没有一个固定的模式。各类用于旅游营销、服务、管理、政务以及游客体验的新一代信息通信技术都可看作对智慧旅游的具体探索，尤其要结合国家旅游局在传统的吃、住、行、游、购、娱旅游六要素基础上最新提出的商、养、学、闲、情、奇六大旅游发展要素。各级政府旅游主管部门应积极引导并大力支持各种形式的创新，努力营造全社会"关注智慧旅游，参与智慧旅游，创新智慧旅游"的良好氛围，合力推进智慧旅游科学有序、健康快速的发展。

毋庸置疑，智慧旅游的发展是一项光荣而艰巨的伟大事业，只有起点，没有终点。期待国内的有识之士携起手来，加强合作与交流，共同为开创我国智慧旅游建设的新局面做出应有的贡献。

江苏省旅游协会会长 左一鸥
2015 年 6 月

目 录
CONTENTS

第 1 章 智慧旅游概述 ………………………………………………… 1
  1.1 智慧旅游概念的提出 2
  1.2 对智慧旅游的基本认识 2
  1.3 智慧旅游的发展体系 7
  1.4 智慧旅游的重点建设项目 10
  1.5 国家对智慧旅游发展的指导意见 13
  1.6 本章小结 17

第 2 章 国内外智慧旅游发展状况 …………………………………… 18
  2.1 新加坡智慧旅游的发展 18
  2.2 韩国智慧旅游的发展 24
  2.3 北京智慧旅游的发展 28
  2.4 青岛智慧旅游城市建设 33
  2.5 本章小结 38

第 3 章 智慧旅游公共服务平台建设 ………………………………… 39
  3.1 智慧旅游公共服务体系概述 39
  3.2 对智慧旅游公共服务平台的理解 43
  3.3 国内智慧旅游公共服务平台发展状况 46
  3.4 建设智慧旅游公共服务平台的必要性和可行性 47

3.5 智慧旅游公共服务平台框架体系设计 50
3.6 智慧旅游公共服务平台应用系统设计 58
3.7 北京智慧旅游公共服务平台建设案例 71
3.8 本章小结 74

第4章 智慧旅游实现技术 …………………………………… 75
4.1 智慧旅游实现技术概述 75
4.2 云计算技术在智慧旅游中的应用 77
4.3 物联网技术在智慧旅游中的应用 85
4.4 移动互联网在智慧旅游中的应用 94
4.5 大数据在智慧旅游中的应用 100
4.6 本章小结 107

第5章 智慧景区建设与案例 …………………………………… 109
5.1 智慧景区概述 109
5.2 智慧景区的主要应用系统 112
5.3 智慧景区建设的内容 114
5.4 美国韦尔滑雪度假村智慧景区案例 119
5.5 九寨沟—黄龙智慧景区发展案例 121
5.6 "智慧黄山"建设与发展案例 135
5.7 青城山—都江堰智慧景区发展案例 142
5.8 本章小结 148

第6章 智慧酒店发展与案例 …………………………………… 149
6.1 智慧酒店概述 149
6.2 智慧酒店的应用系统 152
6.3 我国智慧酒店建设的参考规范 157
6.4 国际智慧酒店发展案例 160
6.5 黄龙智慧酒店建设案例 164
6.6 本章小结 173

第7章 智慧旅游卡的开发与应用 ······ 175
7.1 智慧旅游卡的需求分析 175

7.2 智慧旅游卡的功能分析 181

7.3 基于智慧旅游卡的服务平台建设 194

7.4 本章小结 202

第8章 江苏智慧旅游发展状况 ······ 203
8.1 南京市智慧旅游发展 203

8.2 无锡市智慧旅游发展 206

8.3 徐州市智慧旅游建设 208

8.4 常州市智慧旅游发展 209

8.5 苏州市智慧旅游发展 213

8.6 南通市智慧旅游建设 215

8.7 连云港市智慧旅游建设 216

8.8 淮安市智慧旅游建设 217

8.9 盐城市智慧旅游建设 219

8.10 扬州市智慧旅游建设 220

8.11 镇江市智慧旅游发展 223

8.12 泰州市智慧旅游建设 225

8.13 宿迁市智慧旅游建设 226

8.14 本章小结 228

第9章 江苏智慧旅游发展典型案例 ······ 229
9.1 茅山智慧景区建设与发展案例 229

9.2 沙家浜—虞山尚湖智慧景区建设与发展案例 237

9.3 环球动漫嬉戏谷智慧景区建设与发展案例 246

9.4 七里山塘智慧景区建设与发展案例 250

9.5 本章小结 255

第10章 江苏智慧旅游发展战略 ……………………………………… 256
  10.1 江苏智慧旅游发展总体状况 256
  10.2 江苏智慧旅游发展存在的主要问题 261
  10.3 江苏智慧旅游发展的规划部署 262
  10.4 江苏智慧旅游发展对策建议 269
  10.5 本章小结 276

后 记 …………………………………………………………………… 277

第1章

智慧旅游概述

众所周知,旅游业是国民经济的战略性产业,具有资源消耗低、带动效应强、就业机会多、综合效益好、发展潜力大等诸多方面的优势,可谓是人类社会永不衰落的黄金产业。在我国,自改革开放以来,旅游业一直保持着极其旺盛的生命力,当之无愧地成为国民经济中最有发展前途的行业之一。在今后较长的时期,我国旅游业仍将保持十分强劲的发展势头。《国务院关于加快发展旅游业的意见》明确提出,要把旅游业培育成国民经济的战略性支柱产业和人民群众更加满意的现代服务业。面对社会经济发展的新常态、新机遇,我国旅游业该如何抢占机遇,转变发展方式,提升旅游产业发展的总体增长质量和综合素质,进一步增强我国旅游业在世界旅游经济体系中的竞争力和话语权,是一项十分重要而又紧迫的课题。充分利用现代信息通信技术,加快智慧旅游的应用与发展,全面提升我国旅游业的信息化发展水平和整体发展能力,是我国旅游业当前所面临的一项重大任务。当前,智慧旅游(Smart Tourism)在我国正处在如火如荼的发展状态之中,实践的推进很大程度上超越了理论的发展,因此,研究理论的加强为我国智慧旅游更好更快的发展提供了更高水平的指导,是旅游学界所需要承担的一项共同责任。

江苏省作为全国旅游发展大省,提出了"把旅游业发展成国民经济战略性支柱产业和人民群众更加满意的现代服务业,旅游产业规模、质量、效益保持国内领先水平,率先建成旅游强省,把江苏省建设成为国内一流、世界知名的旅游目的地"的战略目标。在智慧旅游建设方面,江苏省担当着先行军的角色,旨在为全国智慧旅游的发展率先探索。本书以探索智慧旅游发展的一般性规律为出发点,理论联系实际,为江苏省和全国其他地区更好地推进智慧旅游的实践发展提供理论支持和技术支撑。

1.1 智慧旅游概念的提出

随着旅游产业和信息技术的快速发展,人们对旅游公共服务的需求也迅速提高。如何解决并满足游客的个性化需求,已经日渐成为各级政府旅游主管部门共同关注的问题。然而,依靠传统旅游公共服务体系来满足目前不断提升的需求,已经变得越来越困难。因为传统旅游公共服务存在众多弊端,如重视有形产品、忽视海量的信息产品、信息技术应用不够深入、各级地方政府协同机制不完善等,这些因素不但制约了旅游业的发展,还削弱了游客的旅游体验。在此背景下,依托快速发展的信息通信技术,以游客为中心、以各类旅游参与方为主体的智慧旅游公共服务体系的建设为旅游业的发展提供了一种全新的思路,开辟了一条更加科学高效、更加人性化的实践路径,因此,大力发展智慧旅游成为重要的选择。

在我国,智慧旅游的概念于2010年由江苏省部分城市的旅游部门率先提出,此后,智慧旅游的春风吹遍了全国各地。近几年,从中央到地方,各级政府对智慧旅游的发展倾注了极高的热情。国家旅游局将智慧旅游写入了《中国旅游业"十二五"发展规划信息化专项规划》,将包括南京、无锡等7个江苏省的城市在内的全国18个城市确定为首批国家智慧旅游试点城市后,又将包括南京中山陵园在内的全国22家景区确定为全国智慧旅游景区试点单位。为促进智慧旅游更好更快地发展,全国多个省市先后出台智慧旅游发展规划或行动计划,如《江苏省"十二五"智慧旅游发展规划》《北京智慧旅游行动计划纲要(2012—2015年)》等。从全国范围来看,智慧旅游正在逐步进入常态化建设阶段。

2015年1月,国家旅游局根据全国智慧旅游发展的阶段性特点,在总结建设发展经验的基础上,发布了《关于促进智慧旅游发展的指导意见》,对全国智慧旅游未来的发展做出新的部署,为我国智慧旅游未来的发展指明了基本方向。

1.2 对智慧旅游的基本认识

伴随着物联网、云计算、移动互联网和大数据等新兴信息技术的出现,智慧地球、智慧城市、智慧旅游等新概念正在逐渐变为现实,并成为经济社会生活中的热点话题。智慧旅游作为旅游业与现代信息通信技术融合的一种新的形态,不但将会给传统的旅游业带来革命性的变化,而且必然会给人类社会的发展和变革产生直接的影响。尽管智慧旅游的概念不绝于耳,全国各地投资建设智慧旅游的热情也十分高涨,但迄今为止,人们对智慧旅游这个概念的认识仍然较为模糊,甚至还存在一些歧义。因此,正确把握智慧旅游的内涵是科学有效地推进智慧旅游项目实施的前提。

1.2.1 智慧旅游的概念

到目前为止,有关智慧旅游的概念可谓众说纷纭,莫衷一是。国家旅游局《关于促进智慧旅游发展的指导意见》指出,智慧旅游是运用新一代信息网络技术和装备,充分、准确、及时感知和使用各类旅游信息,从而实现旅游服务、旅游管理、旅游营销、旅游体验的智能化,促进旅游业向综合性和融合型转型提升,是游客市场需求与现代信息技术驱动旅游业创新发展的新动力和新趋势,是全面提升旅游业发展水平、促进旅游业转型升级、提高旅游满意度的有力抓手。智慧旅游对把旅游业建设成为人民群众更加满意的现代化服务业,具有十分重要的意义。这一定义从智慧旅游实践发展的角度出发,为其建设和应用提供了依据。

综合国内外的相关研究,从学术研究的角度出发,本书作者认为,智慧旅游是指以游客为中心,以应用互联网、物联网、云计算、移动互联网、大数据、GIS等"互联网+"技术为手段,以计算机、移动设备、智能终端等为工具,以智慧服务、智慧营销、智慧管理和智慧政务为主要表现形式,以全面满足游客吃、住、行、游、购、娱的服务需要为基本出发点,以"为游客、旅行社、景区、酒店、政府主管部门以及其他旅游参与方创造更大价值"为根本任务的一种旅游运行新模式。

从本质上看,智慧旅游是要通过新理念的导入、新技术的应用和新模式的形成,使旅游活动的全过程、旅游经营的全流程和旅游服务的全链条产生智慧效应,创造智慧价值,全面实现旅游发展的转型升级和提质增效。

1.2.2 智慧旅游的表现形式

从智慧旅游的概念看,并结合旅游业的发展特点,智慧旅游主要有智慧服务、智慧营销、智慧管理和智慧政务四种表现形式。参见图1-1。

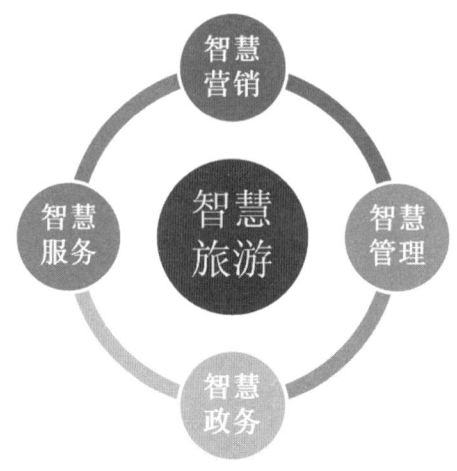

图 1-1 智慧旅游的表现形式

1. 智慧服务

智慧服务是智慧旅游的核心业务,是驱动智慧旅游前进的关键动力。从服务层面上来看,智慧服务包括旅游信息服务提供商提供的各种信息服务以及提供这些信息服务的公共服务机构。旅游业智慧服务的主要表现形式是各类旅游服务提供商利用智慧化的技术和手段服务游客,更好地满足游客吃、住、行、游、购、娱的需求,在改善旅游服务品质的同时,提升旅游服务的价值。毋庸置疑,智慧的旅游服务可使游客在旅游前、旅游中、旅游后都能够随时随地获取信息,以便旅游服务提供商做出科学决策,提高旅游服务价值,提升游客体验。

2. 智慧营销

智慧营销主要是针对旅游服务提供商而言的,是指综合利用各类智慧化的技术开展包括网络营销、移动营销等在内的各类营销活动,以实现营销活动的智慧化,创造更高的商业价值。营销智慧化主要表现为各种营销要素和商务手段的智慧化。智慧旅游借助各种在线和离线的传播方式和渠道,将目的地景区的相关信息和旅游企业的产品、服务等信息,通过图片、视频、文字等多种方式传递给潜在的消费者,并且通过智慧化的手段开展电子商务、移动商务等各类商务活动,从而实现整个营销环节的智慧化。

3. 智慧管理

智慧管理主要是针对旅游活动的各项管理业务而言的,是指综合利用智慧化的技术对游客、景点、酒店、旅游线路、交通工具以及其他类型的旅游资源进行智慧化管理,目的是要全面提高管理水平,创造管理效益。

4. 智慧政务

包括各级旅游主管部门在内的政府机构是旅游活动不可或缺的参与者,通过智慧化技术的全方位应用,提高政府对旅游行业的管理水平和服务能力,是旅游行业智慧政务的基本目标。智慧政务既包括电子政务、移动政务等深化应用,也包括基于智慧化技术的政府管理和服务模式的创新。借助智慧化的政务系统和平台,可以实现政务智慧化,提高政务水平和提升服务能力,实现电子政务、移动政务等深化应用,以推动政府管理模式和服务模式的变革。同时,智慧政务可为旅游提供安全保障体系,以促进旅游行业安全、有序、可持续发展。

1.2.3 智慧旅游的业务内容

游客的旅游消费是整个旅游产业发展的原动力,旅游消费的基本表现为吃、住、行、游、购、娱六大要素。因此,利用智慧化的技术更好地服务游客六个方面的需求,是智慧旅游发展的命脉所在。图1-2是智慧旅游的业务内容图。

图1-2 智慧旅游的业务内容图

不难看出,智慧旅游并不是一个特别的概念,而是通过综合应用物联网、云计算、移动互联网、大数据、GIS等各类智慧技术,使旅游业务的运作和管理变得更加智能,进而使旅游服务能力和服务品质得以提升。在此基础上,实现旅游发展方式的转型,创造旅游发展的新模式,凸显旅游服务的新价值。因此,可以认为,智慧旅游的概念虽然与物联网、云计算等新技术相伴而生,但从本质上来看并没有改变旅游业务发展的基本特征和内在要求,关键在于要通过各类新兴的智慧技术的应用,使旅游服务、旅游营销、旅游管理、旅游政务等相关业务更具智慧、更富价值。

1.2.4 智慧旅游的参与主体

智慧旅游并不是一个孤立的系统,而是一个覆盖旅游全行业的完整的体系。从参与的角度来看,智慧旅游涉及游客、政府部门、旅行社、酒店、景(区)点、交通服务商、旅游商品提供商以及其他服务商等。参见图1-3。

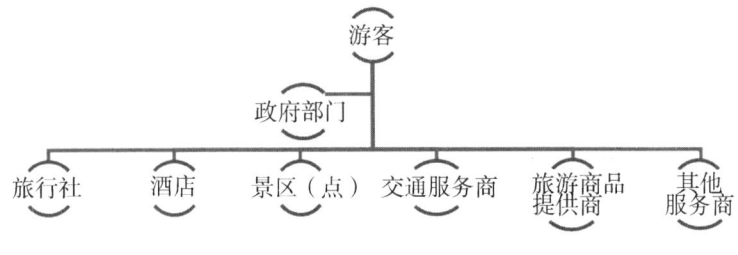

图1-3 智慧旅游的参与主体

从图1-3可以看出,智慧旅游是一个复杂庞大的体系。游客在整个体系中处于中心位置,是旅游业务的源头;政府部门处在相对独立的位置,承担组织、协调、监管等职责;旅行社、酒店、景区(点)、交通服务商、旅游商品提供商以及其他服务商作为各类旅游服务和商品的提供者在政府的监管下开展各项商务活动。从智慧旅游的参与体系可以看出,智慧旅游的信息平台必须建设成一个开放式的、覆盖各类用户、涵盖各类旅游业务的集成式的信息系统,以充分实现智慧旅游的发展要求和目标。

1.2.5 智慧旅游与智慧城市之间的关系

一般认为,智慧城市是信息技术高度集成、信息应用深度整合的网络化、信息化和智能化城市,它是以智慧技术、智慧产业、智慧人文、智慧服务、智慧管理和智慧生活等为重要内容的城市发展新模式。智慧城市是信息化向更高阶段发展的表现,具有更强的集中智慧去发现问题、解决问题的能力,因而具有更强的创新发展能力。图 1-4 为智慧城市的发展框架图。

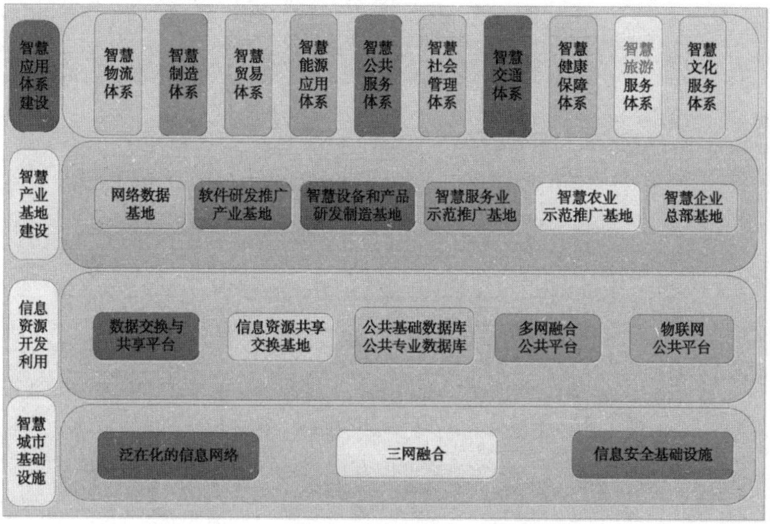

图 1-4 智慧城市的发展框架图

如图 1-4 所示,智慧旅游是智慧城市应用体系建设的基本组成部分,它既需要依托智慧城市的基础设施,又要依赖信息资源的开发利用和智慧产业的发展。反过来,智慧旅游的推进必然会带动智慧城市向纵深发展,更好地实现智慧城市的发展目标和功能。①

1.3 智慧旅游的发展体系

智慧旅游是一个综合性的系统工程,涉及整个旅游行业的方方面面。明确智慧旅游的发展框架,对全面推进智慧旅游项目的实施有着十分重要的意义。

1.3.1 智慧旅游的建设框架

基于各类智慧技术的创新应用项目,智慧旅游的建设框架可用图 1-5 表示。

---

① 黄超,李云鹏."十二五"期间"智慧城市"背景下的智慧旅游体系研究[C]//2011《旅游学刊》中国旅游研究年会会议论文集.北京:旅游学刊编辑部,2011:55-67.

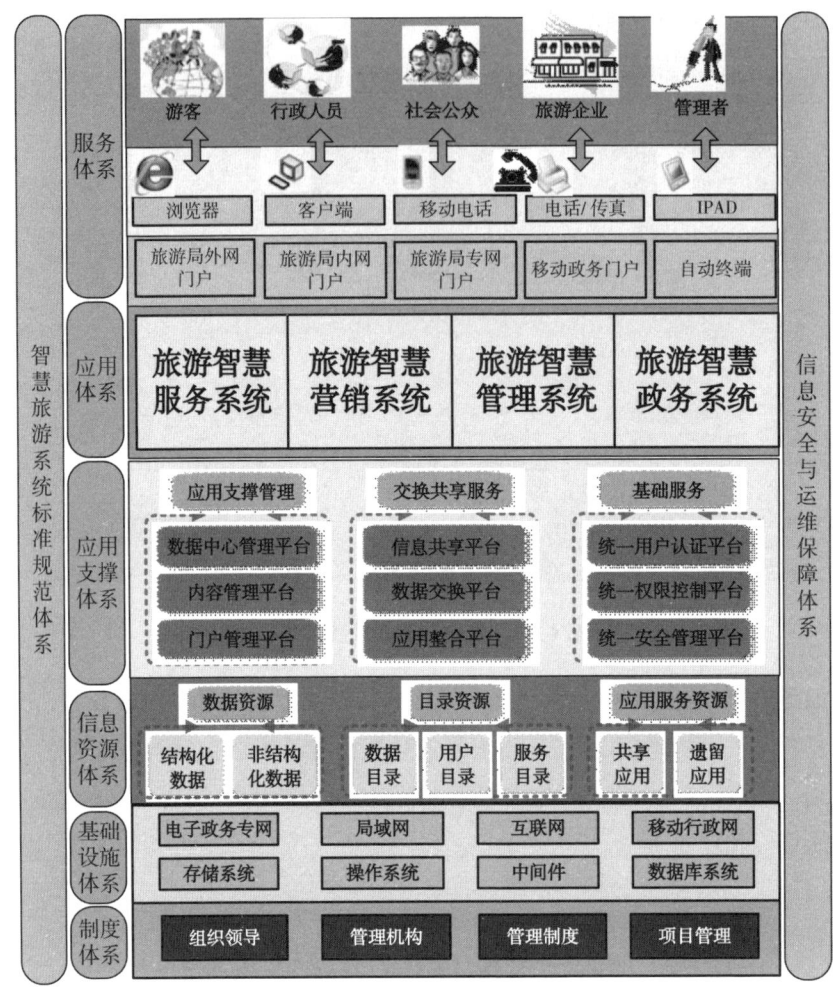

图1-5 智慧旅游的建设架构图

总体而言,智慧旅游的建设框架包括服务体系、应用体系、应用支撑体系、信息资源体系、基础设施体系、制度体系、法规与标准规范体系以及信息安全与运维保障体系。各个不同的体系既相互独立,又彼此耦合,共同构成一个统一的整体。智慧旅游的建设任务是要形成"基础设施是支撑,信息资源交换与共享是主线,应用是关键,服务是核心,制度、标准、管理、绩效是保障"的智慧旅游建设格局,构建上下贯通、左右衔接的智慧旅游发展环境,有效推动各项旅游业务健康、快速、有序和可持续发展。

1.3.2 总体建设内容

根据智慧旅游的发展目标,智慧旅游主要有以下八大体系:

1. 制度体系

从建立和健全智慧旅游的组织领导体系入手,明确管理机构,完善相关的管理制度以及相关的项目管理规范,为智慧旅游的发展提供可靠的制度保障。

2. 基础设施体系

基础设施建设是智慧旅游建设需要率先突破的障碍。要在现有的基础设施基础上,进一步改进和优化包括基础网络等一系列相关的基础设施,为信息资源体系、应用支撑体系、应用体系以及服务体系的建设提供强有力的支撑。

3. 信息资源体系

信息资源是政府旅游职能部门和旅游企业开展各项业务的重要支撑。它的建设将针对数据资源、目录资源和应用服务资源展开,为推进智慧旅游的健康、快速发展提供信息资源支持。

4. 应用支撑体系

应用支撑体系是为应用体系和服务体系提供支撑的基本保障,是影响智慧旅游发展成效的重要因素。应用支撑体系将从应用支撑管理、交换共享服务以及基础服务三个方面进行建设,为智慧旅游的发展提供高水平的应用保障。

5. 应用体系

应用是智慧旅游建设的"重中之重"。必须紧密结合旅游业发展的现实需要,以旅游智慧服务系统、旅游智慧商务系统、旅游智慧管理系统和旅游智慧政务系统的开发和应用为重点,积极开发和优化各类业务系统,形成全方位、多角度的应用体系。

6. 服务体系

服务是智慧旅游建设的根本宗旨,也是驱动智慧旅游发展的基本动力。智慧旅游建设要从游客、行政人员、社会公众、旅游企业和管理者等不同服务对象的角度出发,梳理服务需求和服务渠道,构建面向服务对象的旅游智慧服务体系,建立面向广大游客和社会公众的综合服务平台、面向业务人员的综合办公平台、面向领导的决策支持平台以及面向智慧旅游管理人员的运维管理平台。

7. 法规与标准化规范体系

法规与标准化规范体系是确保智慧旅游发展走上健康、有序轨道的重要条件。要严格执行国家已经出台的各项法规和标准,杜绝各自为政、盲目发展等现象的发生,为智慧旅游的可持续发展打下坚实的基础。

8. 信息安全与运维保障体系

信息安全和运维保障是智慧旅游发展的重要保障,必须作为一项常态性的任务予以落实。信息安全既要重视技术手段的应用又要强化管理,要做到双管齐下,疏而不漏。运维保障要从加强资金和人员保障等方面入手,使智慧旅游真正实现可持续发展。

1.4 智慧旅游的重点建设项目

当前,全国各地很多政府部门及相关企业对智慧旅游的重视程度很高,投资的力度也很大,但究竟如何布局,某种程度上还处在混沌状态。为了给各地智慧旅游建设提供相应的参考,本文对智慧旅游四个方面的重点建设项目内容给出相应的建议。

1.4.1 智慧服务重点建设项目

从国际的发展经验出发,结合我国智慧旅游的发展需求来看,当前智慧服务的重点建设项目主要包括多语言国际游客服务门户、一体化国内游客服务门户、移动旅游服务门户、移动自助伴游服务系统以及虚拟旅游体验中心等项目。参见图1-6。

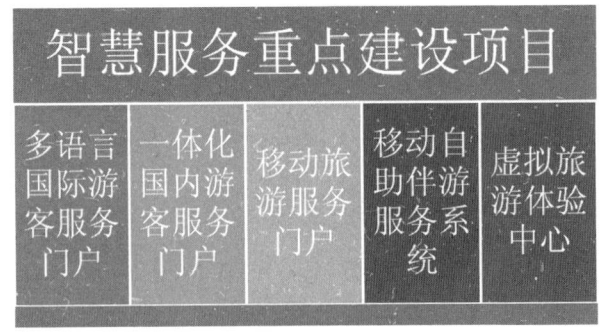

图1-6 智慧服务重点建设项目体系图

智慧服务重点建设项目以充分满足游客旅游服务需求为中心,由政府引导和企业主导,逐步完善旅游智慧服务体系,提升智慧服务功能。

1.4.2 智慧营销重点建设项目

旅游智慧营销是在旅游电子商务、旅游移动商务基础上的进一步发展,是各类旅游参与企业充分应用智慧技术开展商务活动的一种新的商务运作模式。从旅游参与企业的业务需求来看,旅游智慧营销重点建设项目主要包括交互式智慧旅游营销平台、目的地智慧营销系统、智慧旅游产业联盟、旅游电子商务示范工程以及旅游商品网上营销等。参见图1-7。

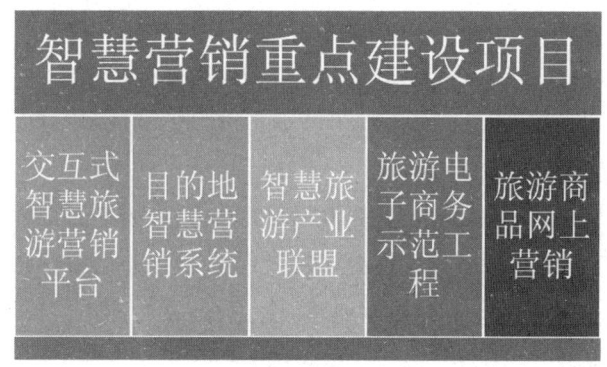

图1-7 智慧营销重点建设项目体系图

1.4.3 智慧管理重点建设项目

旅游管理涉及旅游行业的各位环节,是直接影响旅游服务质量和旅游效益的重要因素。利用智慧技术提升旅游管理水平,是旅游行业健康、快速、可持续发展的重要支撑条件。从服务游客、提升旅游管理水平的角度考虑,结合国际的发展经验,现阶段旅游智慧管理重点建设项目主要包括一站式注册登记服务系统、景区智慧管理、酒店智慧管理、旅行社智慧管理和旅游交通智慧管理等。参见图1-8。

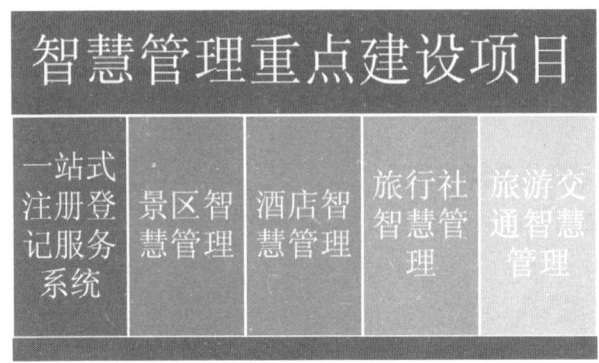

图 1-8　智慧管理重点建设项目体系图

智慧管理项目的建设主要由企业主导,政府相关部门提供必要的业务指导,从而共同推进旅游管理水平的提升和管理能力的增强。

1.4.4　智慧政务重点建设项目

旅游智慧政务是以旅游电子政务为基础的政务管理模式,是智慧旅游发展的有机组成部分。从旅游政务的发展需求来看,当前我国旅游智慧政务重点建设项目包括旅游电子政务系统、智慧旅游地理信息系统、旅游应急救援平台、旅游呼叫中心系统以及旅游微博互动平台等。参见图 1-9。

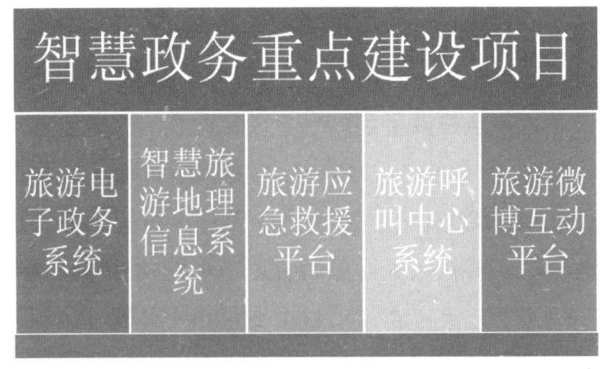

图 1-9　智慧政务重点建设项目体系图

旅游智慧政务建设既是旅游政府主管部门全面提升旅游政府管理水平和公共服务能力的重要措施,也是全面提升我国旅游信息化和智慧化发展的必然选择。作为政府推进智慧旅游的重要抓手,旅游智慧政务将面向游客和面向旅游服务企业的业务作为突破口,通过智慧技术的综合应用,为广大游客和旅游服务企业提供全方位的支持和保障。

1.5 国家对智慧旅游发展的指导意见

为了更好地引导和推动我国智慧旅游持续健康的发展,国家旅游局于2015年专门发布了《关于促进智慧旅游发展的指导意见》,为我国智慧旅游更好更快的发展指明了方向。

1.5.1 指导思想

深入贯彻实施《中华人民共和国旅游法》《国务院关于促进旅游业改革发展的若干意见》(国发〔2014〕31号),以满足旅游者现代信息需求为基础,以提高旅游便利化水平和产业运行效率为目标,以实现旅游服务、管理、营销、体验智能化为主要途径,加强顶层设计,完善技术标准,整合信息资源,建立健全的市场化发展机制,鼓励引导模式业态创新,有序推进智慧旅游持续健康的发展,不断提升我国旅游信息化发展水平。

1.5.2 基本原则

我国智慧旅游的发展必须坚持以下基本原则:

1. 坚持政府引导与市场主体相结合

政府着力加强规划指导和政策引导,推进智慧旅游公共服务体系建设。企业在政府规划、政策和行业标准的引导下,以市场需求为导向,开发适应游客需求的产品和服务。防止政府大包大揽和不必要的行政干预。

2. 坚持统筹协调与上下联动相结合

着眼于中国旅游业发展的整体和长远需要,着力加强信息互联互通,有效规避信息孤岛化、碎片化。在确保信息资源可共享的基础上,各地可结合实际需求,先行先试,创新智慧旅游服务管理手段。

3. 坚持问题导向与循序渐进相结合

要突出为民、便民、惠民的基本导向,防止重建设、轻实效,使游客充分享受智慧旅游发展的成果。要充分认识智慧旅游建设的系统性和复杂性,通过成熟的技术手段,从最迫切、最紧要的问题入手,循序渐进,做深做透。

1.5.3 发展目标

到2016年,建设一批智慧旅游景区、智慧旅游企业和智慧旅游城市,建成国家智慧旅游公共服务网络和平台(12301.cn)。

到2020年,我国智慧旅游服务能力明显提升,智慧管理能力持续增强,大数据挖掘和智慧营销能力明显提高。移动电子商务、旅游大数据系统分析、人工智能技术等在旅游业应用得更加广泛,培育若干实力雄厚的以智慧旅游为主营业务的企业,形成系统化的智慧旅游价值链网络。

1.5.4 主要任务

我国智慧旅游发展的主要任务如下:

1. 夯实智慧旅游发展信息化基础

加快旅游集散地、机场、车站、景区、旅游度假区、宾馆饭店、乡村旅游区(县)等重点涉旅场所的无线上网环境建设,提升旅游城市公共信息服务能力。

2. 建立和完善旅游信息基础数据平台

规范数据采集及交换方式,逐步实现统一规则采集旅游信息,统一标准存储旅游信息,统一技术规范交换旅游信息,实现旅游信息数据向各级旅游部门、旅游企业、电子商务平台开放,保证旅游信息数据的准确性、及时性和开放性。

3. 建立游客信息服务体系

充分发挥国家智慧旅游公共服务平台和12301旅游咨询服务热线的作用,建设统一受理、分级处理的旅游投诉平台。建立健全的信息查询、旅游投诉和旅游救援等方面信息化服务体系。大力开发运用基于移动通信终端的旅游应用软件,提供无缝化、即时化、精确化、互动化的旅游信息服务。积极建设集合旅游相关服务产品的电子商务平台,切实提高服务效率和增强用户体验。积极鼓励多元化投资渠道参与投资融资,参与旅游公共信息服务平台建设。

4. 建立智慧旅游管理体系

建立健全的国家、省、市旅游应急指挥平台,提升旅游应急服务水平。完善在线行政审批系统、产业统计分析系统、旅游安全监管系统、旅游投诉管理系统,建立使用规范、协调顺畅、公开透明、运行高效的旅游行政管理机制。

5. 构建智慧旅游营销体系

依据旅游大数据挖掘,建立智慧旅游营销系统,拓展新的旅游营销方式,开展针对性强的旅游营销。逐步建立广播、电视、短信、多媒体等传统渠道和移动互联网、微博、微信等新媒体渠道相结合的全媒体信息传播机制。结合乡村旅游的特点,大力发展智慧乡村游,鼓励有条件的地区建设乡村旅游公共营销平台。

6. 推动智慧旅游产业发展

建立智慧旅游示范项目数据库,鼓励旅游企业利用终端数据进行创业,支持智慧城市解决方案提供商以及云计算、物联网、移动互联网应用项目进入旅游业,鼓励有条件的地区建立智慧旅游产业园区。

7. 加强示范标准建设

支持国家智慧旅游试点城市、智慧景区和智慧企业建设,鼓励标准统一、网络互连、数据共享的发展模式。鼓励有条件的地方及企业先行编制相关标准并择优加以推广应用。逐步将智慧旅游景区、饭店等企业建设水平纳入各类评级评星的评定标准。

8. 加快创新融合发展

各地旅游部门要加强与通信运营商、电子商务机构、专业服务商、高校和科研机构开展合作,引导相关部门和企业通过技术输出、资金投入、服务外包、资源共享等方式参与智慧旅游建设。探索建立政、产、学、研、金相结合的智慧旅游产业化推进模式。

9. 建立景区门票预约制度

鼓励博物馆、科技馆等以及其他各类旅游景区运用智慧旅游手段,建立门票预约制度、景区拥挤程度预测机制和旅游舒适度的评价机制,建立游客实时评价的旅游景区动态评价机制。

10. 推进数据开放共享

加快改变旅游信息数据逐级上报的传统模式,推动旅游部门和企业间的数据实时共享。各级旅游部门要开放有关旅游行业发展数据,建立开放平台,定期发布相关数据,并接受游客、企业和有关方面对于旅游服务质量的信息反馈。鼓励互联网企业、OTA企业与政府部门之间采取数据互换的方式进行数据共享。鼓励旅游企业、航空公司、相关企业的数据实现实时共享,鼓励景区将视频监控数据与国家智慧旅游公共服务平台实现共享。

1.5.5 保障措施

我国智慧旅游发展的保障措施主要包括五个方面：

1. 加强组织领导

各级旅游部门要加强领导，积极稳步推进智慧旅游建设。国家旅游局智慧旅游工作领导小组负责智慧旅游建设的总体指导和监督实施，指导有关技术标准规范制订。各地应建立智慧旅游建设推进小组，统筹协调本地区智慧旅游基础建设、标准制订、技术应用和推广。鼓励有条件的地区建立智慧旅游协同创新中心、产业孵化中心、公共服务运营中心和人才服务中心。

2. 加强规划指导

各地要根据实际需要加快制订本地区智慧旅游发展规划、年度计划和工作方案，统筹部署，循序渐进。智慧旅游发展规划要与智慧城市建设规划相结合，利用智慧城市建设发展提供的通信、交通、安全保障、信息交换等基础环境，提高相关工作的协同性。

3. 强化队伍建设

建立智慧旅游人才培养体系，鼓励民营资本投入智慧旅游职业教育领域，为我国智慧旅游发展提供人才保障。积极开展智慧旅游专业培训，鼓励开展多样化的智慧旅游交流活动。

4. 加大资金投入

各地旅游部门要加大对智慧旅游的投入力度，保障公益性智慧旅游服务项目建设，支持重点项目建设。积极拓宽融资渠道，鼓励各类投资主体多方面投入到智慧旅游的发展中。

5. 加强综合评估

各地旅游部门应建立智慧旅游工作目标责任制，将智慧旅游建设工作纳入旅游部门年度考评目标。积极引入第三方评价机制，对智慧旅游项目和成果进行投入、产出、综合效益、推广价值等方面的综合评价，使智慧旅游在综合评估的基础上不断加以提升和改进。

1.6 本章小结

旅游业作为对经济与社会发展带动作用十分明显的新兴产业,不仅直接拉动了民航、铁路、公路、商业、餐饮和住宿等传统产业的发展,也对国际金融、国际贸易、仓储物流、信息咨询、文化创意、影视娱乐、会展博览等新型和现代服务业有着极为重要的促进作用。作为一个拥有近14亿人口的发展中大国,大力推进旅游业的健康、快速和可持续发展,必将是我国的一项长期的战略决策。智慧旅游作为我国旅游业全面提升承载力、吸引力、发展力、服务力和竞争力的重大举措,将成为我国旅游业当前和今后较长时期内发展的重要抓手。

鉴于智慧旅游在我国的发展时间还不长,无论是理论体系的建立还是应用实践的推进,均处在初级阶段,有大量的现实问题需要开展深入的探索。本章作为基础部分,为全书的论述提供理论支撑。

第 2 章

国内外智慧旅游发展状况

旅游业作为国际公认的朝阳产业,世界上很多国家都将其作为重点支柱产业予以大力推进。伴随着现代信息通信技术的快速发展,以旅游业与信息化深度融合为主要特征的智慧旅游正在成为一种新的潮流,成为当今世界旅游业发展的主旋律。

在国际上,专门采用智慧旅游(Smarter Tourism)这一概念的国家非常少,相关的理论研究也不多,相关的建设和发展却广受重视,不少国家已取得了很多宝贵的成功经验。本章选取若干国家在智慧旅游发展方面的经验和做法,对我国能更好地把握智慧旅游的发展方向、引领智慧旅游健康快速的发展提供决策支持。

2.1 新加坡智慧旅游的发展

新加坡共和国(以下简称新加坡)是世界著名的旅游目的地,为提高本国旅游业的竞争力、发展力和创新力,新加坡在智慧旅游发展方面做出了重要的探索。

2.1.1 新加坡智慧旅游的发展背景

新加坡位于东南亚,是马来半岛最南端的一个热带城市岛国,地处太平洋与印度洋航运要道——马六甲海峡的出入口,由新加坡岛及附近63个小岛组成,面积699.4平方千米,其中新加坡岛占全国面积的88.5%。截至2014年6月,新加坡总人口为547万人,其中本地公民334万人,永久居民53万人,居住在新加坡的外籍人士约160万人。新加坡2014年的人口密度为7615人/平方千米,是世界上人口密度最高的国家之一。

作为世界领先的电子化政府的缔造者和亚太地区重要的电子商务中心,新加坡于2006年推出"智慧国2015计划"(iGov2015),确立"信息化立国"的发展理念,全面实施"从传统城市国家向'智慧国'转型"的发展战略。旅游业是新加坡的支柱产业之一,大力推进旅游信息化既是新加坡信息化发展战略的基本组成部分,也是新加坡旅游业赢得新的竞争优势的战略举措。近年来,新加坡旅游业坚持电子商务、电子社区以及社交网络等新型模式协调发展,为前往新加坡的游客打造无缝和个性化的旅游信息化服务,塑造了新加坡作为国际旅游城市的独特魅力。在全球领先的市场信息解决方案提供商欧睿信息咨询公司(Euromonitor International)评出的"2007年最佳城市旅游目的地"排行榜中,新加坡名列全球第四;英国的《卫报》和《观察家报》2008年评出的"最受欢迎海外城市"名单中,新加坡位居榜首;2011年新加坡荣获《TTG Asia》最佳旅游目的地奖;2012年新加坡入选中国《商旅》杂志世界最受喜爱的休闲城市;世界经济论坛(World Economic Forum)在2013年发布的《世界旅游业竞争力报告》(每两年发布一次)中新加坡再度跻身全球十大旅游业最具竞争力国家,是唯一连续三次位列"十大"的亚洲国家/地区。毫无疑问,新加坡在智慧旅游发展领域已颇有建树,成为全球的成功典范之一。

2.1.2 新加坡智慧旅游的发展状况

旅游业是新加坡的重要支柱产业,旅游业的发展给新加坡经济增长带来了巨大的动力。根据新加坡旅游局已公布的数据显示,2012年新加坡旅游产业全年收入达到231亿新币,自2009年以来持续保持高速率增长。2013年全年到访新加坡的游客总人数超过1500万,创全年游客到访人数最高纪录,增长势头十分迅猛。

新加坡智慧旅游的发展既受益于该国巨大的旅游业发展需求,也得益于该国较好的信息化发展环境,两者共同作用,成为促进新加坡智慧旅游发展的主要动力。新加坡通过在全国范围内普遍采用信息通信技术,有效满足游客个性化的需求,推出更为智能、更为个性化的一站式服务。新加坡旅游局通过采取一系列的措施来促进新加坡智慧旅游公共服务日益完善,比如建立交互式智能营销平台"我行由我,新加坡(www.yoursingapore.com)"、一站式注册服务、智能化数字服务系统、无处不在的移动旅游服务等项目,在为游客提供个性化智慧服务的同时,也为政府、企业开展旅游业务提供了可靠的途径和手段。

新加坡为旅游者提供智慧旅游公共服务的具体目标包括:
- 一站式注册服务,免去烦琐的注册登记手续;
- 为游客整合旅游全过程的信息服务;
- 通过智能手机等移动终端,使游客能够随时随地获取相关信息;
- 根据游客的位置、需求、选择为其提供个性化的针对性信息服务。

2.1.3 新加坡智慧旅游的具体应用

新加坡发展智慧旅游始终遵循"以游客为本"的理念,通过信息通信技术在智慧旅游中的深入应用,探索出了具有鲜明特色的智慧旅游发展道路。

1. 交互式智能营销平台

新加坡交互式智能营销平台旨在能为游客提供个性化的旅游定制服务,提供包括中文、英文、日语、韩语等在内的10种语言服务平台,其标志着新加坡旅游发展的重大跨越。在"我行由我,新加坡"平台上,游客可根据自己的喜好和需要,直接在互联网上完成一系列旅游活动,如定制自己的旅游行程,包括旅游签证、旅游线路规划、交通选择、酒店预订、活动选择等。交互式智能营销平台系统主要功能架构如图2-1所示。

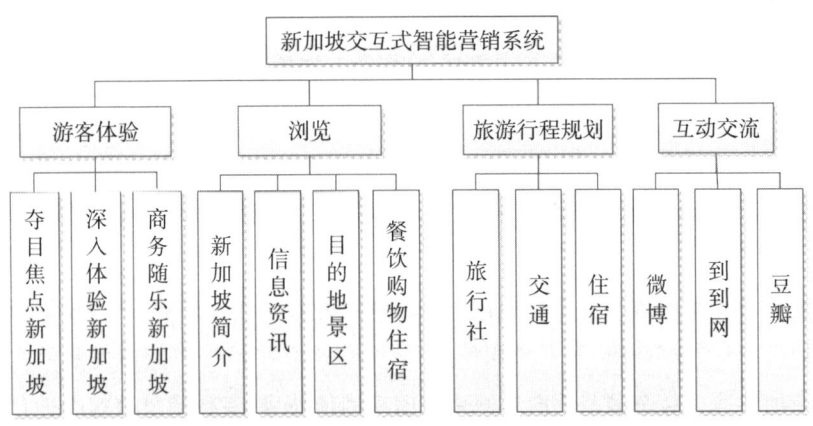

图2-1 新加坡交互式智能营销平台系统功能架构图

交互式智能营销平台通过提供一系列服务和应用为游客、酒店、旅行社、签证机关等提供了一个全面的公共服务平台,其有效整合了搜索营销引擎、电子商务、手机游以及各类社交网站。通过该平台,游客可依据不同的旅游身份,比如家庭、商务等,在线全面体验新加坡的旅游观光景点、特色餐饮、特色活动、购物、住宿等生活文化。游客还可自主订阅新加坡的最新动态新闻、最近大型活动日程等相关信息,这些信息将会按期及时发送到游客的邮箱。更体现人性化的是,游客可通过该公共服务平台,实时记录与分享各自的旅途和感受,并通过社交网络传送给自己的好友,这就意味着向更多潜在的旅游群体传递了大量有价值的旅游信息。这样不仅使新加坡的旅游形象和知名度得到进一步提升,还能够提高其他潜在游客对新加坡之旅的兴趣,而这也正体现了新加坡旅游局与社交网络平台合作进行旅游营销推广的成功之处。

2. 智能化数字服务系统

该系统着眼于提升游客在新加坡的旅游体验。为了向游客提供智能化的行程安排,新加坡专门开发了智能化数字服务系统(The Digital Concierge Service)。该系将旅游产业服务供应商的所有内容整合到一起,利用智能化的游客需求分析知识管理系统,通过全覆盖的无线网络把服务传递给游客。旅游者可利用智能手机、PC、互动电视、电话亭以及游客服务中心等诸多途径来获取全面的旅游服务支撑,比如旅游行程选择、餐饮信息、购物商店信息等。游客还可基于该平台订购所需的产品以及个性化服务。该系统不仅为游客旅游全程提供多样化、个性化的信息服务,还为相关旅游企业提供营销和服务平台。旅游企业可通过这一平台开展精准营销,既提高成功率,又节省营销成本。游客通过该系统安排好旅游行程,通过在线方式提前预订、支付旅途中的多项业务,以提升新加坡之旅的乐趣。

3. 无处不在的移动旅游服务

新加坡政府推出的移动旅游信息服务项目,同样为游客和旅游企业提供了一个移动旅游服务平台。众所周知,游客对于出行前利用互联网等途径在各类平台上获取所需信息和在线支付、预订相关旅游产品已经习以为常,而在旅游活动过程中,游客仍想随时随地获取旅游相关信息就显得相对困难,新加坡移动旅游信息服务就是在这样的背景下提出来的。这项服务让游客在旅游过程中通过智能手机等移动终端下载出行前制订好的旅游路线,随时获取精确的位置和智能导览服务,并附有文字、图片、音频、视频等多种形式的介绍,这些都可作为游客做出选择的依据。对旅游企业而言,可以基于位置服务,锁定游客信息,并且结合游客的兴趣爱好,将酒店、特色餐饮等服务信息精准地推送至游客的手机上,以获得潜在的用户。对政府管理部门而言,可通过景区电子门禁及时统计景区人流量,随时观察景区交通、泊车情况,从而实现景区的高效管理和协调指挥。

新加坡信息通信网络覆盖范围广,建设比较完善,使移动旅游信息服务项目建设也日趋完善,给游客、旅游企业和政府提供了一个具有重大意义的公共信息服务平台。

4. 一站式注册服务

该项服务旨在运用生物身份识别技术为中高端商务用户省去复杂的登记注册程序。在新加坡,商业旅游、会议展览这些方式带来的收入是旅游总体收入的主要构成。该类游客往往能够承受较高的旅游消费,是旅游消费的主力军。同时,该类游客的背景决定了他们并不是十分关注所需开支,而是十分关注目的地的信息化、智能化水平,以便能够随时随地获取全方位、可靠的服务。基于此,新加坡充分整合各类服务提供商,面向此类游客开发了一站式注册服务,以便提高其办理签证、入住酒店、预订会场等事务的效率,这种具有针对性的高品质服务无疑会提高此类游客再次到访新加坡的概率。

新加坡开发了生物身份识别技术,通过利用条码、手机、RFID-SIM 卡等识别用户身份,获取游客个人信息,如游客喜好、游客位置、预订信息等。在游客抵达新加坡之后,可通过该项技术直接进行注册登记,提前预订的车辆也已准备就绪,抵达预订酒店后,游客可通过该项技术顺着酒店指引,直接入住预订房间,无须到前台办理手续。此外,酒店房间的布置和设施早已参照游客历史记录和相关信息准备好,如灯光、温度等。会议主办方还可根据此项技术掌握游客抵达新加坡后的行程情况,并及时将会议材料送到该游客手中。该项目真正意义上实现了一站式服务,其在商业旅游中的应用普及度已经非常高,接下来还将针对医疗游客群体推广应用。

2.1.4 新加坡智慧旅游发展的经验总结

新加坡以大力推进智慧国建设为契机,全面促进智慧旅游的发展,取得了国际领先的成效,主要的经验和做法总结如下:

第一,加强对智慧旅游的组织和领导,确保智慧旅游健康、有序、快速和可持续发展。新加坡智慧旅游的发展自始至终得到了政府高层领导的大力支持和积极参与。长期来新加坡旅游局一直把信息化的发展作为推动旅游项目发展的重大任务,尤其是在长期的发展中逐步完善的信息化推进体系,为更好地开展智慧旅游项目供了强有力的机制保障,有效地解决了智慧旅游发展过程中所遇到的各种问题和困难。

第二,确立清晰而又长远的发展愿景和目标,为不同时期智慧旅游的发展指明前进方向和发展道路。新加坡智慧旅游的发展之所以取得如此辉煌的成就,很大程度上得益于一系列具有重要战略指导意义的发展规划和信息化专门规划。只有完善的发展规划作为指导,才能使智慧旅游做到有序发展,稳步深化。

第三,积极推进"政府主导,信息化厂商、旅游业服务商和民众广泛合作参与"的智慧旅游发展模式。新加坡旅游局在充分发挥自身在智慧旅游建设中的主导作用的同时,高度重视与信息化厂商、旅游业服务商以及民众的广泛合作。比如,与在旅游行业中占有主导地位的艾派迪商业旅行社、西北航空公司等建立了合作关系,充分调动各方参与者的积极性、主动性和创造性,把合作收益的广告资金投入到智慧旅游项目的发展中,由此形成了强大的聚合力,构筑了各方共同获益的长期发展模式。

第四,坚持"以游客为本"的理念,注重向游客提供各种便捷、人性化、个性化的服务。新加坡旅游局将"为前往新加坡旅行的各类游客提供便捷、人性化和个性化的服务"作为智慧旅游发展的基本出发点,引导智慧旅游健康快速的发展。为了向游客提供一次难忘而又愉快的新加坡之旅,新加坡政府提供的智慧旅游服务的涵盖范围从游客规划自己的新加坡之旅开始,一直到游客行程结束并与亲朋好友分享旅游为止。整个过程所提供的服务既周到又体贴,实实在在地为游客提供了各种便利服务,切切实实地为游客创造了价值,在赢得游客更多支持与信任的同时,也提升了新加坡作为世界旅游城市的形象。

第五,整合各种旅游服务资源,提供一站式旅游服务,实现管理和服务的全面转型。游客出游过程中,面对繁杂的各种出行登记是游客面临的普遍问题,而一旦没有合理的规划,往往会严重影响游客的出行质量,为此新加坡政府利用生物身份识别技术,提供了一站式注册登记服务,为游客免去了大量的注册登记手续。这一做法也很好地遵循了新加坡政府提出的"整合政府"的发展理念和目标,为世界其他国家和地区旅游信息化的发展提供了很具借鉴意义的发展路径。

新加坡政府为每一位到访游客提供的高标准的旅游信息化服务,显著地提升了新加坡这一世界旅游城市的独特魅力,促进了新加坡旅游业的蓬勃发展。

2.2 韩国智慧旅游的发展

韩国是亚洲"四小龙"之一,是世界著名的旅游目的地。作为重要的支柱产业,韩国旅游业在发展智慧旅游方面已经取得了很大的进展,成为不少国家学习和借鉴的典范。

2.2.1 韩国智慧旅游的发展背景

韩国位于朝鲜半岛的南部,同我国山东隔海相望,面积近10万平方千米(与江苏省面积相当),人口4840万。韩国是一个四季十分分明的半岛国家,不仅拥有丰富美丽的自然景观,还有众多的历史遗迹,可供游览之处甚多。春赏樱花、夏游济州、秋看枫叶、冬享温泉——是韩国旅游响亮的名片,令世界游客为之神往,并且以韩剧、温泉、皇宫、海滨、寺庙等为代表的文化旅游项目搞得有声有色,旅游业当之无愧地成了韩国的重要支柱产业。

韩国作为亚洲"四小龙"之一,经济发展水平位居亚洲前列,信息技术发展环境优异,信息化应用广泛深入,无论是电子商务还是电子政务,都处于亚洲乃至全球的领先地位。在旅游消费发展方面,韩国政府早就意识到智慧旅游在促进旅游消费发展中的巨大作用,并把完善智慧旅游公共服务体系建设作为重要的抓手予以部署,取得了较为显著的成效。

韩国十分重视信息化的发展,是在世界范围内最早开展智慧城市建设的国家之一。1992年,韩国着手建设第二期国家骨干网,致力于实现行政电子化网络管理的目标;2000年,韩国推出"Ubiquitous无处不在"的理念,代替原先e-Commerce成为指导其智慧城市建设的主要依据,包括智能企业建设、智能政务建设和智能家庭建设;2004年,韩国提出u-Korea战略,旨在推进韩国提前步入智能社会,该战略提出"U-City"四大推进战略及配套措施,包括"U-City"制度平台构建、核心技术开发、"U-City"产业发展和人才培育等;2011年,首尔政府公布了"智慧首尔2015"总体规划,体现其大力开展智慧城市建设的决心。用"智慧"的理念来建设和发展城市,就必须以智慧化的手段和途径来整合城市各类资源,向民众提供优质的公共服务,使民众的生活更加便捷和舒心。韩国智慧旅游的建设就是在这样一个技术和战略背景下逐步发展起来的,良好的信息化发展环境给智慧旅游的建设提供了强有力的支撑,加上政府对智慧旅游的高度重视和大力度的投入,使智慧旅游的发展步入了快车道。首都首尔是韩国智慧旅游发展的排头兵,起到了引领全国智慧旅游发展的作用。

2.2.2 韩国智慧旅游的发展状况

韩国的智慧旅游以全国旅游业发展的骨干城市首都首尔为代表开展重点建设。整个首尔智慧旅游工程遵循"以游客为本"的发展理念,重点提升游客的旅游体验。首尔市官方旅游信息服务平台(www.visitseoul.net)不但能够提供游客旅游路线规划、热门景点查询,还能满足游客交通、住宿、餐饮、购物、文化休闲等旅游全过程的需求。这一平台还提供了包括韩文、英文、中文、日文四种语言平台服务,首尔市官方旅游信息服务平台系统主要功能架构如图2-2所示。

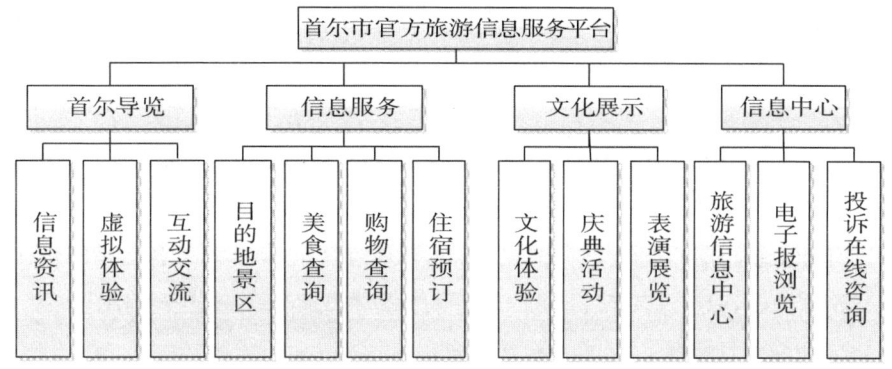

图2-2 首尔市官方旅游信息服务平台系统功能架构图

"iTour Seoul"移动旅游信息服务平台(m.visitseoul.net)基于智能手机等移动终端,以用户所处地点为中心,提供周围的景点、酒店和餐饮等旅游信息。i包括多种含义,不仅指i(旅游主体的"我"),还表示internet(网络)和information(信息)的意思,目标是通过普遍存在的网络形式为游客提供个性化的旅游服务,其系统功能如图2-3所示。此外,游客可通过选取不同的语言界面,消除语言不通的障碍。

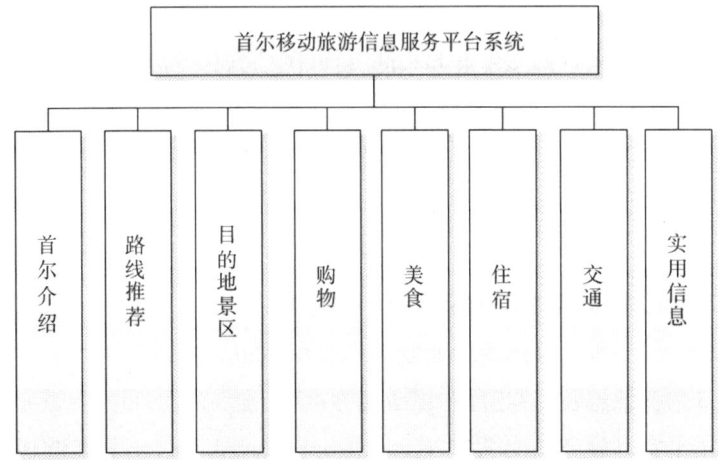

图 2-3 "i Tour Seoul"掌上移动旅游信息服务系统功能图

2.2.3 韩国智慧旅游的具体应用

"i Tour Seoul"移动旅游信息服务平台(m. visitseoul. net)是韩国首尔智慧旅游的主要业务平台,该平台的主要应用有:

1. 定位服务

游客可通过智能手机等移动终端下载定位软件,以自己所处位置为中心,迅速获取首尔的主要观光信息向导,包括目的地景区、周边住宿、餐饮、文化活动等丰富的信息,还可根据线路推荐进行个性化行程规划,即通过"trip planner"安排合理的行程线路。游客不仅可以通过该平台获取信息,还可免费下载周边景区的信息应用程序。

2. 智能信息服务

观光网站、二维码(Quick Response Code)以及手机 API 能提供全面的旅游信息。平台还为用户提供住宿、演出、电影等文化活动的网络预订服务,游客可通过海外银行卡进行实时预订;此外,通过手机 API,可在没有网络的情况下及时获取信息,API 中的图片、文字和视频向游客展示周边目的地景区等相关信息,还为游客提供景区详细信息咨询服务,游客可通过接通电话服务,进行全面的咨询搜索,为游客的信息获取提供完善的保障;平台自带的 iPhoto Mosaic 应用程序还可帮助游客进行旅行照片处理,并直接分享至 visitseoul. net。

3. 丰富的附加服务

平台还面向特定游客推荐深度旅游路线,并在旅游过程中提供各类打折券、电子报、新闻报等增值服务,同时面向游客提供 iPhone 智能手机租赁服务。

2.2.4　韩国智慧旅游发展的经验总结

韩国智慧旅游发展的主要经验可以概括为以下五个方面:

第一,把提供高水平的公共服务作为智慧旅游发展的重要目标。韩国并不是把智慧旅游当作一个单纯的信息化建设项目来实施,而是将为游客、旅游企业和政府提供高水平的旅游公共服务作为基本的发展目标。除了信息通信技术的应用之外,更重要的是提供了一个连接游客、旅游企业和政府的公共服务平台,这一平台成了韩国提供高水平智慧旅游服务的重要载体。在系统应用方面,韩国智慧旅游的各系统和资源并不是孤立存在的,而是整合旅游产业链上旅游服务提供商的资源,达到信息充分共享。

第二,明确不同时期智慧旅游的建设重点和建设目标。韩国政府针对旅游产业的建设和发展出台了众多具有划时代意义的发展规划和旅游信息化专项规划,这也正是韩国的旅游产业发展能获得如此规模和成绩的重要原因之一。各类规划对不同阶段的建设重点和建设目标做出了重要的部署,为项目的实施提供了科学和可靠的依据。

第三,坚持"以游客为本"的理念,注重个性化应用服务开发。韩国的智慧旅游从游客规划自己的旅游路线开始,一直到旅游结束,开发了一系列个性化、人性化和便捷的旅游智慧化应用。从韩国针对各类服务平台和应用的开发来看,都体现出以游客为中心,从游客的角度来提升服务的便捷性和高效性。这些平台和应用不仅获得了游客的信赖与支持,还给游客留下了较好的印象,为其旅游业的持续发展提供了强有力的支持。

第四,整合各类旅游资源,构建智慧旅游公共服务新模式。韩国在加快智慧旅游建设、促进旅游产业发展的同时,积极与旅行社、航空公司、酒店以及交通运输部门等进行合作,采取联合营销推广方式进行旅游产品的宣传推广,建立了多方共赢的智慧旅游公共服务发展新模式,有力地促进了各方利益的协调和可持续发展。

第五,利用公共服务平台,为游客提供针对性服务。韩国政府旅游主管部门突破单纯的管理职能,利用先进技术建设智慧旅游的公共服务平台,既提升了游客的用户体验和旅游质量,也为各旅游企业提供了高效管理的途径和手段。比如通过公共服务平台向潜在游客发送精准的旅游信息,为游客提供富有针对性和专业性的服务,这些都充分体现了智慧旅游的价值。

韩国智慧旅游的发展以韩国独特的旅游资源和良好的信息化发展条件为基础,通过两者的深度融合,实现了旅游业的转型升级,为我国智慧旅游的发展提供了重要的经验。

2.3 北京智慧旅游的发展

北京是国际著名的旅游目的地,是我国首批智慧旅游建设城市之一。北京在全国率先启动智慧旅游的建设,成为全国智慧旅游建设的先行军,经过几年的建设,已取得了较为显著的成效。

2.3.1 北京智慧旅游的建设目标

北京智慧旅游的建设从智慧城市建设及旅游企业、旅游者的实际需要出发,以完善对旅游者的公共服务功能、提升旅游企业面向国内外市场的服务能力、提高旅游行政管理部门对旅游的行政服务水平为需求,确保智慧旅游建设项目的针对性和实用性,在此基础上提出了北京智慧旅游的发展目标:宽带泛在的基础设施、智能融合的信息技术应用和创新持续的便利旅游服务。为实现这一目标,北京市将逐步建立北京智慧旅游政务管理体系、智慧旅游公共信息服务体系和旅游业态智慧旅游服务体系三大智慧旅游体系,推动九个智慧旅游系统建设,形成六十个智慧旅游建设项目。

北京智慧旅游的第一阶段任务是要建成泛在、集约、智能、可持续发展的智慧旅游支撑体系,实现旅游行政服务职能智能运行、旅游者智慧旅游、旅游企业网络运营等高度融合的旅游公共服务便捷实用的发展态势,形成智慧旅游引领旅游发展的格局。

2.3.2 北京智慧旅游公共信息服务体系建设

北京智慧旅游公共信息服务体系建设包括以下三个方面的内容:

1. 建设旅游公共服务信息系统

北京智慧旅游公共服务信息系统包括以下内容:

(1)建设和完善北京旅游网(www.visitbeijing.com.cn):为旅游者提供全方位

信息的智能服务,配合"市民主页",提供各类整合的移动服务信息,将北京旅游网打造成北京旅游的名牌。

(2)建设旅游公共信息服务平台:以物联网、现代通信技术为基础,建立旅游公共信息服务云平台;建立旅游公共信息数据库;建立基于地理信息的旅游服务平台;实现旅游行业信息的收集、分类、处理和发布的自动化。

(3)完善旅游公共信息服务管理平台:建立健全相应的规章制度,加强旅游信息收集和发布的管理平台建设。

2. 推进智慧旅游电子商务系统建设

发展电子商务,积极推进北京旅游卡建设,建设和推广刷卡无障碍支付工程。推动旅游营销信息发布及旅游服务在线预订平台建设,推进旅游星级饭店、景区等旅游企业提供在线预订和智能服务。

3. 推进智慧旅游便民服务系统建设

北京智慧旅游便民服务系统建设主要包括以下内容:

(1)建立虚拟景区旅游平台:编制网络虚拟旅游建设规范。以北京旅游信息网为载体,以北京市各A级景区为蓝本,开发北京景区网络虚拟旅游平台。

(2)推动建立景区自助导游平台:编制景区自助导游系统建设规范。采取多种形式,鼓励各A级景区开发和使用自助导游软硬件系统。

(3)推动开发建设城市自助导览平台:编制城市自助导览系统建设规范。开展城市自助导览的研究、探索和开发工作。

(4)推动旅游信息传播渠道多元化:编制旅游信息展示终端建设规范。推动旅游饭店、景区、旅行社、旅游乡村等旅游企业旅游信息传播渠道多元化。

(5)推动无线宽带网覆盖:采取多种方式,促进饭店、旅游乡村、景区等旅游企业建设开通无线宽带网。

2.3.3 北京旅游业态智慧旅游服务体系建设

北京旅游业态智慧旅游服务体系建设包括以下建设内容:

1. 推进智慧景区试点示范建设

智慧旅游试点示范建设包括以下内容:

(1)编制智慧景区建设规范。依据规范和扶持政策,推进智慧景区试点示范建设,优化旅游景区的接待环境,提升旅游景区的智能服务质量。

(2)智慧景区规范建设的内容:

● 建设景区安全保障智能监控工程;

● 建设景区电子门票、门禁工程;

● 建设景区流量实时统计、上报、发布工程;

● 建设景区应急管理及紧急救援工程;

● 建设景区内部办公工程;

● 建设景区门户网站工程;

● 建设景区电子商务工程;

● 建设景区旅游故事及游戏软件工程;

● 建设景区旅游资讯数字化信息发布工程;

● 建设景区多媒体展示及网络虚拟旅游工程;

● 建设景区自助导游工程;

● 建立景区呼叫中心平台和建设景区投诉及游客互动工程等。

2. 推进智慧饭店试点示范建设

智慧饭店试点示范建设包括以下内容:

(1)编制智慧饭店建设规范。依据规范和扶持政策,推进智慧饭店试点示范建设,推动物联网等技术在旅游饭店的应用,促进旅游饭店智能服务水平的提高。

(2)智慧饭店规范建设的内容:

● 建设饭店网络及通信基础工程;

● 建设饭店客房自助信息及电子商务终端工程;

● 建设投诉、满意度调查及游客互动系统工程;

● 建设监控安防系统工程;

● 建设饭店智能客房控制系统工程;

● 建设饭店多媒体自助服务终端工程;

● 建设饭店中央预订系统工程;

● 建设饭店管理系统工程;

● 建设饭店综合视频会议系统工程和饭店智能闭路电视工程;

● 建立饭店呼叫中心平台等。

3. 推进智慧旅行社试点示范建设

智慧旅行社试点示范建设包括以下内容:

(1)编制智慧旅行社建设规范。依据规范和扶持政策,推进智慧旅行社试点示范建设,推动和逐步完善旅行社智能化建设,深化旅行社行业整体的信息化应用。

(2)智慧旅行社规范建设的内容:

● 建设旅行社团队(游客)管理和旅游电子合同工程;

● 建立旅行社及导游领队服务管理系统;

● 建设旅行社 ERP 业务管理工程;

● 建设 B2B 企业分销工程;

● 建设 B2C 企业网站工程;

● 建设旅行社服务质量跟踪及游客互动工程和建立旅行社呼叫中心平台;

● 建设旅行社供应商管理工程;

● 建立旅行社客户关系管理(CRM)及会员卡管理系统;

● 建设旅行社在线 OA 管理工程;

● 建设旅行社电子行程单管理及 GPS 定位与身份识别工程;

● 建立旅行社旅游保险管理平台;

● 建立智慧旅行社物联网平台与移动商务管理平台等。

4. 推进智慧旅游乡村试点示范建设

智慧旅游乡村示范点建设包括以下内容:

(1)编制智慧旅游乡村建设规范。依据规范和扶持政策,推动和逐步完善旅游乡村信息化、智能化建设,引导旅游乡村旅游环境与公共服务建设,促进旅游乡村电子商务建设和推广。

(2)智慧旅游乡村规范建设的内容:

● 建设旅游乡村基础网络工程,包括无线宽带网(WLAN)建设工程和室内宽带无线覆盖工程;

● 建设旅游乡村门户网站工程;

● 建设旅游乡村网络营销订购和旅游服务工程;

● 建设消费刷卡无障碍服务工程;

● 建设安全管理信息服务工程;

● 建设旅游乡村中的民俗户智能终端覆盖工程和建设旅游乡村游自助导游、导航工程。

2.3.4 北京智慧旅游政务管理体系建设

北京智慧旅游政务管理体系建设包括以下内容：

1. 建立智慧旅游电子政务系统

(1) 建立并完善电子政务办公系统

● 深化旅游部门内部管理信息化应用，建立旅游信息化管理及自动办公OA系统、移动办公系统和视频会议系统；

● 使市、区两级旅游部门办公系统互联互通，共享业务信息，实现从业务办公到公文编制、报送、审批等无纸化办公。

(2) 提升政务网站服务能力

● 进一步完善北京旅游信息网建设，政务信息发布应做到及时、适时、准确；

● 建设并完善电子政务服务系统，完善网上办事流程；

● 建立旅游企业、从业人员诚信监管发布平台及信誉公示机制。

(3) 建设并完善旅游业务电子办公系统

● 深化政务信息资源整合共享，加强行政管理和信用信息公示，建立并完善旅行社团队(游客)管理平台及电子合同管理平台；

● 建立景区、饭店、旅游乡村游客信息分析平台；

● 完善旅行社及分支机构审批备案平台；

● 建立并完善星级饭店、A级景区、A级旅行社、市级民俗旅游村及乡村旅游特色业态评定管理平台；

● 建立法规、政策查询检索平台；

● 建立旅游执法平台；

● 建立12301投诉受理及管理平台；

● 建立旅游假日及应急统计及管理平台；

● 建立旅游功能区、旅游公共服务设施地理管理平台；

● 建立旅游形象宣传、旅游活动资源库；建设远程培训工程等。

(4) 通过电子政务办公系统和旅游业务电子办公系统，将旅游企业信息、旅游市场信息、各种多媒体监测信息等各方资源进行整合共享，为决策和研究随时提供准确的信息。

2. 建设旅游应急指挥系统

旅游应急指挥系统建设的主要内容包括：

●充分运用智能视频监控、移动网络、物联网等技术和手段，建立动态感知游客活动信息和旅游企业状态信息的网络；

●建立旅游企业、游客信息监控平台；

●建立旅游企业、游客综合信息安全管理平台；

●建立旅游安全决策及应急指挥平台。

2.4 青岛智慧旅游城市建设

青岛是世界著名的海滨旅游胜地，是国内外游客向往的旅游城市。青岛以国家大力推进智慧旅游建设为契机，提出了建设智慧旅游城市的发展目标，成为全国智慧旅游城市建设的先行军，取得了较为显著的成效。

2.4.1 建设背景

1. 建设内涵

青岛市在积极响应国家智慧旅游建设的同时，明确了推进智慧旅游城市发展的目标。智慧旅游城市是在智慧城市的背景下，围绕旅游产业，综合利用物联网、云计算等信息技术手段，结合城市现有的信息化基础，融合先进的城市运营服务理念，建立广泛覆盖和深度互联的城市信息网络，对城市的食、住、行、游、购、娱等多方面旅游要素进行全面感知，并整合构建协同共享的城市信息平台，对信息进行智能处理利用，从而为游客提供智能化旅游体验，为旅游管理和公共服务提供智能决策依据及手段，为企业和个人提供智能信息资源及开放式信息应用平台的综合性区域信息化发展过程。

智慧旅游城市是将智慧旅游从理念到实际落地在城市的举措，是智慧城市的有机组成部分。相对于智慧城市的以满足居民需求以及与城市发展相关的市政建设、公共管理、商业服务等需求为主，智慧旅游城市建设的重点是在与旅游密切相关的方面，以满足游客、旅游企事业单位及旅游主管部门的需求为主。

智慧旅游城市是城市发展与旅游发展协调一致的结果。它以旅游公共管理与服务部门、游客、旅游企业以及城市居民为主要应用主体，它的建设是利用新一代信息技术不断满足各个相关利益方需求的开放性动态过程。

2. 建设需求

青岛是国家旅游局确定的第二批国家智慧旅游试点城市之一。试点建设的目标是要以旅游目的地和旅游企业为切入点,把旅游业发展成为高信息含量、知识密集的现代服务业,实现基于信息技术的智慧旅游。2012年青岛市将智慧城市建设纳入政府工作报告,全面启动智慧城市的建设。青岛市旅游局也因此发布了《加快推进旅游业率先跨越发展的意见》,明确了智慧旅游城市的建设目标,使其成为实现现代旅游服务产业的基本支撑点。

3. 建设意义

青岛市建设智慧旅游城市的主要意义包括以下三个方面:

一是促进旅游产业融合创新,实现转型升级和跨越发展。借助"智慧旅游城市建设"的发展理念,使各类新型技术企业、城市公共服务机构能够把旅游业的各种要素有机整合在一起,为游客提供一站式的新型旅游服务,而且在智慧旅游模式不断创新的情况下,会催生出更多的产业与旅游产业相融合,也会带来更好的创新型融合效果。

二是创新管理与服务模式,提高旅游管理服务水平。智慧旅游城市建设采用创新技术和创新应用,为旅游行业的管理和服务提供新的模式,实现传统旅游管理方式向现代管理方式转变,促进旅游行业监管从传统的被动处理、事后管理向过程管理和实时管理转变。

三是提升游客满意度,促进青岛旅游经济发展。智慧旅游城市建设最直接的结果就是满足游客的个性化需求,进而提高游客满意度,提高青岛旅游品牌形象,提高青岛旅游产品的口碑,扩大对青岛旅游产品的消费需求,促进青岛旅游经济的发展。

2.4.2 建设目标

1. 指导思想

青岛智慧旅游城市建设以"三服务,三创新,三提高"为指导思想,具体如下:

(1)三服务

● 服务政府,提供智能化的监管手段;

● 服务企业,促进旅游企业信息化应用;

● 服务公众,满足公众个性化的需求。

(2)三创新

● 管理创新,采用信息技术打造新型政府管理方式;

● 应用创新,采用智慧化的创新应用为现代旅游业服务;

● 模式创新,利用智能化手段创造新的经营模式。

(3)三提高

● 提高管理能力,实现精细化管理;

● 提高服务质量,实现精致化服务;

● 提高营销水平,实现精准化营销。

2. 建设原则

青岛智慧旅游城市建设的原则包括:

(1)总体规划,分步实施:在全面、科学和系统的总体规划的基础上进行分阶段实施,力求每阶段目标明确、重点突出、保障充分。

(2)政府主导,多方协同:政府部门全面领导和推进智慧旅游建设,明确战略方针,积极解决建设过程中的重点和难点问题,为相关各方搭建服务平台。相关部门应整体协调与通力合作,建立多方面协同管理的工作机制。

(3)企业参与,市场运作:企业按照规划及标准全面参与建设,应用青岛市旅游业发展的市场化的合作开发模式和运维方式,从而实现智慧旅游建设的社会集约化和可持续发展。

3. 发展目标

以智慧能力建设为基础,以智慧应用系统建设为重点,以改善游客体验、提高游客满意度为核心,逐步把青岛市建成国际先进、国内领先的智慧旅游城市。

2.4.3 建设重点

青岛智慧旅游城市建设包括以下三个方面的重点:

1. 以改善游客体验为方向,重点建设智慧服务体系

通过智慧旅游服务体系的建设,突破传统的服务模式,依靠现代技术手段及创新应用,健全旅游公共服务体系。

2. 以创新管理模式为方向,重点建设智慧管理体系

创新管理模式,促进政府监管部门有效地引导旅游行业健康和谐地成长和发展;通过智慧管理体系的建设实现传统旅游管理方式向现代管理方式转变。

3. 以产业融合创新为方向,重点建设资源整合体系

以推进产业融合创新为基本的发展方向,大力促进新型业态、新型产业功能、新型企业组织结构和新型产业集群的形成,全面推动全市范围内智慧旅游建设资源的整合。

2.4.4　建设体系

1. 建设框架

青岛智慧旅游城市建设的框架可以总结为:一个保障体系,两个建设主体,三个智慧能力,三类智慧应用。参见图2-4所示。

2. 保障体系

保障体系的建设包括以下内容:

(1)城市协作体系:建设包括交通、公共安全、医疗卫生、城市管理、工商、环保、防灾等城市管理部门在内的多方协作体系,形成信息交换和共享规范、指挥调度、协调组织等工作机制。

(2)标准规范体系:面向信息化应用环境建设与服务的实际需求,制订和完善一系列制度与标准规范。规范信息化应用环境建设与服务的行为和内容,形成完善的制度与标准规范体系。

(3)组织管理体系:采取与旅游市场实际需求相适应的组织管理方式和手段,实行项目实施的全过程控制,逐步形成综合运用多种手段的协调管理方式。

(4)运营维护体系:围绕"政府主导,多方参与,市场化运作"的模式,实现多个参与方的统一规划,协调发展,合作共赢。

(5)信息安全体系:健全安全管理体系和组织体系,明确各职能部门信息安全管理职责和分工,加快制订信息安全管理制度与技术标准,强化信息安全管理和技术队伍建设,加强信息安全培训。

(6)评价考核体系:建设项目的评价体系和项目应用的考核体系,对项目进行工程评价和结果评价,并建立相应的评价机制。

3. 建设主体

青岛智慧城市建设包括两个建设主体:

(1)政府部门:包括旅游主管部门以及旅游相关城市主管部门,以满足游客信息需求、交通需求、安全需求、环境需求、救助需求等公共服务需求为目标,以政府公共财政投入为主参与建设。

(2)社会组织:包括以营利为目的的旅游企业和个人以及提供旅游业服务的非营利组织,重点关注游客不断变化的个性化需求,利用满足个性化需求促进经济效益,其投入主要以自有资金和社会融资为主。

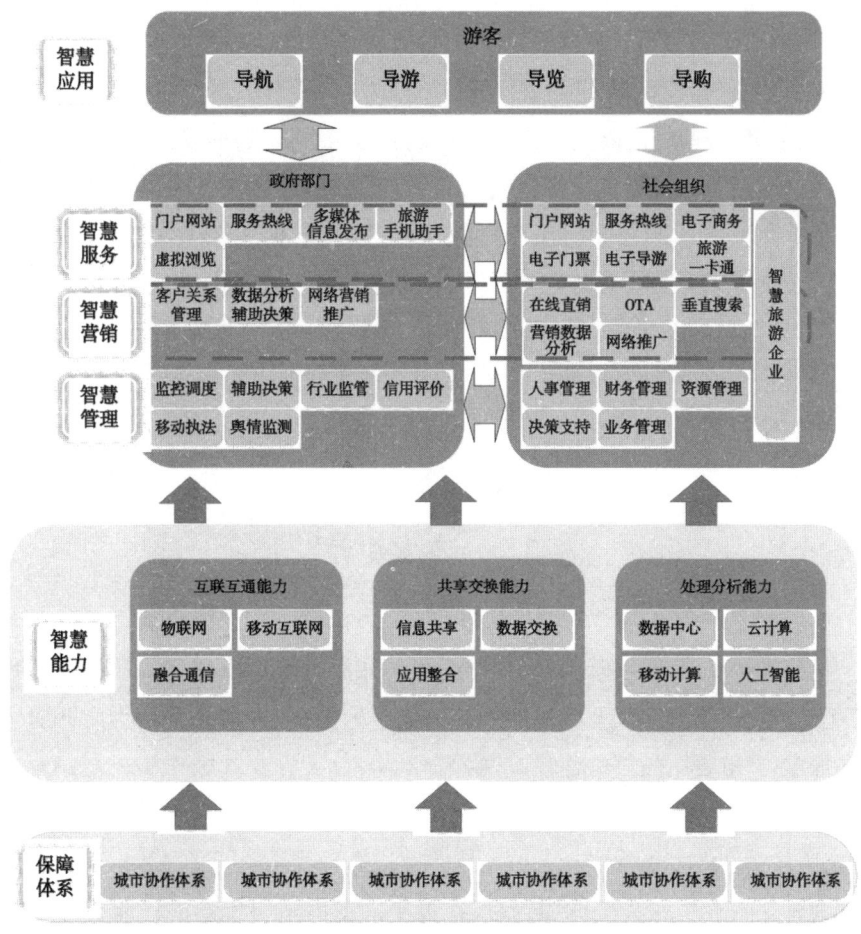

图 2-4 青岛智慧旅游城市建设框架图

4. 智慧能力

青岛智慧城市建设包括三大智慧能力的建设:

(1)互联互通能力:充分利用物联网、移动互联网、大数据和融合通信技术等,促进全市旅游行业的互联互通。

(2)共享交换能力:建立共享交换平台,实现数据交换、信息共享和应用整合。

(3)处理分析能力:通过建立数据中心并应用人工智能和大数据等技术,全面提升处理分析能力。

5. 智慧应用系统建设

青岛智慧城市建设包括三个智慧应用系统的建设:

(1)智慧服务系统:基于物联网、无线技术、定位和监控技术,实现信息的传递和实时交换,让游客的旅游过程更顺畅,提升旅游的舒适度和满意度,为游客带来更好的旅游安全保障和旅游品质保障。

(2)智慧管理系统:依托信息技术,主动获取游客信息,形成游客数据积累和分析体系,全面了解游客的需求变化、意见建议以及旅游企业的相关信息,实现科学决策和科学管理;通过与公安、交通、工商、卫生、质检等部门形成信息共享和协作联动,结合旅游信息数据形成旅游预测预警机制,提高应急管理能力,保障旅游安全。

(3)智慧营销系统:通过旅游舆情监控和数据分析,挖掘旅游热点和游客兴趣点,引导旅游企业策划对应的旅游产品;通过量化分析和判断营销渠道,确定长期的合作伙伴;利用微信、微博等新媒体,形成新媒体营销平台。

2.5 本章小结

把推进智慧旅游的建设和应用作为引领旅游业转型升级和提质增效的重要抓手,已成为世界各国以及我国各级政府的普遍共识,国内外都已为之开展了较好的探索,并取得了较好的建设成就。

尽管国际上采用智慧旅游这一概念的国家并不多,但充分利用现代信息通信技术,为旅游业的发展提供全方位支持的做法都有着异曲同工之妙。新加坡和韩国作为智慧旅游发展的全球领跑者,在多年的发展中所积累的经验是十分宝贵的。以游客为中心,将现代信息通信技术与旅游服务、营销、管理和政务深度融合,为进一步提升本国旅游业的发展力、服务力和竞争力提供了有力的支撑。

在国内,各地推进智慧旅游发展的热情十分高涨,所取得的成绩也是有目共睹的。北京和青岛两市作为我国智慧旅游发展的重要示范城市,所取得的成就更为显著,相关的经验和做法对兄弟省市有着重要的借鉴作用,值得深入交流和探讨,为全面开创我国智慧旅游发展的新局面做出了新的探索。

第3章

智慧旅游公共服务平台建设

国家旅游局于2012年6月发布的《关于进一步做好旅游公共服务工作的意见》指出,要从公共信息、安全保障、交通、惠民便民及行政五个方面来做好旅游公共服务的建设,推动形成"大旅游公共服务"格局,建立由政府牵头、相关部门和企业参与、旅游行业内部上下联动的工作机制,同时提升政策和信息共享水平,推进建设旅游公共服务体系。《意见》还提出,"以信息化为主要途径,提高旅游服务效率""建立健全旅游信息服务平台,促进旅游信息资源共享"。从中可以看出,旅游公共服务体系建设已经被提上议事日程,尤其是建立各级旅游公共服务平台已经成为建设旅游公共服务体系的首要任务。

智慧旅游公共服务平台作为智慧旅游发展的重要支撑,是政府依托自身的特殊角色和优势,在整合各方旅游资源的基础上通过智慧旅游公共服务运行平台向社会提供的全方位旅游公共服务,在智慧旅游发展中有着举足轻重的地位和作用,是实现旅游智慧服务、智慧营销、智慧管理和智慧政务的基本载体。目前,我国智慧旅游公共服务平台的建设虽已受到了多方面的关注,但相关的理论研究还基本处于空白状态,很大程度上滞后于实践发展的需要。本章拟对智慧旅游公共服务平台的基础理论和基本建设思路进行系统研究,以期能为推动智慧旅游公共服务平台健康、有序和科学的建设提供可靠的依据。

3.1 智慧旅游公共服务体系概述

智慧旅游公共服务体系建设是智慧旅游发展的重要内容,也是智慧旅游公共服务平台建设的基本依据。

3.1.1 旅游公共服务的概念

旅游业是众多国家和地区重点发展的产业,旅游公共服务的建设和旅游业的发展紧密相关,这是由旅游业的自身性质和新一代信息技术发展所决定的。提供旅游公共服务,已经成为政府进行有效引导、企业高效经营的一种强有力的手段。杨大明(2006)[1]指出,旅游公共服务是政府旅游管理部门面向社会提供的不以盈利为目的的旅游类服务。李爽(2008)[2]认为,旅游公共服务是指在旅游目的地范围内及周边地区,由政府和其他服务组织为旅游过程中的旅游者(现实的和潜在的)提供的具有明显公共性质的满足游客共同需要的公共产品和服务的总称。

旅游业是典型的公共服务产业,具体表现在以下四个方面:第一,旅游业面向全体社会成员,直接关系人民的生活质量,具有服务对象的公共性;第二,旅游业的发展和服务依托公共服务设施,具有设施和服务的公共性;第三,旅游业涉及较多参与者,如政府、企业、游客、当地居民等不同利益主体,涉及面广,具有参与对象的公共性;第四,旅游业涉及众多产业,辐射范围广,具有旅游效应的公共性。由此可以看出,虽然目前对旅游公共服务的定义尚未统一,但是旅游公共服务作为一类特殊的公共服务是不可否认的,可以从比较公共服务和旅游公共服务的关系来探讨旅游公共服务的内涵。如图3-1所示。

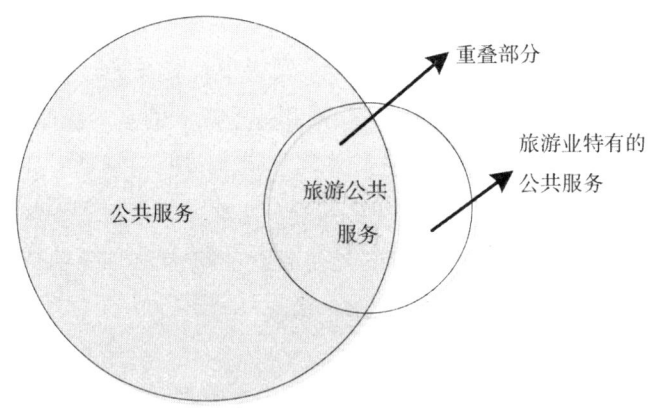

图3-1 公共服务和旅游公共服务之间的关系

---

[1] 杨大明. 明理识图,尽心履职,切实加强旅游公共服务[EB/OL]. [2006-05-10]. http://www.sxtour.gov.cn/tour-netpaperview.asp?id=55.

[2] 李爽. 旅游公共服务供给机制研究[D]. 厦门:厦门大学,2008.

从公共服务的定义来看,公共服务是由政府和其他组织提供的有形和无形的、可供社会全体成员使用和享受的公共产品和服务,那么必然也包括旅游企业和旅游者。所以,公共服务提供的诸多设施和项目,如交通、公共医疗、通信网络等也为旅游公共服务提供了基础。但是,旅游公共服务的对象具有明显的针对性,以游客和旅游企业为主要服务对象。旅游公共服务的建设也是针对不同区域特征或景点特征来定,具有较强的特指性,而公共服务设施一般不具备地域差异特征。所以,旅游公共服务不能简单地纳入到公共服务中。由此可以看出,旅游公共服务是公共服务在旅游领域的特殊表现,它既具有公共服务的普遍特点,又具备旅游业自身的特殊性,而公共服务是旅游公共服务实现的重要前提和基础。

3.1.2 智慧旅游公共服务体系的组成

一般来说,旅游公共服务是具有明显公共特征的服务和产品的总称。旅游公共服务体系可以理解为基于一定的供给模式和政策支持下,服务提供方、服务对象以及服务供给方式之间形成的旅游公共服务系统。智慧旅游公共服务体系是在智慧旅游发展的背景下,如何利用新一代的信息通信技术实现公共服务的智慧化。智慧旅游公共服务体系包括智慧旅游公共信息服务体系、智慧旅游交通便捷服务体系、智慧旅游惠民便民服务体系、智慧旅游行政管理服务体系和智慧旅游安全保障服务体系五个方面。如图 3-2 所示。

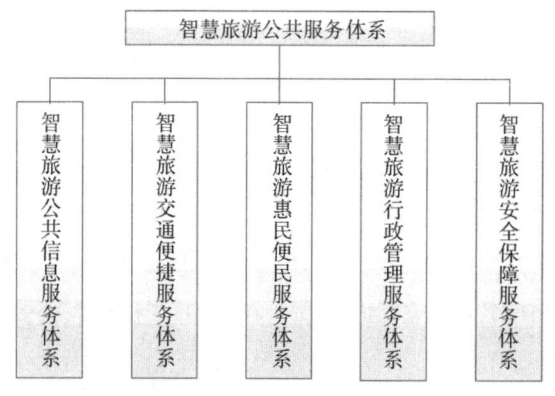

图 3-2 智慧旅游公共服务体系组成图

如图 3-2 所示,智慧旅游公共服务体系各组成部分说明如下:

1. 智慧旅游公共信息服务体系

智慧旅游公共信息服务体系主要是指智慧旅游网络信息服务、信息咨询服务和景区标识解说服务等。信息内容以目的地景区信息、旅游市场信息、目的地景区安全保障信息等为主,并且不断开拓新的信息发布渠道和获取手段,为游客和其他旅游参与者提供全面、可靠和完善的信息服务。

2. 智慧旅游交通便捷服务体系

智慧旅游交通便捷服务体系主要是指智慧旅游交通通道建设和旅游交通服务建设,如加强智慧旅游交通引导标识、开辟目的地景区智慧旅游风景道、游步道、旅游巴士专线等。

3. 智慧旅游惠民便民服务体系

智慧旅游惠民便民服务体系要求持续推出旅游公益惠民便民政策和旅游产品,加强基础设施建设。基础设施如无线网络、通信、金融、医疗等设施,产品如旅游卡、旅游年票等,政策如特殊人群优惠政策、旅游消费券等。

4. 智慧旅游行政管理服务体系

智慧旅游行政管理服务体系主要是指规范旅游市场秩序、强化旅游业的管理,同时还提供旅游从业者教育培训、旅游消费者保障服务等,积极倡导文明旅游、绿色旅游、理性消费。

5. 智慧旅游安全保障服务体系

智慧旅游安全保障服务体系主要是指各地安全保障法规、安全标准、预案体系等。重点建设内容包括环境、设施、机制等,保障旅游业务顺利进行。

3.1.3 智慧旅游公共服务体系的供给模式

从智慧旅游公共服务的市场供给来看,主体不仅包括政府、旅游管理部门等非营利组织,还包括旅游企业等盈利性组织。政府和管理部门的优势和地位决定其必须承担建设公共服务的主导作用,但是针对旅游业这一特殊产业而言,这样的界定并不符合当前我国旅游业的发展。在我国,当前的旅游公共服务体系包括两种导向:一是由政府主导,非营利性组织运营的公共服务体系;二是由市场主导,旅游相关企业运作的市场服务体系。与此相对应的,智慧旅游公共服务体系的供给模式主要有以下三种基本模式:

一是由政府部门直接提供旅游公共服务;

二是政府通过市场手段与企业合作提供旅游公共服务；

三是在政府政策领导下,旅游相关企业直接面向消费者提供公共服务。

从实际的运作情况来看,智慧旅游公共服务的多元化供给,使各供给方之间能够充分合作和竞争,这样非但没有弱化政府的职能,还可对政府在如何向社会全体成员提供普遍的无差异的公共服务和旅游市场监管方面提出了更高的要求,从而进一步提升了公共服务的质量。

3.2 对智慧旅游公共服务平台的理解

智慧旅游公共服务平台是提供智慧旅游公共服务的核心载体,是连接各类旅游参与主体的纽带,在一定程度上决定着智慧旅游的发展水平和质量。

3.2.1 智慧旅游公共服务平台的概念

智慧旅游公共服务平台是一个综合性的概念,必须从智慧旅游公共服务体系建设的角度对其进行分析。近年来,国内已有一些学者开始对智慧旅游公共服务体系进行研究,取得了一定的成果。金卫东(2012)[1]从智慧旅游的角度探讨了旅游公共服务体系的建设,并研究了南京智慧旅游公共服务体系建设现状,指出要从"为游客服务、为管理服务"两条主线出发来展开公共服务的建设。乔海燕(2012)[2]从智慧旅游的角度出发,构建了智慧旅游公共信息服务系统。该系统主要由旅游信息提供、咨询、交通和公共信息平台这四个系统组成,以满足游客的个性化信息需求。目前,关于公共服务平台的研究也已有一些成果,如郑培(2012)[3]提出了标准信息公共服务平台模型。该模型由基础层、研发层、服务层和管理层组成,各层共同构成一个服务平台的整体。刘加凤(2012)[4]借鉴已有平台的建设实践经验,提出了建设旅游公共服务平台的设想。该平台由硬件层和系

---

[1] 金卫东. 智慧旅游与旅游公共服务体系建设[J]. 旅游学刊,2012,27(2):5-6.

[2] 乔海燕. 关于构建旅游公共信息服务系统的思考[J]. 中南林业科技大学学报,2012,6(2):27-29.

[3] 郑培. 标准信息公共服务平台构建研究[D]. 浙江:浙江工业大学,2012.

[4] 刘加凤. 常州智慧旅游公共服务运行平台建设研究[J]. 中南林业科技大学学报,2012,6(5):24-26.

统支撑层、数据库层、中间件、应用层、表现层和用户层六层架构组成。平台包含信息咨询与服务、旅游商务、智慧景区管理和行业管理四个系统。毫无疑问,有关公共服务平台的研究所形成的成果,可为智慧旅游公共服务运行平台的建设提供必要的支撑。

从本质上看,旅游公共服务平台就是政府为旅游者和企业提供公共产品和公共服务的一个平台。它是一个开放的服务系统,可以向广大游客、旅游企业、政府管理部门以及公众提供全面、高效、方便的一站式旅游服务,从而提升旅游体验,促进旅游产业的良性发展。在智慧旅游背景下,智慧旅游公共服务平台是指集成海量旅游信息资源,实现各项服务和管理职能的综合性平台。智慧旅游公共服务平台建设的核心是建设一个多元渠道的旅游产业数据中心。其不仅是所有数据整合的中心,还是支撑智慧旅游产业服务体系的基础。其面向游客、政府、企业提供包括电子政务平台、旅游营销平台、预订支付平台、电子商务平台等诸多方面的应用,涵盖了各类业务项目,是促进智慧旅游健康发展的强有力手段,全面提升政府旅游管理部门的管理能力和公共服务水平,引领旅游业更好更快地发展。

3.2.2 智慧旅游公共服务平台的主要特点

作为智慧旅游运行的主要载体,智慧旅游公共服务平台主要具有以下特点:

1. 公益性

智慧旅游公共服务平台是旅游业发展的有效支撑,是一个开放、共享、多学科、多用户和多功能的资源保障与服务系统,具有促进科技进步和社会经济发展的公益性特征,是旅游业发展重要的基础性工程。

2. 专业性

平台面向游客、各类旅游服务人员等各类参与者。按照不同景区、不同游客的特点来组织资源,并根据资源和科技创新等活动的特点来建设服务系统,提供旅游服务、技术开发、成果转化、项目管理等方面的各类专业性业务支持。

3. 综合性

平台整合集成了旅游业的各类与产业活动相关的科技资源。相关的服务涵盖了社会资源的共享、科技研发的协同合作、科技成果的转化等活动的各个方面,具有高度综合性的特点。

3.2.3 智慧旅游公共服务平台的价值

智慧旅游的建设是一个复杂的系统工程,涉及海量信息处理,包括多行业、多对象、多层次的综合应用和服务,并且多个应用服务系统之间存在着信息共享和交互的需求。完善的智慧旅游公共服务平台对于智慧旅游的健康、可持续发展起到至关重要的作用,从旅游业参与者的角度来看,可以从以下三个角度来诠释:

1. 为游客创造的价值

在旅游前,智慧旅游公共服务平台可以让游客足不出户进行旅游产品之间的相互比较,从而高效率、低成本地选择适合自己的优质信息和产品服务,避免使用其他平台而陷入复杂繁多、良莠不齐的信息陷阱,导致其做出错误的决定。在旅游中,游客可以直接利用移动设备或智能终端直接登录该系统,随时随地获取自己所需的信息,也可以改变自己的行程;在旅游后,游客可以使用该平台进行旅游评价、提供建议,一方面实现旅游信息的共享,另一方面督促旅游企业改进服务,从而提高游客体验,促进旅游业良性发展。

2. 为旅游企业创造的价值

旅游企业可以节约其单独建立网站、投放广告的成本,从平台中提取相关有用信息,开展精准营销,还可根据游客的评价、建议,有针对性地改进服务,提高服务质量,以此提高旅游企业的美誉度和品牌知名度,在平台上超过其他旅游企业,从而招揽更多的客人。另外,该平台还可以为旅游企业提供透明的竞争环境,避免不正当竞争带来的影响。

3. 为政府创造的价值

当地政府或旅游管理部门可以通过该平台做好本区域的旅游形象宣传,整合各类面向游客的资源和服务,为游客创造最大化的价值;同时充分发挥平台服务旅游企业、旅游业从业人员的作用,使其成为旅游产业转型升级的助推器;实现政府旅游管理部门的旅游管理和公共服务职能的信息化,全面提升政府旅游管理部门的管理能力和服务水平,引领各地旅游业更好更快地发展。

3.3 国内智慧旅游公共服务平台发展状况

在最近几年,智慧旅游公共服务平台的建设受到了多方面的重视,目前已取得一定的进展。

3.3.1 国内智慧旅游公共服务平台建设的总体状况

在国家旅游业相关政策相继推出的背景下,各省市纷纷开展了智慧旅游服务的建设工作,旨在提升智慧旅游公共服务水平,满足游客、政府、旅游企业多样化和个性化的需求。

山东省承接了中国旅游业第一个 863 项目"基于高可信网络的数字旅游服务系统开发及示范"课题,旨在整合各类旅游信息资源,包括景区、旅行社、酒店信息等,构建一个融合型的数字综合服务系统,从而建立一个集营销、服务、保障于一体的综合性数字应用服务体系。福建省在智慧旅游"十二五"规划中指出,将全面建设智能导游、景区电子门票、多点通信和移动支付等系统,全面提升目的地和旅游企业的智能化水平,基于智能技术,构建智能旅游一体化管理平台。江西省于 2012 年推出江西省智慧旅游网,其通过运用移动互联网、web3.0 等技术,面向旅游者提供一个旅游行程个性定制综合服务平台。南京加快部署云数据库平台,不断拓宽游客体验,大力发展景区智慧建设,完善政府旅游网站,打造南京智慧旅游一卡通,加强平台之间的互联互通。上海、无锡、成都相继推出移动终端应用产品,以"移动服务"为主要宗旨,为旅游者提供详细、丰富的景区信息和住宿、餐饮、娱乐等全面的旅游信息咨询服务。

3.3.2 国内智慧旅游公共服务平台建设总结

纵观国内情况,全国各地都在推进智慧旅游公共服务平台的建设。首先,从取得的进展来看,我国公共服务平台功能从以往简单的形象宣传、信息发布正在向综合服务功能转变;我国各省市基本实现旅游政务和信息咨询服务平台的建设与应用,少数地区已实现旅游营销和电子商务平台的建设与应用,小部分地区也已实现旅游体验平台的开发;各地旅游主管部门均注重旅游咨询热线、移动终端应用的开发,建设统一的综合应用平台已成为大势所趋。

其次,从存在的问题来看,国内对公共服务平台的研究,大多还停留在理论和规划层次,真正付诸实践的还比较少;对公共服务认识不足,信息化程度不高,新兴技术运用不充分,资源利用率不高;政务等服务平台信息更新不及时,信息整合力度差,数据共享程度低;政务等服务平台知名度不高,影响力较低,用户满意度不高;旅游公共服务内容和方式较为单一,缺乏全面性。

最后,国内智慧旅游公共服务平台建设存在诸多挑战,平台安全性对平台的健康、有序运营起着至关重要的作用。旅游政务网、旅游信息网网络影响力不高,对政府推广公共服务平台应用方面提出了更高的要求。信息技术的快速发展使游客对旅游体验质量的要求更高,同时促使政府提升旅游的监督管理和资源管理的决策能力。这些都给政府在建设公共服务平台过程中提出了更多的挑战。

3.4 建设智慧旅游公共服务平台的必要性和可行性

智慧旅游公共服务平台作为智慧旅游发展的重要载体,建设的必要性和可行性是一个需要进一步明确的问题,这是项目建设的基本前提。

3.4.1 智慧旅游公共服务平台建设的必要性

如何让旅游各级管理部门、旅游服务机构、旅游产品信息等数据实现信息共享,避免"信息孤岛",是智慧旅游建设首先需要解决的问题,而加快建设智慧旅游公共服务平台是解决这一问题的有效举措。总体来说,智慧旅游公共服务平台建设的必要性包括以下四个方面:

1. 促进旅游信息共享,提升旅游服务质量

旅游信息是影响游客旅游质量的关键,大力发展信息服务是现代旅游业的趋势。旅游业是信息密集型行业,在旅游过程中,游客、政府和旅游企业都需要随时获取信息,信息贯穿旅游活动的全过程。而旅游是一种跨区域消费活动,旅游产品或服务具有无形性、差异性和同时性等特点。跨区域的文化、语言、气候之间存在差异,这些差异容易导致游客和景区之间存在信息不对称等问题,造成游客在旅行前计划不足或在旅游过程中享受不完全等问题,以致游客满意度下降,影响

游客出游的积极性,从而制约了旅游业的发展。除此之外,对于旅游主管部门而言,无论是景点开发、规划,还是市场细分、战略制订或旅游监管统计,都需要准确地获取、加工和利用旅游信息,促使对旅游业信息共享和整合的要求进一步提高。因此,从解决现实发展问题来看,必须建立高效统一、规范完善的旅游公共服务平台,以充分发挥信息的引导作用,满足新时代的旅游发展需求。

2. 有利于政府更好地发挥主导作用,提升旅游业发展水平

从国外建设经验来看,政府主导力度和信息服务程度是决定区域旅游发展水平、经济增长水平的重要因素。国外旅游发达地区较早就启动了旅游信息化的建设,尤其重视旅游信息服务,率先占据了竞争和发展优势,同时获得了旅游综合信息服务带来的经济效益。如新加坡、韩国的旅游公共服务平台,不仅给国内游客带来更多的便利和更好的服务,还成为其吸引国外游客的重要窗口和提升本国旅游业的全球综合竞争力的有力途径。因此,从旅游发展战略来看,政府必须积极参与到旅游信息服务建设当中,并发挥其主导作用,吸取国外旅游公共服务建设经验,部署旅游公共服务平台的建设,以期带来长久的社会效益和经济效益。

3. 为智慧旅游的快速发展提供高水平的运行平台

从国内旅游业发展经验来看,建设旅游公共服务平台已成为不少地区提升旅游现代化水平的重要选择。比如北京市建成的智慧旅游公共服务平台,已成为北京对外展示的重要窗口,是北京旅游发展的标志性工程;浙江省建立的浙江旅游公共服务平台,整合政务、资讯、营销、视频、体验等方面于一体的综合性服务平台,虚拟旅游体验、旅游电子地图等项目为旅游目的地的营销、旅游规划管理提供了有效手段,极大地推进了浙江旅游业的发展。因此,从提升旅游竞争力水平来看,各地应建设一个符合其自身旅游业发展特色的旅游公共服务平台,引领智慧旅游健康、有序、快速的发展。

4. 进一步促进区域旅游资源公共服务平台的整合开发,避免重复建设

目前,各地各级政府旅游部门基本都已建立各自的旅游政务网和信息网站,但知名度普遍不高,网站访问量很低,网站内容更新也不及时,大多数旅游网站已成为"信息孤岛"。这些都表明各类旅游信息资源没有得到充分整合,各大旅游网站独立运营,人力、财力、物力存在巨大的浪费。因此,从旅游公共信息服务建设现状和存在的问题来看,必须着手构建综合性旅游公共服务平台,避免在旅游智慧化建设上低水平的重复建设;在旅游信息综合服务方面,尽快缩小与国外和国

内旅游建设先进地区的差距,不仅需要满足智慧旅游时代日益个性化和多样化的游客需求,同时还应满足政府部门监管的高要求。

3.4.2 智慧旅游公共服务平台建设的可行性

从我国当前的实际情况出发,建设智慧旅游公共服务平台的可行性主要包括以下三个方面:

1. 智慧旅游建设的政策支持

为促进我国旅游业的健康快速发展,国家旅游局提出要大力完善以游客为中心的旅游信息化服务,尤其是要实现感知性、实时性和互动性。与此同时,国家旅游局还专门指出,在新时期建设旅游公共服务体系和旅游信息化是发展旅游业的两大关键支撑。提出"一一二五七"建设项目,包括一个信息服务超级门户,一个国家级智慧旅游服务中心,12301旅游热线、咨询服务中心以及行政管理系统两个优化平台,包括智慧景区示范工程、智慧旅游购物示范工程、智慧酒店示范工程、旅游IT上市企业和智慧旅游示范城市建设在内的五项示范工程,还包括智慧营销平台、智慧旅游卡平台、智慧体验互动平台、旅游企业接待平台、安全质量保障平台、综合决策及知识库平台和智能移动终端应用平台这七大新建工程。

2. 强劲的用户需求

随着我国人均GDP和城乡居民收入的持续增长,旅游消费也呈现急剧增长的势头,这为我国旅游业持续快速发展提供了巨大的市场基础。据《第35次中国互联网络发展状况统计报告》统计数据显示,截至2014年12月底,在网上预订过机票、酒店、火车票或旅行度假产品的网民达到2.22亿,较2013年底增长4096万人,增长率为22.7%。从未来发展看,在线旅游业务产业链将不断发生变化,产业链上旅游服务提供商不断进军对方市场,在合作之余,各旅行社、酒店、交通服务公司和航空公司等服务提供商均积极利用互联网平台提供在线旅游直销服务,加大互联网营销力度。旅游网络营销平台、旅游信息平台、垂直搜索类网站、旅游点评网站层出不穷,都旨在满足游客的个性化和繁杂的需求。当前在线旅游市场已经进入快速发展阶段,这就为智慧旅游公共服务平台的建设和发展提供了一个契机。公共服务平台将旅游信息、旅游营销、旅游管理、旅游政务服务整合至一个综合性的中央管理平台,可以为游客、旅游企业、政府提供一站式的管理和服务,满足各类旅游资源的共享和利用。

3. 成熟的技术条件

智慧旅游公共服务平台的建设和发展运用了云计算、物联网、移动互联网、移动通信、大数据、人工智能等多种技术以及包括智能终端、计算机、存储设备、网络设施等在内的物理资源和设备。从目前发展情况来看,大多数技术和设备均已成熟,在众多行业已有大量成功的应用案例。尤其是物联网、移动通信、智能终端,均已形成相当规模的产业基础,为智慧旅游公共服务平台的建设打下了良好的技术基础。同时,各地不少地方都已建立了旅游政务网、旅游信息网等信息平台,并已建立相关的信息系统和数据库,这些都为公共服务平台的建设提供了充足的互联网基础资源。公共服务平台可以依托不断完善的各类旅游网络,充分发挥通信资源和基础设施资源的作用。

3.5 智慧旅游公共服务平台框架体系设计

智慧旅游公共服务平台建设是一个综合性的系统工程,必须对其进行系统的分析和设计,为项目的建设和实施提供重要的依据。

3.5.1 智慧旅游公共服务平台建设的原则

智慧旅游公共服务平台建设的原则具体包括:

1. 面向游客,满足需求

智慧旅游公共服务平台建设应以满足游客需求为主要目标,运用各类信息通信技术,构建高效、实用、开放的应用系统和工具,满足游客在旅行全过程中的各类需求。

2. 政府引导,服务企业

促进全省旅游业的发展和服务效益是建设智慧旅游平台的最终目的。效益包括社会效益和经济效益,因此在建设智慧旅游过程中,不仅要强化政府的监督和引导职能,更要遵循市场经济规律,并且满足旅游业自身发展需求,加快推动智慧旅游的建设。

3. 整合资源,社会参与

智慧旅游公共服务平台建设涉及众多部门和行业,其具有一定的前瞻性和开拓性。必须充分整合各类资源,积极引导社会参与。重视整合和利用各类旅游资源,运用物联网等现代信息技术来节省智慧旅游建设总成本,从而带来巨大的社会效益和经济效益。

4. 突出重点,逐步推进

规划平台建设分步实施阶段,制订相应的时间轴,明确重点建设工程,通过创建示范工程和示范点来逐步积累建设经验,在全省范围内重点推动实施反响较好的项目。注重平台系统的模块化和灵活性,为某一模块和各子系统的分阶段实施提供支撑。

3.5.2 智慧旅游公共服务平台建设需求分析

从智慧旅游的表现形式来看,智慧旅游主要体现在智慧服务、智慧营销、智慧管理和智慧政务四个方面。智慧旅游系统并不是孤立存在的,其涉及多种行业、多类参与者,包括政府部门、游客、景区、酒店、旅行社、交通服务商、旅游商品提供商以及其他服务商等。本文从服务、营销、管理和政务四个维度出发,结合各个维度的参与者,分析出智慧旅游公共服务平台具有以下六个方面的核心需求:

1. 在线旅游信息查询与服务

信息贯穿旅游全过程,在线信息服务不仅面向游客,还面向旅游企业。游客通过在线信息查询做出旅游决策,如交通、天气、景区现状、票务等信息,以便选择最佳旅游路线;旅游企业通过关注行业信息、政策法规、办事指南等信息,及时地进行网上申请、登记和更新。

2. 旅游目的地营销

游客购买旅游产品和服务的前提是其产生了旅游的欲望,旅游营销的作用正在于此。旅游产业的发展必须以游客为中心,为其提供适宜的服务,极大地满足游客的需求。旅游企业可结合网站流量分析及时了解旅游者的需求,并推送最为匹配的旅游产品和服务,这不仅给企业带来可观的直接和潜在的旅游经济效益,还能通过良好的企业服务来维护和发展与游客的关系,提升企业的信誉度和知名度,增加旅游企业的品牌影响力。

3. 旅游电子商务交易

智慧旅游公共服务平台给游客带来的最大便利就是在其足不出户的情况下,就可以完成整个旅游过程中产品和服务的预订,而这离不开旅游电子商务平台的支撑。艾瑞咨询集团统计数据显示,2013 年,中国在线旅游市场交易额约为

2204.6亿元人民币(基于互联网平台),同比增长29.0%,并保持持续增长的势头。在信息技术的广泛应用和旅游市场不断壮大的双重作用下,传统旅游企业已不能适应现代旅游业发展的需求,其只有基于互联网平台的在线商务功能,才能快速发展,因此旅游电子商务需求日益凸显。

4. 旅游行业监督与管理

旅游业健康持续的发展离不开政府部门的监督和管理,旅游行业管理是各级旅游管理部门对旅游行业进行宏观、整体的管理、控制、监督的一系列活动,不仅包括对旅游活动的管理,还包括对相关旅游企业直接或间接的管理和协调。与此同时,景区数据统计长久以来都是旅游行业管理与监督必不可少的内容,但是以往的统计方法和手段不仅面临巨大数据量的挑战,还面临不能实时采集相关数据、造成管理和指挥调度不及时等诸多问题。因此,在智慧旅游建设阶段,运用物联网等新兴技术对景区进行自动监控和实时数据统计就显得尤为重要,这不仅提高了旅游管理部门的管理效率,还极大地提升了游客满意度。

5. 旅游管理部门协同办公

伴随着信息化意识的不断提高和需求的快速提升,政府机关的电子化应用不断增强,网络上的应用也越来越多。全方位的有效的政务协同办公是旅游管理部门高效运营和管理的保障。消除不同部门之间、不同政务网、信息网之间的"信息孤岛"问题,要充分实现信息共享,为省、市、县(区)三级旅游局业务管理人员提供决策依据。

6. 游客、旅游企业、政府管理部门之间的互动交流

游客意见反馈、旅游经历分享、游客投诉也是旅游过程中的重要部分,为游客、旅游企业和政府管理部门提供一个良性互动途径,既有利于提升游客体验,又有利于改善旅游相关企业服务质量和提高旅游政府部门管理职能。

3.5.3 智慧旅游公共服务平台体系框架

智慧旅游公共服务平台以信息技术应用和各类终端为基础,以各类旅游数据为信息资源,以游客为中心,为智慧旅游背景下旅游全过程中的旅游信息服务、旅游决策、旅游交易和旅游监督管理等方面提供了便捷的途径和手段。智慧旅游公共服务平台体系主要由制度体系、基础设施体系、综合数据库系统、共享服务系统、应用体系、服务体系、标准规范体系和信息安全与运营管理体系八个部分组成。平台总体建设架构如图3-3所示。

<<< 第 3 章　智慧旅游公共服务平台建设

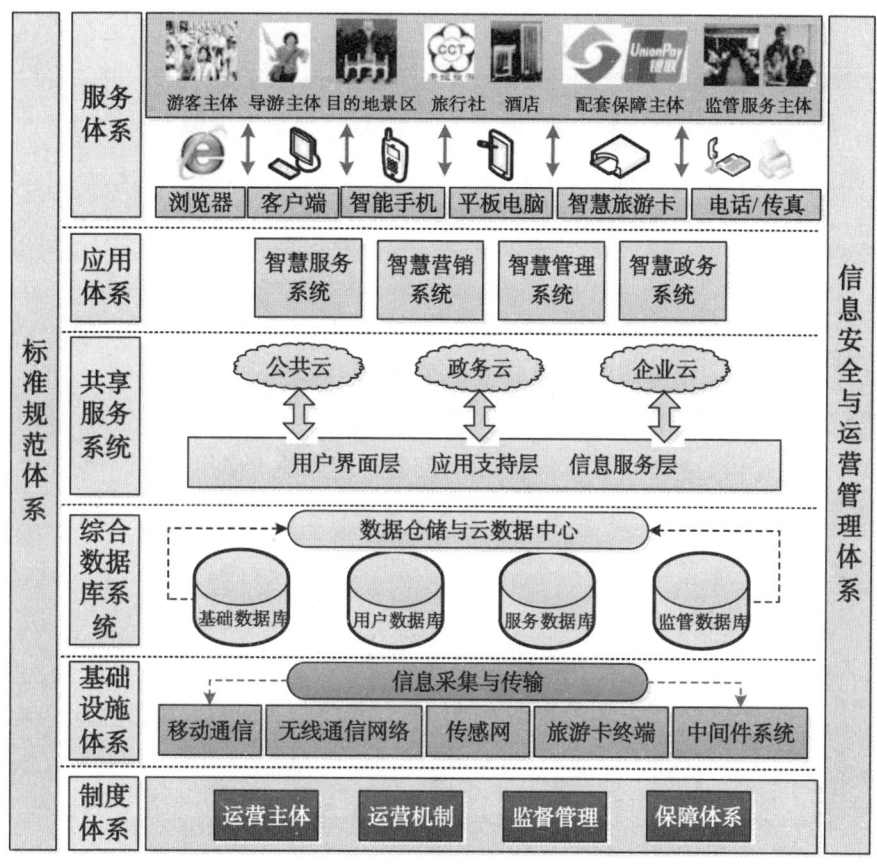

图 3-3　智慧旅游公共服务平台总体建设架构图

3.5.4　智慧旅游公共服务平台建设的内容

智慧旅游公共服务平台建设的主要内容包括制度体系、基础设施体系、综合数据库系统、共享服务系统、应用体系、服务体系、标准规范体系和信息安全与运营管理体系八个部分。

1. 制度体系

制度体系由运营主体、运营机制、监督管理和保障体系组成，是智慧旅游公共服务平台体系的基石，是保障平台健康、有序运行的前提和基础。必须建立既有政府依托背景又能市场化运营的实体，确保政府支持协调旅游行业发展的政策得到充分实施的同时，推进智慧旅游能按市场化的要求健康快速发展；建立健全适合智慧旅游发展的运营机制,明确政府旅游主管部门、智慧旅游平台运营商以及各类旅游服务提供商等各方面的职责,做到优势互补、责权利明确;完善政府对旅游全行业的监督和管理,重点对旅游服务质量、规范经营以及跨部门协调等方面发挥主体作用;在人才、技术、资金等方面给予充分保障,满足智慧旅游的发展需要。

2. 基础设施体系

基础设施体系由信息采集与传输技术、移动通信、无线通信网络、传感网、旅游卡终端和中间件系统构成,是支撑各项智慧旅游业务运行的基础保障。需在现有基础设施的基础上进一步优化网络系统、计算机硬件、存储设备等,以保证网络带宽和网络传输的稳定可靠;同时研发和配备智慧旅游卡应用终端,不断完善相关功能,提高安全性和可靠性;开发智慧旅游中间件系统,实现多系统和多应用程序的互联互通。

3. 综合数据库系统

综合数据库系统是智慧旅游服务体系的"血液",由数据仓储与云数据中心、基础数据库、用户数据库、服务数据库和监管数据库构成。智慧旅游的各项服务和应用都需要基础数据的支撑,将现有分散在不同行业和不同部门的数据进行整合和利用,发挥数据资源的整体优势,利用共享服务系统,建立信息资源目录,实现互联互通;建立基础数据库、用户数据库、服务数据库和监管数据库,为政府、旅游企业和游客提供实时更新的基础信息服务。基础数据库包括完善的旅游基础信息和吃、住、行、游、购、娱各方面的基本旅游信息,以及地理、交通、语言、特殊风俗习惯等旅游相关信息,这些信息既有文字形式,也包括图片、音频、视频、电子图书、虚拟旅游等其他综合形式;用户数据库主要包括游客信息、旅游从业人员信息和旅游企业信息,游客信息包含前来和出发前往外地的游客信息数据,旅游从业人员信息包含旅游业管理人员、旅行社工作人员、景区工作人员等信息数据,旅游企业信息包含各类旅游企业的用户信息,包含景区、旅行社、酒店、餐饮和购物场所等信息数据;服务数据库包含一系列业务数据,包括平台交易产生的交易数据、企业诚信监督数据等;监管数据库包含旅游活动中监测的各项信息数据,包括游客流量统计数据、旅游车辆实时定位数据、景区环境监测指标数据等。

4. 共享服务系统

共享服务系统涵盖了信息共享平台、数据交换平台和应用整合平台,实现跨部门、跨系统的信息交换和共享,主要由用户界面层、应用支持层和信息服务层构成。通过不同部门、不同层级之间的业务协同和数据交换,满足内外部信息系统之间的数据交换需求,通过该系统对旅游信息进行整合。建设公共云、政务云和企业云,分别实现为游客及社会公众提供全方位的公共信息服务,为政府提供旅游业相关的监督管理数据,为旅游企业提供完整的电子商务服务等。此外,制订并实施信息资源共享与交换的管理办法,建立信息资源共享交换长效机制,推进公共服务平台的建设。

5. 应用体系

应用体系是智慧旅游公共服务平台的"灵魂",是平台实现各种业务功能的关键所在,主要由智慧服务系统、智慧营销系统、智慧管理系统和智慧政务系统组成,为游客、政府和旅游企业提供旅游服务入口,以提供全方面的旅游服务。

6. 服务体系

服务体系是智慧旅游公共服务平台价值实现的基本保证。它通过各类电脑设备、智能通信终端以及电话、传真等方式为各类服务对象开展各种业务提供全面的支持。提供全方位的应用接入,开发包括电脑、笔记本、智能手机以及电话、传真等各类终端设备的应用系统;为各类参与主体提供支持,针对游客主体、导游主体、游客运营主体、配套服务主体、金融服务主体以及监管服务主体等提供针对性和专业化的服务,构筑旅游智慧服务的新模式,为智慧旅游服务的各类参与主体创造最大的价值。

7. 标准规范体系

标准规范体系的缺失是当今我国旅游信息化发展的主要障碍之一。智慧旅游公共服务平台建设和运营需要制订省、市、县(区)三级旅游局智慧旅游公共服务平台管理规范、游客服务与管理规范、导游服务与管理规范、旅游企业信息发布规范、电子商务交易规范、在线支付管理规范、12301旅游热线管理规范等,以保证智慧旅游建设的成果和利益。

8. 信息安全与运营管理体系

信息安全与运营管理体系则是平台健康发展和长期安全可靠运行的重要保障。信息安全不仅要提升信息技术途径的使用安全,同时要加强信息管理,从这两方面出发,构建一个健康的信息环境;运营管理要注重平台建设、运营人员和建设资金的管理,使公共服务平台能够健康、可持续运营。公共服务平台信息安全与运营管理体系建设的主要内容包括智慧旅游信息安全管理规范、智慧旅游公共服务平台运营管理办法等。

3.5.5 智慧旅游公共服务平台功能设计

从旅游过程中的主要参与者和旅游过程中的用户需求分析中可以看出,智慧旅游公共服务平台作为服务旅游业发展需要的一个综合性业务平台,一是要能满足游客和导游的在线信息服务功能;二是要能为目的地景区提供营销平台和电子商务平台;三是要满足政府对旅游行业进行监督和管理的需要;四是为政府提供高效电子政务办公平台。因此,从服务、营销、管理和政务四个方面的需求出发,以提升公共服务平台应用服务能力,该平台系统主要功能有以下四个方面。如图3-4所示。

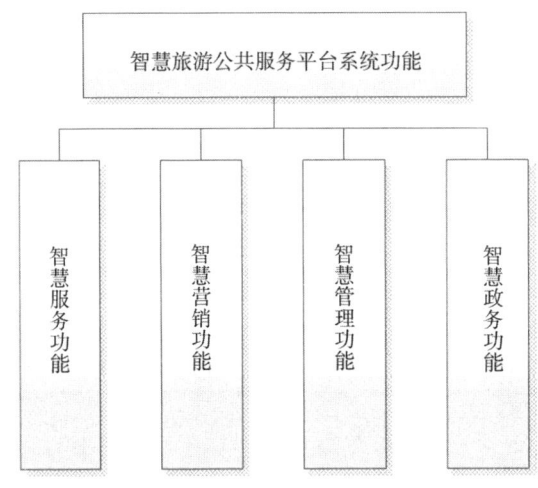

图 3-4 智慧旅游公共服务平台系统功能分析图

1. 智慧服务功能

智慧服务功能主要为游客和导游提供平台账户管理、信息查询等服务。游客和导游通过智慧旅游公共服务平台,可实现平台注册和个人账户管理。平台还为符合条件的游客和导游提供智慧旅游卡在线申请支持,并能够为游客和导游提供涵盖吃、住、行、游、购、娱等各项信息查询与咨询服务,为游客和导游的旅游行程规划提供参考和依据。此外,导游还可通过智慧旅游公共服务平台查询考试信息、培训信息、评价信息等内容。

2. 智慧营销功能

智慧营销功能不仅为旅游企业提供景点展示与形象宣传、旅游促销活动集中展示和中小企业旅游产品展示等宣传模块，还为游客和导游提供虚拟旅游体验子系统。通过该平台即可身临其境般体验目的地景区，达到目的地景区的营销目的。同时，作为支撑中小旅游企业电子商务发展的创新平台，智慧旅游公共服务平台为全省各类酒店提供住宿预订服务，由酒店直接在平台开展业务，受理游客的网上预订，支持预订游客直接通过智慧旅游卡登记入住，免除前台注册登记手续，为全省收费景区提供网上门票销售服务，支持订票游客直接凭智慧旅游卡进入景区，支持门票团体销售，为在线订票提供价格优惠；为全省中小旅游餐饮企业提供网上推广和在线订餐服务，支持游客和导游直接在网上选餐，使游客能方便、高效地享受个性化和专业化的旅游餐饮服务；为全省各类旅行社提供一体化的在线业务受理平台，支持游客直接通过智慧旅游卡预订，并能直接签订旅游服务合同，完成相关旅游出行手续；开设旅游商品超市，为全省从事旅游商品销售的商家提供一体化的旅游商品销售平台，提供集中展示、独立经营、统一结算的系统，并提供配套的物流支持；开设旅游交通票务平台，为游客出游以及省外游客提供旅游交通票务的便利，包括机票、火车票以及租车等业务；开设旅游娱乐在线展示平台，提供全省各类旅游娱乐节目的在线展示、票务预订以及互动参与等功能，为弘扬本土的文化艺术以及提升旅游的文化内涵提供支撑；为专业旅游电子商务服务商提供服务平台，与同程、途牛、携程等旅游网站合作，共同开发旅游服务市场，促进旅游电子商务的发展和繁荣。

3. 智慧管理功能

加强对旅游行业的监督和管理是政府旅游主管部门的重要职能。智慧旅游服务平台智慧管理模块的建设将为省、市、县(区)三级政府旅游管理部门更好地履行监管和服务职责提供强有力的支撑。智慧管理将有助于实现行业政策法规发布、旅游趋势分析、企业诚信监控等功能。通过行业信息采集、监管和发布，实现旅游行业的全面信息共享和监管，为管理者、游客和旅游企业制订和做出旅游决策提供服务。

4. 智慧政务功能

智慧政务功能为省、市、县(区)三级政府旅游主管部门提供智能、高效的政务管理、地理信息系统和旅游在线应急救援平台等职能，包括账户管理、公文管理、旅游常规统计数据的定期报送、企业各类旅游项目的申报和管理、旅游应急救援在线服务、12301旅游热线和在线服务整合、互动交流等内容。

3.6 智慧旅游公共服务平台应用系统设计

智慧旅游公共服务平台应用系统,是由智慧服务系统、智慧营销系统、智慧管理系统、智慧政务系统以及智慧旅游云服务系统等子系统构成。

3.6.1 智慧服务系统

1. 系统组成

智慧服务系统主要包括会员管理、智慧旅游卡在线管理、旅游信息服务三个模块,能够实现身份验证、会员管理、信息查询和旅游行程规划等功能,旨在为游客和导游提供高效率和高质量的服务。

2. 功能设计

(1)会员管理

会员管理主要包含会员注册申请、会员资格审核、会员信息管理和会员维护四个模块。会员信息的真实有效、会员身份的信息安全和权限管理是保障平台健康、安全运行的前提。自会员提出网上申请之后,由系统管理员审核用户信息的准确性和有效性,如果审核通过,就成为平台的正式会员,如果审核不通过,则平台管理员将该申请表从列表中删除。会员注册信息是很庞大的用户数据资源,该模块还需要建立会员信息数据库,存在云数据中心。会员之间的有效互动交流和会员对平台的忠诚度为平台的持续发展提供了动力。会员维护模块不仅对会员身份信息进行维护,还能随时掌握会员的登录频率、会员信息发布状态和会员账户管理。这四个子模块是平台持续、健康运营的重要保障。

(2)智慧旅游卡在线管理

智慧旅游卡具有银行卡、交通出行、景区电子门票、身份认证、电子钱包、位置服务、决策支持等方面的功能[①]。智慧旅游卡在线管理主要针对线上管理模块进行设计,包含旅游卡在线申请、消费与积分查询、增值服务管理三个模块。游客、导游通过该系统在线申请旅游卡,系统向公安部门户籍管理数据库发出申请者身

---

① 冯浩. 智慧旅游服务卡——江苏旅游一卡通的研究与实现[D]. 南京:南京邮电大学,2013.

份认证请求,认证通过,则对智慧旅游卡数据进行初始化,为用户绑定银行账户、公交账户等,并为用户配置 ID 标签号;用户可使用智慧旅游卡进行线上消费,并可积累积分;此外,智慧旅游卡在线管理系统还为游客提供旅游卡系统与银行卡之间的转账、景区流量实时监控等增值功能,为游客、导游和旅游管理部门提供高效的服务。

(3)旅游信息服务

游客不仅关注吃、住、行、游、购、娱六大要素的基本信息,还对本地的人文景观、风俗文化有着深厚的兴趣。此模块的设计不仅要体现本地特色,还应注重系统的实用性,因此,信息查询模块的设计重点是运用先进集成技术将各地市分散的旅游官方网站、旅游相关论坛和专业旅游网站整合起来,以共享省内的旅游信息,避免出现重复建设和分散建设,不仅方便统一管理和审核,还能提升游客查询信息的效率;其次,将旅游要素信息分类,分为景区介绍、餐饮美食、住宿、交通、购物、医疗和其他信息查询等子模块,分别提供本地景区特点、交通住宿、特色美食和主要购物广场、医院等的查询。基于此,系统将根据区域和资源类别对所有旅游资源进行分类,用户只需点击相应分类类别,即可查询相关的旅游信息。用户不仅可以从资源类别来获取所需信息,还可选择旅游目的地来查询目的地景区的相关信息,如景区所属区县等。信息服务功能如图 3 – 5 所示。

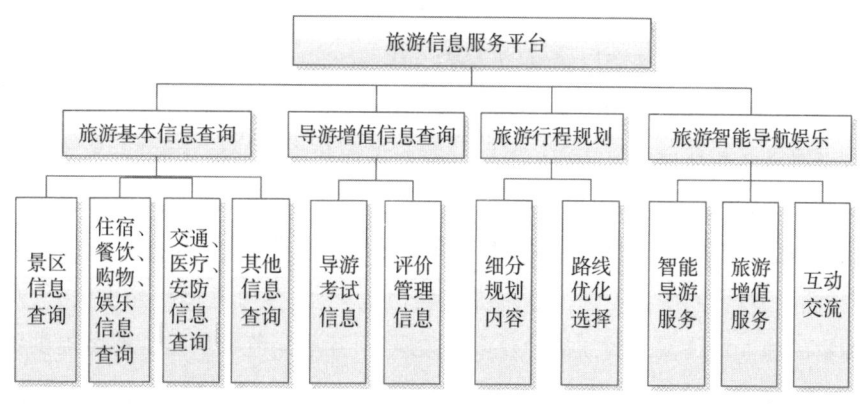

图 3 – 5 信息服务功能架构图

① 旅游基本信息查询。主要为游客、导游提供吃、住、行、游、购、娱等全面的信息查询和在线预订服务。为用户出行之前提供充分的资讯参考,帮助用户解决

旅游出行难、住宿难和吃饭难等若干问题。其通过互联网收集等方式选取大量信息并加以整理加工,形成用户感兴趣、可信度高、及时的信息资讯。游客可以通过智能手机、桌面终端、旅游热线等多种方式随时随地查询相关信息,提升其旅游体验和积极性。

② 导游增值信息查询。为导游提供导游考试信息和评价管理信息查询和管理服务。导游考试模块提供网上考试报名、审核、成绩查询和资格证书申请功能,主要是为想从事导游工作的人员提供网上报名入口和途径,同时提供导游培训和导游年审服务。该模块可将全省导游考试资源整合到公共服务平台上,面向用户提供唯一官方考试报名入口,规范化操作,提升导游考试系统的管理能力。为方便对导游的信用进行管理,同时做到人性化的互相选择,让游客也有权利去选择自己的导游,由此,导游评价管理模块为导游建立导游电子档案并与导游证编号相互关联。在导游评价管理模块界面输入导游证号即可了解该导游的行业记录和资质情况,不仅实现管理部门对导游的信息化管理,还有利于游客全面了解导游信用信息,从而做出决策。

③ 旅游行程规划。旅游行程规划基于顾客前期信息的获取,并根据游客身份和旅游需求的识别,通过智能化的系统和算法,将游客的个性化需求影射为可执行、可操作的最佳旅游路线,并将其直接推送给游客,游客根据推送信息,并结合目的地景区和自身实际情况,制订适合自己的最优路线。该系统不仅可以为游客提供周到高效的景点服务,还能通过对不同景点、路线的游客订购数量的掌握及时动态调整路线设计和冷门路线的完善。

④ 旅游智能导航娱乐。该系统重点针对旅游中的游客,为其提供智能导游、旅游增值服务和互动交流功能。智能导游通过捕获游客的位置信息,来向游客提供丰富详细的城市信息,引导游客观光旅游,并提供餐饮、住宿、交通等全面的位置导航服务;旅游增值服务则可以使游客在旅游中获得政府、旅游企业提供的优惠券、活动邀请券、旅游纪念品领取券等增值服务,游客可通过智能手机、便携终端和目的地固定终端及时便捷地获取相关服务;互动交流模块是为游客提供实时分享、记录旅游过程和感受的平台,游客将自己的感受及时更新在智能导游娱乐子平台上,形成一个游客互动空间,不仅可以共享旅游信息,还可以对旅游行程安排及时发表建议。

3.6.2 智慧营销系统

作为旅游目的地营销的"重要阵地",智慧旅游公共服务平台旨在为全省各地市、各县(区)以及各景区提供统一、功能丰富和风格一致的权威的旅游营销推广平台和公共电子商务平台,为全省旅游目的地促销提供可靠的支持。

1. 系统组成

智慧营销系统是一种旅游智能化应用系统,其以互联网为基础平台,结合了数据库技术、多媒体技术和虚拟现实技术等,开展旅游资源网络推广和交易活动,其面向旅游局、旅游企业、游客和旅游媒体。旅游管理机构是平台运行的主体机构,其通过平台促进游客、旅游企业、旅游媒体之间的良性互动;旅游企业是目的营销平台信息的主要提供者,接受游客信息查询与业务预订等功能;旅游媒体则通过收集整合目的地景区和旅游产品促销信息,实施宣传;游客可通过该平台了解目的地信息,进行促销信息查询以及同旅游企业互动交流。根据旅游活动发生的过程,即计划、信息收集、预订、出游、旅游结束,将目的地营销系统分为旅游产品发布推广子系统、旅游信息咨询子系统、虚拟旅游体验子系统、旅游电子商务子系统、旅游线下服务子系统和互动交流子系统六个模块,以满足游客在旅游全过程各个阶段的个性化需求,提升游客体验。智慧营销系统架构图如图 3-6 所示。

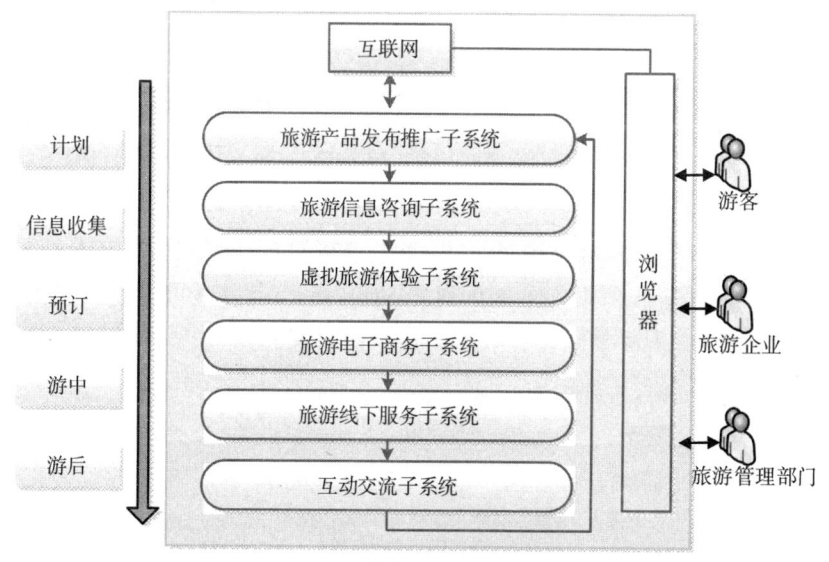

图 3-6 智慧营销系统架构图

2. 功能设计

(1) 旅游产品发布推广子系统

该模块包括目的地景区的形象宣传、促销活动的推广和旅游产品的在线展示。按照目的地景区的分类或推荐的旅行路线向旅游者提供旅游景区详细的介绍,包括特色风景、文化背景和历史渊源等,提供包括文本、图片、视频等多种多媒体形式;同时,旅游产品发布推广子系统还为旅游管理部门提供景区公告、动态信息、政策法规等多种行业信息发布功能;针对批量信息录入和大量信息转载的需求,系统还设置了灵活的审核和发布模式,开发远程信息智能化采集和批量文本添加功能。

(2) 旅游信息咨询子系统

游客在获取平台提供的旅游信息后,会做出相应的旅游行程规划。但旅游是一个动态的过程,旅游者需要实时查询或咨询相关信息,如目的地天气、景区流量监控、交通信息等。咨询系统必须建立在线客服系统,实时回答用户疑问。由于用户需求的多样化和个性化,系统数据库中的常见问题解答已远远不能满足用户咨询的需要,因此,开展即时在线咨询服务功能是大势所趋。它不仅可以满足互联网背景下大规模网民的信息识别需求,还可以帮助潜在游客做出更好的旅游规划;此外,游客在交易过程中感到疑惑时,可通过在线咨询方式及时获取解决办法。

(3) 虚拟旅游体验子系统

游客通过虚拟旅游体验平台可获得最接近真实场景的旅游体验,还可实现与虚拟场景和任务之间的交互。其将目的地景区的真实情景模拟到网络上,游客通过协议以虚拟身份潜入到旅游景区中,运用智能导游和导航模块,即可按照系统预设的漫游线路进行游览参观,也可以按照自己规划的行程路线漫游。这样不仅能随心所欲地观赏景区的风光,而且可以通过虚拟人物和场景的转换,从不同角度和侧面了解景点的人文历史和景区特色,进一步促进旅游方案的实际购买行为和潜在游客的消费行为。虚拟旅游体验子系统设计制作流程如图3-7所示。

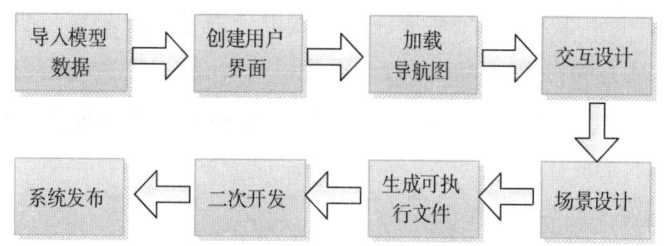

图 3-7 虚拟旅游体验子系统设计流程图

(4) 旅游电子商务子系统

旅游电子商务子系统为全省各类旅游服务企业提供一体化的电子商务平台，重点为中小旅行社、酒店和景点等开辟新的业务渠道。在线支付系统为智慧旅游服务平台开展各类业务提供资金流转的支持。其整合途牛、同城等旅游行业电子商务服务商资源，合作开发面向游客和导游的电子商务服务平台，建立全省统一的旅游全行业电子商务服务体系，为游客、旅游服务企业和政府旅游管理部门搭建高标准的服务和监管平台。旅游电子商务子系统主要包含前台客户端浏览、购物功能和后台服务器端系统管理功能[1]，同时支持在线支付、短信提醒、支持无注册预订和快速预订等功能。旅游电子商务子系统功能架构图如图3-8所示。

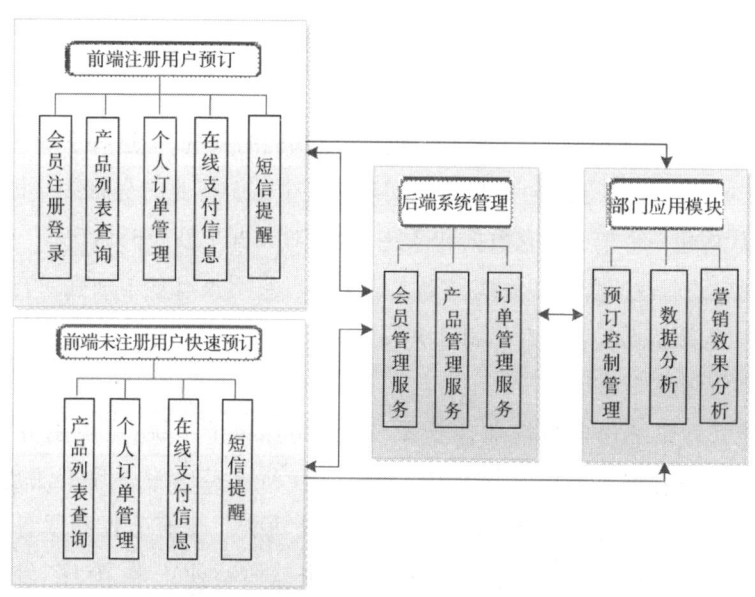

图 3-8 旅游电子商务子系统功能架构图

---

[1] 卢文芳. 旅游电子商务系统的设计和实现[J]. 福建电脑, 2008(1):138-139.

智慧旅游电子商务子系统还应注重在线电子商务业务流程与线下业务流程的对接,确保所有的在线订单都有对应单位进行处理,并通过短信、邮件等方式,及时提醒用户业务处理进度。对门票、住宿、旅游商品等产品的退订服务,设计专门的处理规则,形成规范、严密、高效的处理流程。

(5)旅游线下服务子系统

旅游线下服务子系统重点结合上文分析设计的智能导游功能,随时随地为游客提供游览和指引服务,同时完善在线订单和线下业务的对接。景区的自助取票和电子验证功能,可通过选择 RFID 电子票或二维码电子票实现。电子门票的使用可使出票、验票、计票等票务流程全程电子化,不仅如此,还可通过电子门票与用户身份的绑定,结合景区重要节点设置电子门票识别设备,来感知游客所处位置区域,为游客提供智能导览服务。

(6)互动交流子系统

互动交流子系统提供在线客服、官方微博、即时通信工具、旅游论坛和咨询热线等多种交流和咨询途径,旨在为游客、旅游企业提供在线交流的平台。一方面有利于游客随时随地获取所需信息,一方面为旅游企业提供对外交流的窗口,使其改善服务,提升竞争能力。

3.6.3 智慧管理系统

各地市旅游局机构均已经构建了具有一定功能的系统,但这些系统往往信息相对独立或针对各自特定的领域,难以实现对整个旅游行业的全面信息共享和监管。所以,构建一个集成已有数据和系统、能够对数据更新及时做出反应并实现数据可视化的行业监督管理系统显得尤为重要。它不仅有利于加强对行业的监管,还可以为旅游局等管理部门制订决策提供依据。

1. 系统组成

智慧管理系统包含诚信监控子系统、公共发布子系统、客流引导子系统和信息整合与管理子系统。该系统的建立,有利于实现旅游政策法规发布、旅游决策分析与支持和企业、个人诚信评价等功能。政府监督和服务系统是政府主管部门对旅游行业进行有效监管、保证旅游行业正常、有序、健康发展的一个具体体现。

2. 功能设计

(1)诚信监控子系统

诚信监控子系统对游客的投诉记录和企业的问题记录进行统计分析,掌握投诉数量、特点、原因、变化趋势和投诉处理情况,以此来监督旅游企业更好地执行旅游政策并改进服务质量。诚信监控子系统主要分为用户评价管理和企业诚信管理两个模块。诚信监控子系统结构图如图3-9所示。

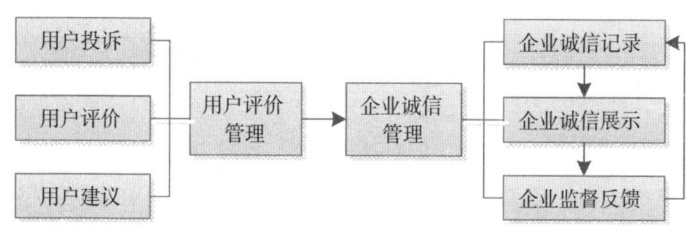

图3-9 诚信监控子系统结构图

用户评价管理功能则向广大游客提供一个公开、方便的接口,接受用户对旅游企业、旅游景点和城市进行评价、评分、投诉和建议,也可以向广大游客征集对一些旅游政策或计划的意见,为政府、企业和用户之间良性沟通提供一个有效的平台。企业诚信管理在整合分析用户评价数据的基础上,记录目标企业的诚信情况,并根据企业的被投诉情况、问题或事故发生情况及时调整,帮助政府部门及时了解旅游企业的情况,并为用户选择旅游企业提供比较权威的参考。同时,诚信档案也有助于企业了解自身存在的问题,促进旅游企业不断进行自我完善。

(2)公共发布子系统

公共发布子系统主要针对旅游业相关的规范政策进行整合、管理和发布。该子系统构建全面、完善的旅游规范和政策数据库,其依据相关规范政策的类别对系统用户对象进行分类存储,同时建立高效的目标索引,使系统管理者能够快速、准确地获取已发布的历史规范政策。系统集中统一管理各级管理单位的信息发布,以确保各级单位发布信息的一致性。此外,该子系统与公共服务平台实时对接,及时将最新的规范政策发布在公共服务平台上,以便旅游管理部门、游客和相关旅游企业查看。该子系统还具有对信息访问流量进行分析、整理的功能,辨别访问量较高的信息,设计出该信息的简单查询流程,从而提升访问效率,方便用户查询。

(3)客流引导子系统

景区客流量控制是目的地景区管理的重要任务之一。针对景区的高峰客流,通过采用视频监控、红外感应等方式对客流信息进行传输,并且实时传输到中央数据库;通过广播系统、LED屏幕和参观人员手机等终端向用户发布客流预警信息;根据游客位置提供路线,进行景区分流疏导。客流信息采集和发布模块流程图如图3-10所示。

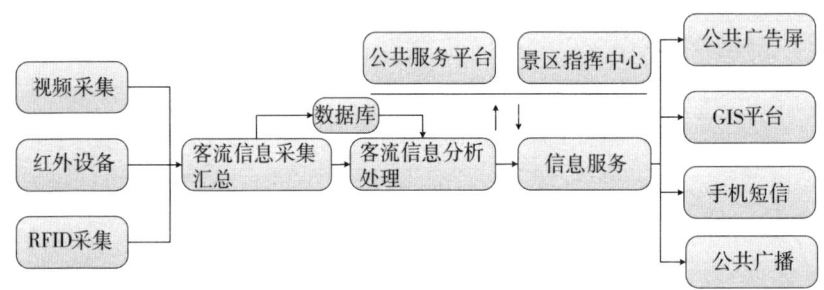

图3-10 客流信息采集和发布模块流程图

(4)信息整合与管理子系统

信息整合与管理子系统主要整合和共享利用旅游行业内部和外围资源。旅游行业内部资源主要包括旅行社、酒店、餐饮等与旅游密切相关的信息,外围资源主要以旅游行业协会信息、旅游政策信息以及各类网友分享的信息为主。该子系统提供信息双向共享渠道,其将各个行业提供的经营数据和行业数据上传至信息整合与管理子系统。提供数据和信息的行业也可从该系统中获取其他用户提供的数据和信息以及相关外围资源,从而达到多方共赢的效果。政府通过分析这些整合的资源,可以全面、直观、准确地了解省内各旅游资源的利用状况和整体发展情况,从而及时、有针对性地调整和引导省内旅游产业发展模式、行业结构,促进旅游产业健康、可持续发展。

3.6.4 智慧政务系统

智慧政务系统旨在建立一个三级政务平台,是政务管理、地理信息系统和在线应急指挥救援的重要办公平台。

1. 系统组成

智慧政务系统主要包含权限管理、工作流程管理、公文处理、内部通讯、系统管理、地理信息系统和在线应急指挥等内容。系统应整合现存的旅游政务网、旅游信息网和各市、县旅游政务和信息网站的内容与接口。智慧政务平台用户架构图如图3-11所示。通过指挥行政办公系统的建设,能够实现政府机构的电子化办公,简化办公流程,提高行政效率,为政府部门对旅游行业的智慧化管理助一臂之力。

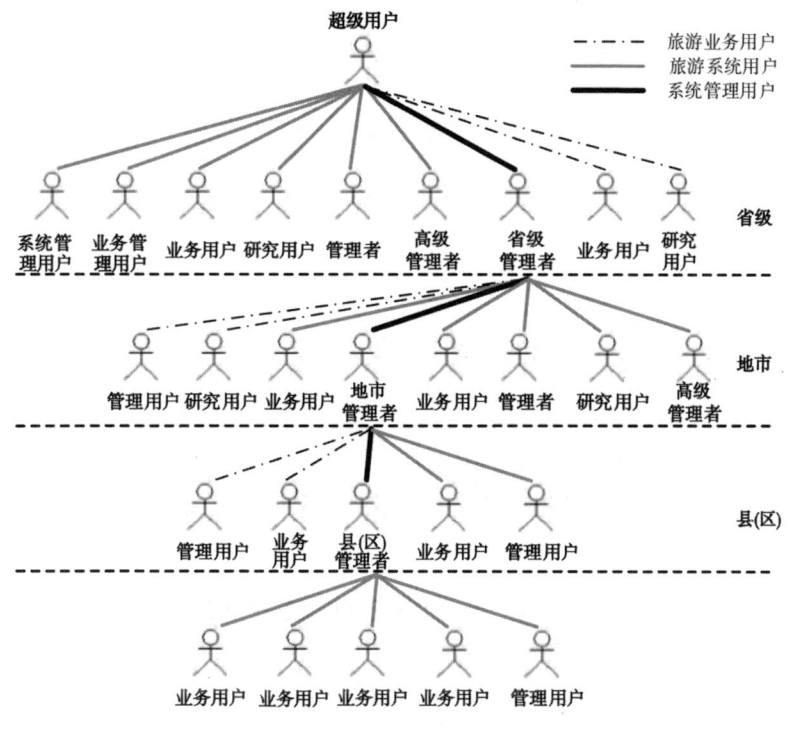

图3-11 三级政务平台用户架构图

2. 功能分析

(1)政务管理

政务管理主要为旅游局等政府管理人员提供统一权限管理、公文管理、信息发布、后台管理等服务。政务管理模块采用单点登录设计,实现管理人员只需使用一套账户、密码就可以登录多个系统,并实现办公文件的电子化;支持政府部门内部信息发布功能,并为公共发布模块提供接口,方便政府公共信息的对外发布。后台管理应包括账户安全、信息安全等,为智慧政务系统提供管理支持。

(2)地理信息子系统

地理信息子系统是以地理信息平台为基础,向用户提供一个友好的用户界面和可视化的查询分析方法,使在对地图进行基础操作的同时,同步显示图片、属性、音频和视频信息。该系统将空间数据库、属性数据库和多媒体数据管理相结合,提供地图基本操作、信息查询和多媒体展示、维护功能,不仅向用户提供信息查询、行程规划、虚拟旅游体验服务接口,同时向系统管理人员提供数据维护和系统维护功能。地理信息子系统功能架构图如图3-12所示。

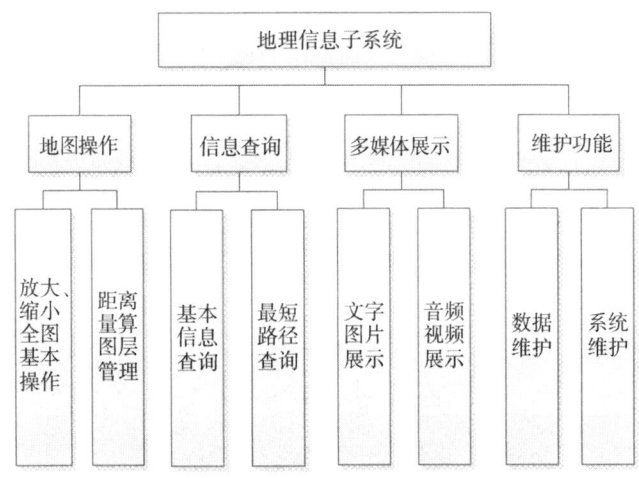

图3-12 地理信息子系统功能架构图

(3)在线应急指挥子系统

为了应对旅游过程中的突发事件,应充分发挥政府部门的全局指挥和协调作用,因此,智慧政务系统还应包含在线应急指挥子系统。该系统与目的地景区公共安全保障系统和灾害防控保障系统对接,其联动机制如图3-13所示。在线应急指挥子系统从目的地景区公共安全保障系统获取数据支持,并进行数据分析,灾害防控保障系统输出应急预案方案,在线应急智慧系统联合防控保障系统多个部门如消防、公安、医疗等进行应急指挥和救援。

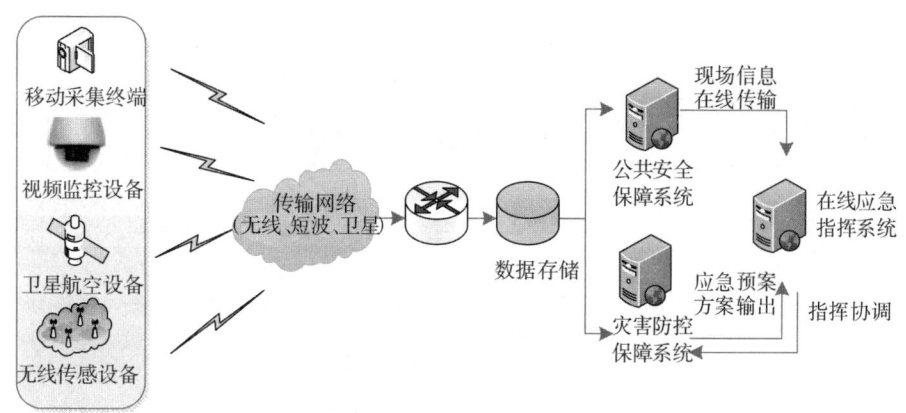

图3-13 在线应急指挥子系统联动机制

3.6.5 智慧旅游云服务系统

智慧旅游云服务系统的建立,为全省的旅游企业和政府管理部门提供统一的云服务。

1. 云服务系统的组成

智慧旅游公共服务平台基于云计算建成,智慧旅游云服务系统的主要建设内容包括云基础设施、云数据中心和云应用中心。重点建设全省统一的智慧旅游云数据中心,统一规则采集,统一标准存储,并遵循统一的交换标准在各大平台上发布,以期最终实现旅游信息、管理和服务的智慧化,最大限度地实现智慧旅游的价值。智慧旅游云服务系统的建设必须做到数据标准、基础信息、地理信息、交换接口和技术平台等五个方面的统一,采用"少数集中,多数分布"的系统架构,省旅游局负责建立统一的数据标准,构建智慧旅游信息数据云中心,为各市、县(区)提供集中上传数据的入口。同时,省旅游局还需建立数据交换标准,并向各市、县(区)提供交换接口,使各自现有的信息系统能与云中心实现数据的同步和交换。云数据中心包括数据库云、管理云和支撑云等方面的建设。数据库云主要包括旅游基础数据库、业务数据库、服务数据库和决策数据库。云服务系统架构图如图3-14所示。

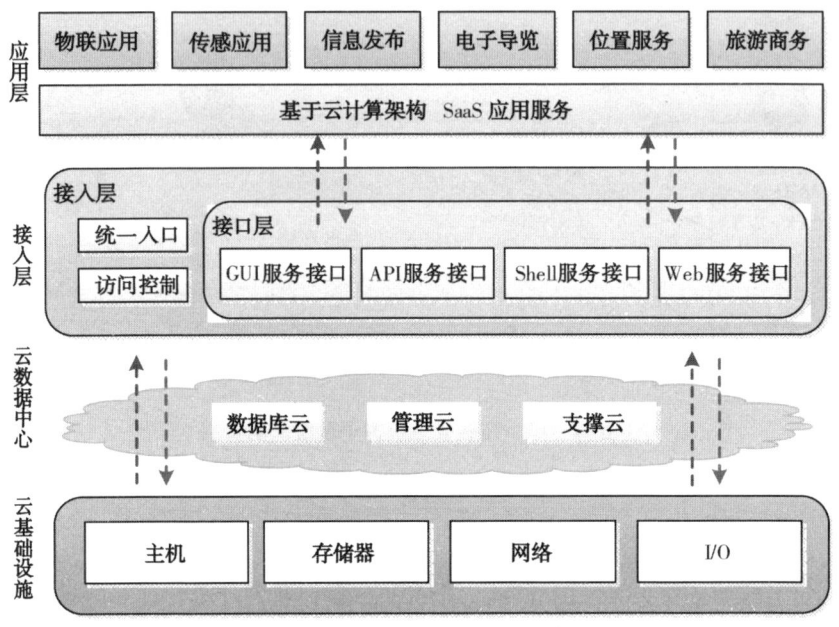

图 3-14 智慧旅游云服务系统架构图

2. 云服务系统的建设内容

(1) 云基础设施

基础设施提供即需即得的存储资源、计算资源和网络资源,主要包括计算机、网络设备、存储设施等。镇江以创建智慧旅游产业谷为突破口,建立全国智慧旅游服务中心。旅游局可以此为契机,通过该云计算平台获得存储、计算、网络和其他基本的计算资源。同时,依托政府资源,建立适合自身发展的云服务基地,以拥有良好的主机数量、网络带宽、足够大的数据存储空间、安全保障等。通过资源的虚拟化将众多物理设备的资源虚拟成一个巨大资源池,这些资源可以被动态分配和动态调整,平台用户可根据自己的实际需求申请相应的计算资源。

(2) 云数据中心

云数据中心集中管理公共服务平台的信息资源。主要包括以下三个方面:一是对应用系统包含的信息资源进行管理,主要包括基础信息数据库、用户数据库、服务数据库和监管数据库等;二是对服务数据进行分析、管理,主要是指在平台运营期间产生的数据,比如流量数据、监管数据、检索数据、交换数据等管理云;三是支撑信息资源的共享和综合利用,实现内部应用系统信息资源的交换和搜索。

(3)云应用中心

将智慧旅游公共服务平台的各应用系统放在云端,供各市、县(区)随时进行业务应用操作,主要包括公共云、政务云和企业云,针对不同用户提供旅游服务。公共云主要针对游客和导游,提供旅游信息服务、行程规划、虚拟旅游,并借助遍布景区的传感末梢与游客交相感知,实现旅游全程智慧服务;政务云主要针对政府等管理部门,提供行业监督管理和政务办公等功能,比如行业数据监督、企业信用评价、旅游行业政策发布等;企业云主要针对旅游企业,提供目的地智慧营销、客户关系管理、旅游产品管理等。

3.7　北京智慧旅游公共服务平台建设案例

为积极贯彻《北京市人民政府关于贯彻落实国务院加快旅游业文件的意见》和《智慧北京行动纲要》,北京出台了《北京智慧旅游行动计划纲要》,确定智慧旅游建设方向、目标和主要内容,大力建设北京智慧旅游公共服务体系、旅游业态智慧旅游服务体系、北京市智慧旅游政务管理体系。其中公共服务体系包括建设旅游公共信息服务系统,完善公共信息平台,推进电子商务系统建设,打造景区虚拟旅游平台、景区自助导游平台等;旅游业态智慧旅游服务体系包括智慧旅行社、智慧饭店、智慧景区和智慧乡村试点示范项目;智慧旅游政务管理体系包括电子政务办公系统和旅游应急指挥系统。全面建成智能化和集约化的发展支撑体系,实现为政府、旅游企业、游客服务的智慧旅游公共服务平台。在智慧旅游公共服务体系建设方面,北京已经开发了基于互联网的北京智慧旅游公共服务平台,并基于移动客户端开发了"i游北京"移动信息服务平台。

3.7.1　北京智慧旅游公共服务平台

北京智慧旅游公共服务平台是由北京市旅游委员会主办,面向游客、导游、景区、旅行社、酒店、餐饮等其他旅游企业的综合服务平台,支持中文(简体和繁体)、英语、法语、韩语、西班牙语、日语、德语、俄语、阿拉伯语在内的九种语言。平台服务内容包括食、住、行、游、购、娱、展、演八大业态信息,全方位展示北京各种旅游资讯,并通过高清图片、视频和全景等方式向游客全面地呈现优美的旅游胜地。同时,平台还提供旅游产品团购、景区电子票在线预订以及机票、酒店在线预订等在线预订功能,电子地图综合查询、实时交通量查询、社区互动交流、旅游景区搜索引擎等查询功能。平台还提供个人登录和企业登录入口。北京智慧旅游公共服务平台功能架构图如图3–15所示。

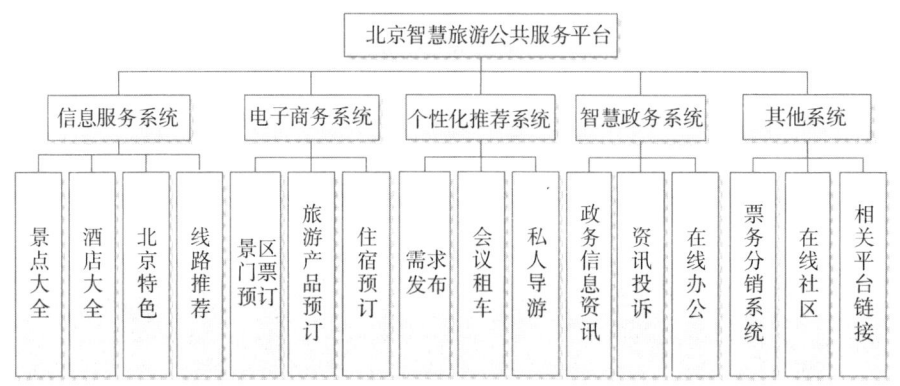

图3–15 北京智慧旅游公共服务平台功能架构图

其中,信息服务系统为用户提供旅行的基本信息查询,并向游客提供线路推荐,为游客行程规划提供依据;电子商务系统主要包含景区门票预订、旅游产品预订和住宿预订三大模块,为游客提供电子商务支付功能;个性化推荐系统为游客提供了需求发布平台,游客可将自己个性化的需求发布在该平台上,平台将需求汇总呈现给游客和旅游企业,提供了在线交互的功能;智慧政务系统为游客和旅游企业提供新闻发布、信息公开、在线办事、咨询投诉等功能,为政府部门、旅游企业和游客提供了在线办公的便捷渠道;其他功能模块如票务分销系统、在线社区和相关平台链接等,其中在线社区为游客提供了互动交流的平台,有利于游客分享旅游经验和旅游行程规划。此外,平台还开设了旅游在线客服、旅游在线问答和旅游投诉。咨询和投诉两大模块的重点是面向游客提供旅游信息获取、旅游结果反馈的途径,既有利于提升游客体验,又有利于旅游企业改善服务质量和政府提高管理职能。

3.7.2 "i游北京"移动信息服务平台

"i游北京"平台是一个专门针对游客开发的集景区门票预订、景区智能导览、景区流量查询、导游或旅行社信息验证和游玩攻略功能于一体的权威综合性平台。其通过智能手机等移动终端为游客提供信息查询和在线预订服务,为智慧旅游公共服务平台提供了全新的技术支撑。旅游者在自助游中,可利用无处不在的网络和移动终端,随时随地获取旅游相关信息,包括景区、酒店、餐饮和交通等,同时查询相关旅游线路推荐,制订个人行程规划。平台还为游客提供智能导览服务,平台通过后台数据库与智能导览设备之间构成的网络控制系统,以多媒体信息,如视频、语音、文字等形式将目的地景区的所有相关信息和位置信息实时提供和呈现给旅游者,打造一个全方位的智能游览支持平台。

3.7.3 案例评析

在智慧旅游公共服务平台建设方面,北京可谓是走在了全国前列。其基于互联网平台、移动客户端为游客提供了良好的旅游应用服务,让游客能够随时随地获得丰富的旅游资讯,更方便、更快捷地在线预订和规划出行方式与旅游路线,将大部分精力投入到游玩上,不必再为一些琐碎的问题分散精力,以提升旅游体验;同时还为管理部门提供了及时、可靠的数据信息,便于其及时发现问题并妥善处理,提升旅游的服务水平和整体形象。这些举措为其他省市在展开智慧旅游和智慧旅游公共服务建设方面,提供了可借鉴的经验,也具有一定的启发意义。北京智慧旅游公共服务建设发展较快,但也存在一些不足:

首先,北京智慧旅游公共服务平台虽然开发了众多模块,但是该平台并没有真正意义上实现政务、营销、管理和服务四项核心功能的融合。公共服务平台主要提供了信息服务、电子商务、个性化推荐等功能,其并没有将智慧政务真正整合到一个平台之中,而是提供了智慧旅游公共服务平台至旅游政务网的连接。这两大平台之间存在较大的区别,但也存在一定的重复性,在很大程度上造成了重复建设和资源的浪费,不利于资源整合、成果共享和降低成本的目标的实现,这也是在智慧旅游公共服务建设中迫切需要解决的问题。

其次,北京智慧旅游公共服务平台缺乏统一性规划。由于对公共服务认识不足和对专业规划顶层设计重视不够,造成平台功能模块分类缺乏统一的标准,网络影响力不高、技术应用滞后,这些经验和不足为智慧旅游公共服务平台的建设和运营提供了一些参考和启示。

3.8 本章小结

智慧旅游的发展必须依托智慧旅游公共服务平台作为载体,只有建成架构科学、功能完善并且安全可靠的智慧旅游公共服务平台,才能为智慧旅游健康、快速、可持续发展提供全方位的保障。

智慧旅游公共服务平台建设在我国还处于建设初期,无论是技术规范和建设标准,还是功能框架和系统功能,都还没有较为统一的认识。各地既需要进行全面系统的理论研究,又需要进行积极大胆的实践探索。理论指导实践,实践丰富理论,只有两者紧密结合,相互融合,才能使智慧旅游公共服务平台建设和发展取得较大的突破。

作为智慧旅游发展的重要基础设施,智慧旅游公共服务平台对促进本区域智慧旅游的发展起着基础性、全局性和带动性的作用。各级地方政府对此应予以足够的重视,并在建设资金、人员配备以及资源协调等方面予以大力支持,确保智慧旅游公共服务平台建设得以顺利推进,并能取得预期的成效。

第4章

智慧旅游实现技术

智慧旅游是伴随着新一代信息通信技术的快速发展而出现的新概念,现代信息通信技术是智慧旅游的内核,是驱动智慧旅游快速发展的内在动力。以大数据、智能化、移动互联网和云计算为代表的"大智移云"时代已经到来,智慧旅游的发展有了更为强大的技术支撑和保障。掌握相关的技术原理,更好地把握技术发展趋势,是引领智慧旅游健康、快速、有序和可持续发展的重要条件。本章重点对智慧旅游发展的关键技术——云计算、物联网、移动互联网、大数据和智能终端等技术进行分析说明,为智慧旅游的技术选型和系统开发提供决策指导。

4.1 智慧旅游实现技术概述

智慧旅游是以新一代信息通信技术为依托,通过各类信息通信技术在智慧旅游发展的全过程的广泛应用,实现旅游发展的智慧化,创造出独特的智慧价值。因此,现代信息通信技术是智慧旅游发展的基本前提。

4.1.1 智慧旅游技术应用体系

从本质上来看,智慧旅游是借助新一代信息通信技术来整合旅游产业链,服务旅游市场主体的各类旅游活动。其技术应用体系包括应用层、网络层和感知层。如图4-1所示。

图 4-1 智慧旅游技术应用体系框架图

如图 4-1 所示,智慧旅游技术应用体系框架中各层的功能如下:

● 感知层通过各类数据采集和感知技术,如 RFID 射频识别、条形码、传感器、摄像头等,实现数据采集和存储,为整个智慧旅游技术应用体系提供基础数据的支撑。

● 网络层通过互联网、物联网以及移动通信网络为应用层提供网络服务,实现数据安全、高效的传输。

● 应用层实现智慧旅游政务、智慧旅游公共服务、智慧景区、智慧旅行社、智慧交通、智慧酒店等智慧旅游的行业应用。

4.1.2 智慧旅游的主要技术应用

游客的旅游消费是整个旅游产业发展的原动力,旅游消费的基本表现为吃、住、行、游、购、娱六大要素。因此,利用新一代信息通信技术更好地服务游客六个方面的需求,是智慧旅游发展的命脉所在。换句话说,智慧旅游并不是一个特别的概念,而是通过综合应用云计算、物联网、移动互联网、大数据等一系列智慧化的技术,使旅游业务的运作和管理变得更加智能,进而使旅游服务能力和服务品质得以提升。在此基础上,实现旅游发展方式的转型,创造旅游发展的新模式,凸显旅游服务的新价值。由此可见,智慧旅游的概念虽然是与云计算、物联网等新技术相伴而生的,但从本质上来看并没有改变旅游业务发展的基本特征和内在要求,关键在于要通过各类新兴的智慧技术的应用,使旅游服务、旅游商务、旅游管理、旅游政务等相关业务更具智慧、更富价值。图4-2为智慧旅游主要技术应用关系图。

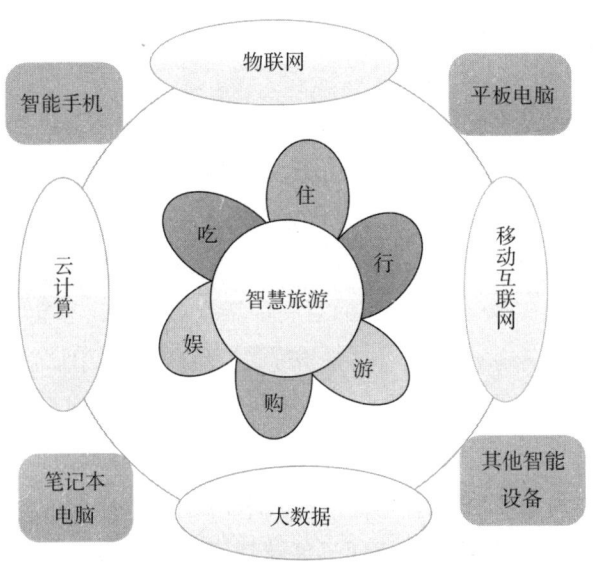

图4-2 智慧旅游主要技术应用关系图

如图4-2所示,智慧旅游所涉及的技术主要包括云计算、物联网、移动互联网以及大数据等,主要的应用载体包括智能手机、平板电脑、笔记本电脑以及其他智能设备。各类智慧化的技术和各种智能化的终端与旅游六要素——吃、住、行、游、购、娱的深度融合,是智慧旅游发展的关键所在。

4.2 云计算技术在智慧旅游中的应用

云计算作为一种新兴的、有着广阔发展前景的现代信息通信技术,在经济社会发展中有着广泛的应用,是当今信息化发展的重要推动力之一,在智慧旅游发展中同样具有重要地位。更好地把握云计算和智慧旅游两者之间的关系,认清其发展过程中存在的问题和困难,探究两者之间融合发展的对策和思路,对促进我国旅游业的转型升级,全面提升旅游业发展的总体增长质量和综合素质,进一步增强我国旅游业在世界旅游经济体系中的竞争力和话语权,有着重要的理论价值和现实意义。

4.2.1 云计算技术解析

1. 云计算的基本原理

云计算(Cloud Computing)是一种大规模扩展、水平分布的系统资源,抽象地为虚拟 IT 服务,并对资源配置和使用进行持续性管理的架构,最早被 Google、Amazon 等其他扩建基础设施的大型互联网服务提供商所采用,经过几年的发展,已成为信息化服务的一种重要的实现方式。从本质上来看,云计算既不是一种简单的产品,也不是一个单纯的技术,而是一种产生和获取计算能力的新方式的总称。从技术服务的角度来看,云计算是指通过网络获得应用所需的资源(硬件、平台、软件)和服务的一种资源交付和使用模式。提供资源的网络被称为云,云中的资源在使用者看来是可以无限扩展的,并且可以随时根据自身的需要获取。这种特性经常被比喻为像使用水、电一样使用硬件资源,按需购买和使用,用户不需要知道云端的具体操作,只需要知道通过终端就可以获取所需的资源和服务即可。云端的管理、维护则是由云服务的提供商负责。云计算的原理参见图 4-3 所示。

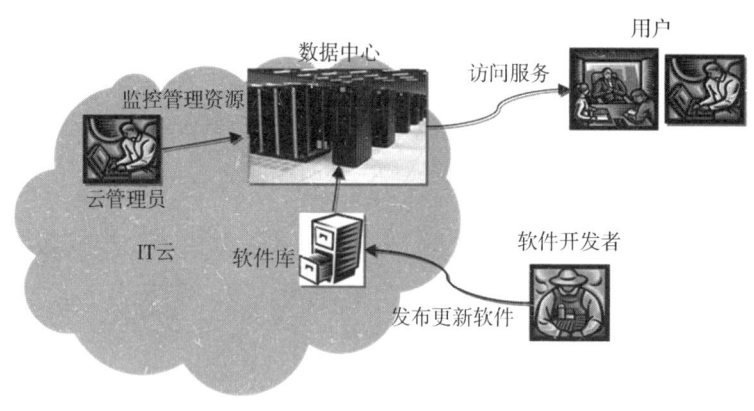

图 4-3 云计算的原理图

云计算的基本原理是通过将计算分布在大量的分布式计算机上,而非本地计算机或远程服务器中,使用户数据中心的运行与互联网极为相似,从而使用户能够灵活地将资源切换到所需的应用上,根据需求访问计算机和存储系统,获得所需要的计算能力,满足各方面的业务需要。图4-4为云计算的应用实例。

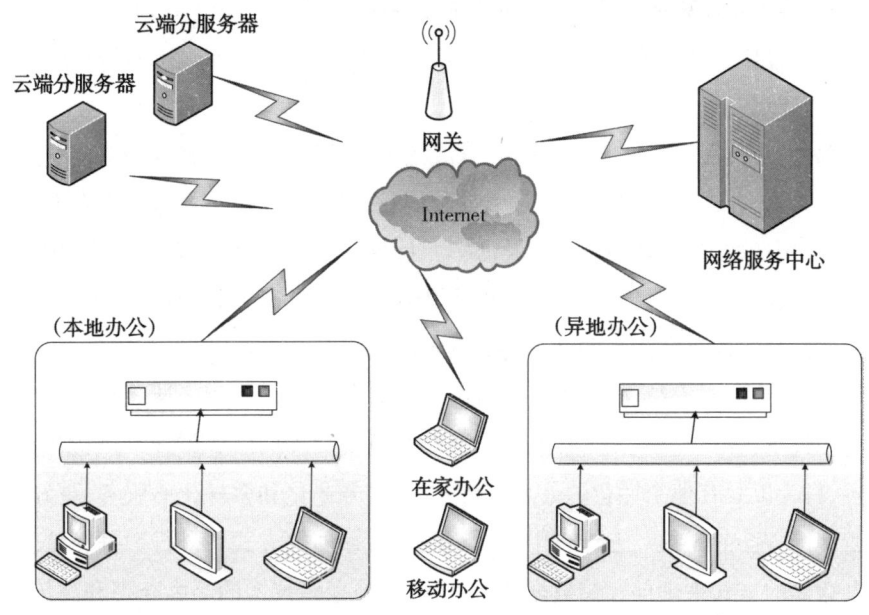

图4-4 云计算的应用实例

2. 云计算的架构

云计算可以认为包括以下三个层次的服务:

● IaaS(Infrastructure-as-a-Service):基础设施即服务。消费者通过Internet可以从完善的计算机基础设施获得服务。

● SaaS(Software-as-a-Service):软件即服务。它是一种通过Internet提供软件的模式。用户无须购买软件,而是向提供商租用基于Web的软件来管理企业经营活动。

● PaaS(Platform-as-a-Service):平台即服务。将软件研发的平台作为一种服务,以SaaS的模式提交给用户。PaaS的出现加快了SaaS的发展,尤其是加快了SaaS应用的开发速度。

云计算的出现是现代信息通信技术发展到一定阶段的产物,是经济社会发展需求牵引的结果,也将成为引领经济社会变革的重要动力。毫无疑问,云计算在智慧旅游的发展中有着广阔的用武之地,两者的融合发展必然会对旅游业的发展产生不可低估的影响。

4.2.2 云计算在智慧旅游中应用的主要优势

云计算作为智慧旅游发展的重要支撑技术,将给智慧旅游创造多方面的优势,具体表现在以下五个方面:

第一,可为智慧旅游提供高水平的数据处理保障。智慧旅游涵盖吃、住、行、游、购、娱六大要素,需要处理海量数据和信息,这对大多数旅游服务企业来说,仅仅依靠自身的力量往往显得力不从心。云计算具有超大规模,能实现高效快速的数据存储、分析,对海量数据的快速处理和智能挖掘具有独到的优势,可以为智慧旅游的发展提供存储能力和计算能力的保障。

第二,可以充分整合旅游数据资源,完善旅游服务。运用云计算技术,可以使线上和线下、虚拟与现实有机结合,形成对旅游全过程的服务整合;可根据游客的位置、行为以及其他个性化的信息,全方位提供专业化和多样化的服务,更好地满足游客多方面的需求。云计算中心采用分布式存储的方式来进行数据存储,采用冗余存储的方式来确保存储数据的可靠性,这种存储技术的高吞吐率和高传输率可以满足旅游行业访问量大、数据资源丰富繁杂的行业应用的需要。

第三,可以提升游客自助旅游的保障能力和水平。游客自助旅游已成为一种新的趋势,而自助旅游的实施离不开高可靠性的自助智能终端的支持。云计算技术可支持用户在任意位置使用各种终端获取各类应用服务,这一点恰到好处地解决了自助游客数量多、分布广的特点。自助游客所需要的各类服务资源均可通过旅游服务云获取,而不必受地理位置的局限以及旅游目的地信息资源的限制,这样就能够有效简化应用的使用,降低了对用户终端的要求,用户可以通过各类智能终端获得强大的计算、存储和应用程序资源,从而使自助旅游的乐趣和便捷性得以倍增。

第四,按需服务,集约高效。在我国,旅游行业信息化的总体发展水平还不高,其中一个重要的原因是几乎所有的中小型旅游服务提供商由于受人力、财力和物力的限制,在信息化建设方面往往处于心有余而力不足的状态。云服务的旅游信息化服务模式可为广大中小型旅游服务提供商提供低成本、高水准、集约化的服务,不但可以降低各种软硬件设备的投入,而且可以有效减少在信息化管理和服务方面的资源消耗,使大量中小型旅游服务企业能更专注旅游业务本身的运营。

第五，平衡资源，持续发展。旅游行业是一个具有明显淡旺季的行业。对旅游服务提供商来说，如何平衡服务资源是一项极其困难的任务。利用旅游云服务，可使旅游服务企业根据实际需要动态调度和平衡各种服务资源，做到伸缩自如，保障有力，确保各项业务活动实现可持续发展。

4.2.3 云计算在智慧旅游中的主要应用

根据智慧旅游所包含的旅游智慧服务、旅游智慧商务、旅游智慧管理和旅游智慧政务这四种类型，云计算有着相对应的各类应用。

1. 云计算在旅游智慧服务中的主要应用

服务是旅游的灵魂，是旅游业发展的重中之重。因此，智慧服务是智慧旅游的核心业务，是驱动智慧旅游前进的关键动力。旅游业智慧服务的主要表现形式为各类旅游服务提供商利用智慧化的技术和手段服务游客，更好地满足游客吃、住、行、游、购、娱的需求，在改善旅游服务品质的同时，提升旅游服务的价值。从国际的发展经验结合我国智慧旅游的发展需求来看，我国旅游智慧服务的发展重点包括国际游客服务门户、一体化国内游客服务门户、移动旅游服务门户、移动自助伴有服务以及虚拟旅游体验中心等。

围绕旅游智慧服务的建设和发展重点，云计算技术的应用以建设旅游智慧服务云为重点，通过云服务为各类游客以及各类旅游参与企业提供专业化、一体化的服务。从目前国内外旅游智慧服务的实现方式来看，构建一体化的智慧旅游云服务中心是一种可行的解决方案，主要由政府或相应的服务提供商投资建设。由政府旅游管理部门、旅游服务企业购买云服务，游客及其相关的服务参与方使用相应的服务，形成新型的旅游智慧服务模式。

2. 云计算在旅游智慧商务中的主要应用

智慧商务主要是针对旅游服务提供商而言的，是各类旅游服务提供商，包括旅行社、酒店、景点、运输服务商等综合利用各类智慧化的技术开展包括电子商务、移动商务等在内的各类商务活动，以实现智慧化的商务，提高商务活动的运作效率，提升旅游业的经济效益。从本质上来看，旅游智慧商务是在旅游电子商务、旅游移动商务基础上的进一步发展，是商务电子化向智慧化发展的一次跨越。旅游智慧商务发展的重点包括交互式智慧旅游营销平台、旅游目的地智慧营销系统、智慧旅游产业联盟、旅游智慧商务示范工程以及旅游商品网上营销等。

在我国,旅游电子商务经过较长时间的建设和发展,已经取得了很大的进展,涌现了诸如同程网、途牛网等一批有影响力和竞争力的旅游服务企业,走出了一条颇具特色的中国旅游电子商务发展之路。然而,由于我国地域广袤、旅游资源分布分散、旅游服务企业数量庞大等原因,旅游电子商务的发展还存在着规模小、参与面不高等问题,特别是有些中小型旅游服务企业在资金、技术和管理等方面存在着很多现实困难,急需云计算技术来提供旅游商务的信息化和智慧化发展支撑。

云计算在旅游商务中的应用主要以满足旅游服务企业的商务业务需求为核心,通过专业化的云服务为旅游服务企业更好地满足游客的需求提供智慧云服务。旅游智慧商务涉及的面比较广,发展重点应定位在交互式智慧旅游营销平台、目的地智慧营销系统以及旅游商品网上营销等项目。主要的发展模式是由旅游智慧商务云服务商建立一体化的智慧商务交易平台,提供身份认证、在线支付以及安全保障等一系列业务,为旅游商务的参与各方提供全面、可靠和完善的服务保障。

3. 云计算在旅游智慧管理中的主要应用

旅游智慧管理主要是针对旅游活动的各项管理业务而言的,是指综合利用智慧化的技术对游客、景点、酒店、旅游线路、交通工具以及其他类型的旅游资源进行智慧化的管理,以全面提升管理水平,创造管理效益。旅游管理涉及旅游产业链的各个环节,是直接影响旅游服务质量和旅游效益的重要因素。从大的方面来看,旅游智慧管理包括游客智慧管理、景区智慧管理、酒店智慧管理、旅行社智慧管理和旅游交通智慧管理等,是旅游管理业务全方位的提档升级。

旅游管理涉及游客、景点、酒店、旅游线路、交通工具以及其他类型的旅游资源,是一个十分复杂的系统工程。长期以来,由于管理手段落后、管理方法单一、管理技术匮乏,我国的旅游管理一直处于较为低下的水平。云计算技术在旅游管理中的全面应用,可有效提升旅游管理的智慧化水平,为游客、旅游服务提供商以及其他各方创造独特的价值。云计算技术在旅游智慧管理中应用的主要思路是通过建设旅游智慧管理云平台,由平台提供覆盖游客、景区、酒店、旅行社以及交通服务部门等各类旅游服务提供商的业务功能,直接面向不同类型的用户提供专业化的服务。旅游智慧管理涉及不同管理对象的海量数据,利用旅游智慧管理云服务平台,不但可以解决海量数据的存储问题,而且可以为各类用户提供高水平的计算能力,以充分满足旅游智慧管理的业务需要。

4. 云计算在旅游智慧政务中的主要应用

政府各级旅游主管部门是我国智慧旅游建设的首要推动者,也是智慧旅游建设和发展的主要责任主体。旅游智慧政务指各级政府旅游主管部门通过智慧化技术的全方位应用,以提高政府对旅游业的管理水平和服务能力,促进旅游行业更好更快地发展。智慧政务既包括电子政务、移动政务等深化应用,也包括基于智慧化技术的政府管理和服务模式的创新。旅游智慧政务是以旅游电子政务为基础的政务管理模式,是智慧旅游发展的有机组成部分。从旅游政务的发展需要来看,当前我国旅游智慧政务的重点建设项目包括旅游电子政务系统、旅游地理信息系统、旅游应急救援平台、旅游呼叫中心以及旅游微博互动平台等。

旅游电子政务是政府各级旅游主管部门推进旅游信息化发展的重要抓手,近年来取得了较大的进展,但总体发展水平还不高,离社会对旅游电子政务的发展需要以及政府旅游主管部门改革发展的需要还存在较大的差距,尤其是不少县(区)、地市一级旅游电子政务的发展还处在初步阶段,有的甚至连最基本的门户网站还没开通。与此同时,旅游地理信息系统、旅游应急救援平台、旅游呼叫中心以及微博互动平台等基本尚未展开建设,大大滞后于旅游业快速发展的需要。

云计算在旅游智慧政务中的应用主要以推动旅游智慧政务云平台的建设和应用为突破口,通过这一平台实现旅游政务业务的智慧化,最大限度地为游客和广大旅游服务企业提供技术保障和服务支撑。从我国目前旅游政府主管部门的实际发展来看,我们认为,以省级旅游主管部门统筹建设旅游智慧政务云平台为首选,各地市、县(区)一级的旅游管理部门直接租用省级平台的服务,这样既可以最大限度地实现政务信息资源的整合和共享,又可以节省各级政务平台的投资和管理费用,是促进我国旅游智慧政务跨越式发展的必然选择。

4.2.4 推进云计算在智慧旅游中应用的对策措施

云计算作为一种新兴技术和商业模式,其在智慧旅游中的发展和应用必将为旅游业的转型升级带来巨大的发展机遇。在我国,大力推进云计算在智慧旅游中的应用已成为一项重要而又紧迫的任务。为此,可考虑采取以下三个方面的措施:

1. 提高对云计算在智慧旅游发展中的作用和地位的认识

由于我国旅游业发展起步相对较晚,所以旅游信息化的总体发展水平还处在相对较低的水平。在新的形势下,信息通信技术的发展变化正处在突飞猛进的状态,如何推进旅游信息化的发展进而全面实现智慧旅游,是我国旅游业当前面临的重大挑战。云计算作为现代信息通信技术的一朵奇葩,在智慧旅游的各个环节有着广泛的应用空间,能够最大限度地满足智慧旅游中的数据存储和计算能力的需求,对彻底改变我国旅游业信息化落后的状态有着重要的推动作用。无论是政府旅游主管部门还是广大旅游服务提供商,都应提高对云计算在智慧旅游发展中的作用和地位的认识,使其成为增强旅游业的一个重要手段,切实有效地改变旅游业发展的全貌,全面开创我国智慧旅游发展的新局面。

2. 为了促进高水平的智慧旅游云服务平台的建设

为了大力推进云计算在智慧旅游中的应用,必须改变原有的信息化发展模式,要充分利用第三方的服务来满足业务需求,特别是要通过智慧旅游云服务平台开展各项业务,这就对智慧旅游云服务平台的建设和服务提出了全新的要求。但由于建设刚起步,各方面条件还不够成熟,加上知名度与利用率不高,目前业务的进展还不够理想。国家旅游局和省市旅游主管部门已经着手推进云计算技术在智慧旅游发展中的应用。从全国范围来看,智慧旅游云服务平台的建设宜精不宜多,有条件的省可根据本省的实际部署建设智慧旅游云服务平台,并要在基础资源建设、系统功能开发和安全管理等方面进行重点投资和技术攻关,以充分满足本地区智慧旅游云服务业务的需要。

3. 积极防范云服务平台的风险

安全是云服务平台的命脉,是决定旅游智慧服务成败的关键所在。智慧旅游云服务平台的安全风险主要包括以下三个方面:

●身份识别的风险。云计算基于网络提供服务,所有的应用都放在云端,并且云计算应用的用户信息资源高度集中,游客使用云中心提供的资源时会涉及个人重要的隐私信息。如果不法分子获取到用户的身份验证信息,假冒合法用户,就可以"合法"获取该用户的各项权益,包括财产和专属的旅游服务权益等,必然会给真实身份的游客带来重大经济损失和精神伤害。因此,如何确保身份的真实可靠,是云计算在智慧旅游中应用的首要任务。主要的应对措施包括技术防范和加强管理两个方面,前者考虑采用物理载体加移动通信进行认证以及采用多重口令等方式解决,后者主要靠完善安全管理等方式予以防范,确保身份认证科学到位。

●数据融合的风险。由于旅游业覆盖范围十分广泛,包括景区、酒店、旅行社、交通公司等信息。不同部门的标准和规范并不统一,数据之间的融合比较困难,会给不同用户之间的信息共享带来障碍。因此,在智慧旅游云服务平台的建设和发展过程中,要不断完善相应的标准和规范,尽量做到标准统一,规范一致。

●法律安全的风险。由于云计算的虚拟性及跨地域性的特性引发了诸多法律和监管层面的问题。目前国内相关的法律法规尚不健全,一旦遇到一些具体问题,就会面临无法可依的被动局面。因此,伴随着云计算的快速发展,完善相关的法律法规已显得十分必要,必须对此予以高度重视,并能在比较短的时间内予以完善,尽力为云计算的健康快速发展保驾护航。

4.3 物联网技术在智慧旅游中的应用

物联网技术是近几年快速发展起来的信息通信技术,现在已广泛应用到各行各业。物联网在旅游业中的应用是智慧旅游发展的重要内容,已成为智慧旅游发展的重要特色,并且出现了一些成功的案例,值得深入学习和探讨。

4.3.1 物联网技术解析

1. 物联网的由来

物联网(Internet of Things,IoT)的概念最早于1999年由美国麻省理工学院的研究人员提出。他们认为,物联网就是将所有物品通过无线射频识别(Radio Frequency Identification,RFID)等信息传感设备与互联网连接起来,实现智能化识别和管理的网络。早在2005年11月17日,在突尼斯举行的信息社会世界峰会(WSIS,World Summit on the Information Society)上,国际电信联盟(ITU)发布了《ITU互联网报告2005:物联网》的报告。该报告全面地论述了物联网的概念以及各种可能的应用,燃起了物联网在全球快速发展的星星之火。报告指出,无所不在的物联网通信时代即将来临,世界上所有的物体从轮胎到牙刷、从房屋到纸巾都可以通过物联网主动进行数据交换。射频识别技术、传感器技术、纳米技术和智能嵌入技术四项技术作为物联网的重要支撑,将得到更加广泛的应用。

2. 物联网的概念

顾名思义,物联网就是物物相连的互联网。这里有两层意思:第一,物联网的核心和基础仍然是互联网,是在互联网基础上的延伸和扩展的网络;第二,其用户端延伸和扩展到了任何物与物之间,进行信息交换和通信。因此,物联网一般被定义为:通过射频识别、红外感应器、全球定位系统、激光扫描器等信息传感设备,按约定的协议,把任何物品与互联网相连接,进行信息交换和通信,以实现对物的智能化识别、定位、跟踪、监控和管理的一种网络。从本质上看,物联网技术实现了人与物、物与物、人与人之间的互联。

国际电信联盟在随后的报告中认为,信息与通信技术的目标已经从任何时间、任何地点连接任何人,发展到连接任何物品的阶段,而万物的连接就形成了物联网,它是对物体具有全面感知能力、对信息具有可靠传送和智能处理能力的连接物体与物体的信息网络,具有全面感知、可靠传输、智能处理三大功能特征。物联网的功能参见图4-5。

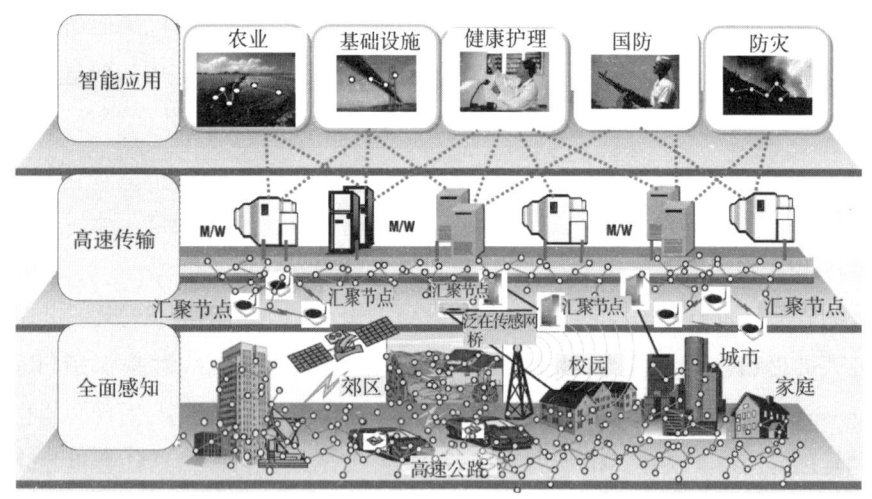

图4-5 物联网功能架构图

3. 物联网的技术架构

从技术架构上来看,物联网可分为三层:感知层、网络层和应用层。

● 感知层由各种传感器以及传感器网关构成,包括各类传感器(如二氧化碳浓度传感器、温度传感器、湿度传感器等)、二维码标签、RFID 标签和读写器、摄像头、GPS 等感知终端。

● 网络层由各种私有网络、互联网、有线和无线通信网、网络管理系统和云计算平台等组成,相当于人的神经中枢和大脑,负责传递和处理从感知层获取的信息。

● 应用层是物联网和用户(包括人、组织和其他系统)的接口,它与行业需求相结合,实现物联网的智能应用。

毋庸置疑,物联网是继计算机、通信技术之后的第三次信息产业革命,代表高端信息产业的发展方向,将形成信息通信技术领域新一轮发展的增长点。未来的物联网将成为信息化带动工业化的现实载体,促进生产要素和供应链深度重组,实现低碳、绿色、智能、以信息化和工业化高度融合为基础的新型工业化,将对转变经济发展方式、促进社会进步和繁荣产生革命性的影响。

由于物联网具有全面感知、无处不在的特征,因此物联网在智慧旅游发展中的应用将呈现多样化、泛在化和智能化的发展趋势。

4.3.2 物联网在智慧旅游中的主要应用

物联网作为新一代信息通信技术的主要表现形式之一,是支撑智慧旅游发展的重要技术。目前,物联网在智慧旅游发展中的应用主要包括以下几个方面:

1. 物联网在景区导览中的应用

随着旅游业自身的快速发展和游客出游方式的改变,当前越来越多的游客开始选择自助游、自驾游、出境游等,利用物联网技术提供游客的服务能力显得十分有必要。由于游客对旅游目的地的文化背景及观赏对象不了解,以致很多游客在各个景点只能走马观花,不能全方位了解各个景点的内涵和意义;同时,不少景区的占地面积通常比较广阔,地理布局也相对复杂,即使游客带着纸质地图,还是会感到无所适从,这样就会使游客的整个旅游过程变得乏味,旅游效果大打折扣。当前,物联网技术在景区智能导览方面有比较大的用武之地。

景区智能导览主要为景区游客提供智能化的自助服务,通过智能导览设备和后台中央数据库所形成的网络控制系统,以语音、视频、文字等多媒体信息形式将旅游景区的服务和经典信息实时传递或展现给游客。这方面,日本的东京中城泛在艺术导览服务系统是一个较为成功的例子。东京是各类公共服务设施完善、管理水平较高的城市,借助日本发达的电子信息通信技术,东京市政府与日本国土交通局共同规划并实施了东京泛在技术计划及相关的一系列子计划,其中一项就是基于传感网和泛在计算的大型城域公共服务信息系统。东京中城(Tokyo Midtown)是一个多功能的 CBD,由美术馆、美术建筑、公园、商店、餐厅等部分组成,其中最具特色的是中城内诸多美术馆与艺术作品。中城通过终端导览设备,包括耳机、导览专用笔、终端导览器以及进出中城各建筑物的临时通行证来指引游客。在导览操作上,导览终端会在一开始通过 UID 自动捕获游客位置,并随着游客位置的变动实时探测游客当下的场景,提供实时语音指引和周围实况地图,同时提供当前实物照片、距离等信息,以避免游客迷路。中城还根据游客需求的差异性,提供七种游览行程,分别是 2 小时全程导览、30 分钟重点导览、艺术品特别导览、建筑设计特别导览、庭园导览、雕塑品导览、雨天导览,并开发不同语言版本,以适应各国游客需求。该电子导览终端设备的应用使游客只需依据导览器指示前进,实现旅游参观的轻松高效,为游客创造了独特的体验和特有的价值。

2. 物联网在电子门票中的应用

门票是旅游活动的重要凭证和信息载体,在旅游服务中缺之不可,但传统的门票基本都以纸质的为主。在新的旅游发展环境下,传统的纸质门票存在以下多个方面的问题:一是假票。由于门票需求量大,很多假票贩子甘愿冒风险制作和兜售假票,这除了给门票发行方带来巨额经济损失外,还给现场管理、展会秩序和安全、展会声誉造成隐患。二是多人一票。有些门票在展会期间可以多次被使用或者被用于自由进出展馆,虽然门票上有姓名、照片、公司名等信息,但还是有很多人将这种票借给他人使用或者高价兜售,这也给景区及展馆主办方造成巨大经济损失。三是纸质门票检票效率过低。人工检票给假票和多人一票提供了可乘之机,而且,人工检票也不可避免地出现了人情票。四是票务管理信息化能力较弱。由于纸质门票很难精确统计游客来源以及个人基本信息等,就无法优化旅游决策、改善旅游服务。

采用射频识别(RFID)技术的电子门票作为数据载体,能起到标识识别、人员跟踪、信息采集的作用,可实现出票、验票、计票等流程的全程电子化。电子门票与读写器、现场控制器和应用软件等构成的 RFID 系统直接与相应的管理信息系统相连,通过电子门票识别设备来自动获取游客位置、身份等信息,既可为游客主动提供个性化的景区服务,又可同时辅助管理机构进行客流量的监控和管理,能综合发挥门票功能、出入口管理(门禁管理)功能、人员的动态跟踪和查询功能的监管作用,是门票未来发展的基本方向。因此,物联网在景区门票管理中的应用不仅解决了传统门票所出现的弊端,还能便于景区售票系统的管理。

目前国内采用电子门票的实例已越来越多,其中位于国家奥林匹克公园中心区内的中国科技馆新馆是国内首次使用电子门票的博物馆。中国科技馆是我国唯一的国家级综合性科技馆,是实施科教兴国战略和人才强国战略、提高全民科学素质的大型科普基础设施。该馆的主要教育形式为展览教育,通过科学性、知识性、趣味性相结合的展览内容和参与互动的形式,反映科学原理及技术应用,鼓励公众动手探索实践,不仅普及科学知识,而且注重培养观众的科学思想、科学方法和科学精神。中国科学技术馆新馆设有科学乐园、华夏之光、探索与发现、科技与生活、挑战与未来五大主题展厅,公共空间展示区及球幕影院、巨幕影院、动感影院、4D 影院四个特效影院,其中球幕影院兼具穹幕电影放映和天象演示两种功能。为了更好地对数量庞大的国内外游客进行高效的管理和专业的服务,中国科技馆新馆对电子门票的应用进行了有效的探索。

中国科技馆新馆在每年的寒暑假、"十一"、"五一"等参观高峰均会出现售检票压力,即使在双休日也经常会出现场馆饱和、售检票排大队的状况。电子票务系统的首要任务就是为观众提供便捷、多渠道的售检票服务,体现人性化、个性化的宗旨。经过反复测试,该馆采用了 923.5MHz 的超高频 RFID 门票。该门票除了自身的基本功能之外,还能满足观众用此唯一身份的标签完成馆内多种 RFID 应用,应用范围包括近距离刷卡操作和远距离的被动识别。其中远距离应用包括展区内的观众流量监控、展项受欢迎度的客观

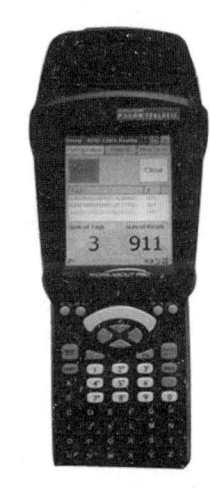

图 4-6 电子门票系统智能手持检票终端图

评估、观众参观浏览的行迹追溯等。图 4-6 为电子门票系统智能手持检票终端图。

该票务系统创建了平台化应用的解决方案,整合了人工及自助售检票、科普教育、流量密度、观众研究、展项评估等应用以及日常管理,实现了智慧管理和智

慧服务的相应需求,较好地体现了以游客为本的服务理念,有效地提升了服务水平和管理能力。

3. 物联网在酒店管理中的应用

酒店是满足游客食宿需求的基本场所,酒店服务是否人性化、是否舒适在很大程度上影响着游客的心情与感知。物联网在酒店管理中的应用主要体现在游客智能住宿和酒店智能管理两方面。其以网络通信技术为基础,结合传感技术、信息融合和处理技术、计算机技术等,来实现酒店智能、快捷、高效的管理,同时为游客提供人性化的服务,提升竞争力。作为酒店智慧管理的服务提供商,IBM 在将物联网技术应用于酒店管理方面开展了有效的探索,形成了一些有价值的成果。

IBM 公司利用系统集成方法,依托以物联网为代表的现代信息通信技术与现代建筑艺术的有机结合,提供多种服务,以满足客户智能化、人性化和信息化的需求,包括楼层导航、互动服务电视系统、智慧电话、IP 电话、电子猫眼、互动虚拟酒店展示和会议管理等高级功能。IBM 的智慧酒店带给客户全新的入住体验,极大优化酒店管理流程,提高酒店工作效率并降低管理运营成本。IBM 智慧酒店的整体框架图如图 4-7 所示。

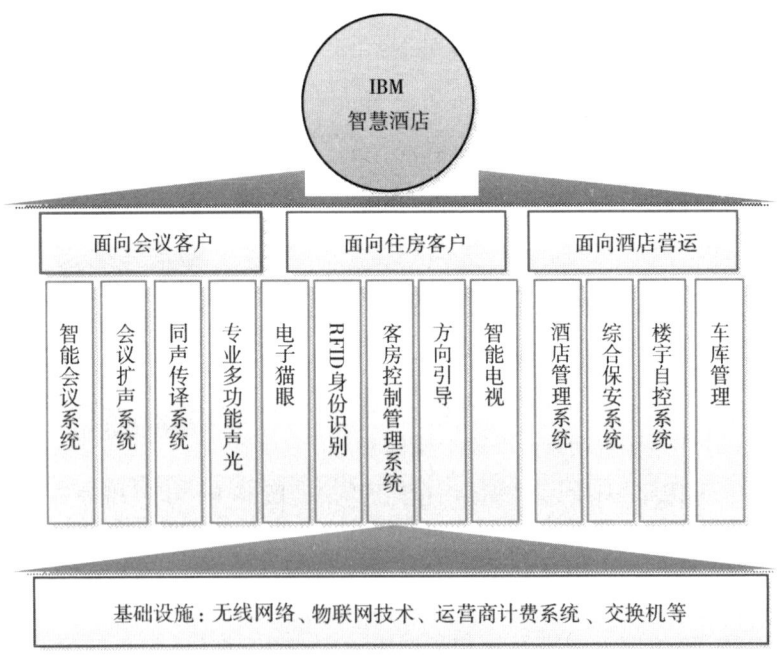

图 4-7 IBM 智慧酒店的整体框架图

游客的自助入住是应用物联网与酒店管理的重要功能,它通过向游客提供双频VIP卡(同时包含房卡和游客身份两种信息),为游客提供自助服务终端,便于游客直接办理入住登记,省去游客前台排队办理入住手续环节,并通过感知系统读取用户的入住信息、房号信息等,引导游客方便快捷地到达自己的房间。对于自驾游的游客,酒店在车库入口处同样提供自助入住办理终端,游客可方便快捷地获取停车位和房间号并顺利入住。国内著名的黄龙酒店与 IBM 公司合作,在利用物联网技术服务游客方面取得了较大的成功。目前,游客到达黄龙酒店时,服务人员会立即收到 VIP 到店的提示短信,包括客人姓名、性别、国籍、照片等信息,客户会自动收到酒店的欢迎短信。酒店大堂内设置 Kiosk 机,游客只需在自助登记设备上办理酒店入住登记和退房手续。如果是自驾游客户,则可以在进入车库刷卡打开闸机的同时完成入住登记,直接到客房休息。作为国内全面采用物联网技术的高标准酒店,黄龙酒店在这方面积累了丰富而又宝贵的经验,在本书的后续部分将对其做专门介绍。

4. 物联网在餐饮服务中的应用

物联网在餐饮服务中的应用,可实现业务流程的精细化管理。规范企业管理,能给游客带来更加便捷和多样化的服务及崭新的消费体验。物联网在餐饮服务中的应用流程可用图 4-8 表示。

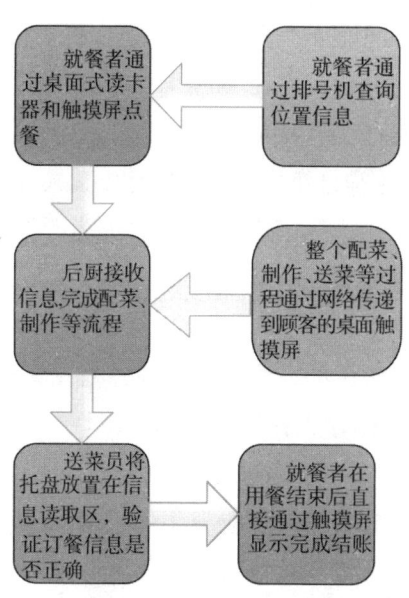

图 4-8 物联网在餐饮服务中的应用流程图

如图4-8所示,基于物联网的餐饮服务业务流程如下:

(1)选择位置:就餐者到餐厅通过大厅的排号机看看餐厅桌位的情况,根据自己喜欢的餐桌位置(包间、靠窗等)进行选择。

(2)自助点餐:使用桌面式读卡器和触摸屏,消费者可通过智能终端的触摸屏自助下单。

(3)后厨配菜:客户通过电子菜单点菜后,在后厨同样也会有个基于RFID标签的触屏设备来接收客户所点的菜;配菜人员通过观看触摸显示屏了解每个餐桌的用餐情况,再通过操作触摸屏将对应的餐桌信息和菜品信息写入托盘标签,然后通过传送带传到送菜口;送菜员拿到这个订单以后,可以用后厨系统进行扫描,表示所订的菜品已经在配菜,客人在前台的桌面式点餐机上可以看到所订菜品的状态,即从下单到配菜再到上桌的全过程;与此同时,在后厨有个管理界面,工作人员可以看到现在开了多少桌,每桌点了多少菜品,现在菜品已经做了多少,厨师长可以根据相关信息及时优化调整,提高整个菜品供应效率。

(4)餐桌用餐:上菜过程中,送菜员将菜品送到餐桌,将托盘放置在信息读取区域,确认餐桌是否正确,并获取菜品信息,将每个菜品的主要原料信息显示在触摸屏上,消费者可以清楚地了解到所食菜品原料的来源。

(5)用餐结账:由于对用餐的消费记录进行了一目了然地记录和统计,因此就餐者的用餐结账变得非常透明和高效,减少了可能出现的差错甚至纠纷。

5. 物联网在景区资源管理中的应用

在各类旅游景区,无论是自然旅游资源还是人文旅游资源,随着时间的流逝都可能因为各种自然因素或人为因素受到损害,尤为严重的是,一些特殊的自然现象和人为活动会导致旅游景观的消失。因此,采取必要的措施对各类旅游资源进行保护迫在眉睫。

目前,各个景区较为常用的办法是通过在各处设置摄像装置,对景区内的资源实行视频监控,但这种方法有比较大的局限性,并且通常需要人工控制。物联网不仅能从视觉上对各个资源进行监控,还能通过射频识别、红外感应器、全球定位系统、激光扫描等技术对旅游资源的温度、湿度、负重程度、色泽度等各个方面进行监测,使管理者可以对有需要的资源进行及时监控和维护,对于已经受到损害的旅游资源可以直接将监测到的相关信息传送到专业部门进行分析,从而获取相对具有科学依据的解决办法。此外,设置在景点附近的识别系统及预警系统可以向试图破坏旅游资源的游客发出警告,以防止一些不良后果的产生。总体来说,物联网技术的使用可以将景区内的各个资源连接为一个整体,并形成相对完善、科学的监测管理系统,使旅游资源具有更长久的生命力。

6. 物联网在景区智能安防中的应用

安全防范是景区管理的重要内容,而物联网技术在这一领域有着重要的应用。根据不同类型的旅游景区安保的需要,物联网有不同的应用形式。对于湖泊、森林公园、山岳等区域范围较大的景区,经常会出现游客走散、失踪等意外情况,在管理人员十分缺乏的条件下,如何合理调配人手,以最快的速度进行现场的救护工作显得非常重要。不少景区利用物联网技术对此进行了实际的探索,其中基于电子门票的应用就是一种游戏 ode 方法。游客走失或遇到危险时可以通过游客携带的电子门票利用 GPS 技术定位,然后通知距离最近的救护人员,救护人员通过 GPS 的 RFID 手持设备第一时间前往现场救护。对于那些面积范围相对较小、游客较为密集的景区,比如游客集中的博物馆等,很容易成为恐怖分子袭击的目标,因此需要在景区入口处利用射频识别技术进行严格的安全检查,避免恐怖分子将危险物品带入景区内。对于一些危险系数较高的旅游项目景区,如游乐场等,可利用物联网的手段实现全方位的监测,包括视频以及各类数据等,从而有效防范各种事故的发生。

7. 物联网在景区内部人员管理中的应用

旅游业的运营离不开各类员工的支持,尤其是旅游景区的员工,他们是旅游服务主要的提供者。如何利用物联网等信息通信技术手段对员工进行高效的管理是每一个旅游企业都需要面对的问题,相关的应用也在不断推进。

通过给每位员工配备一个带有 RFID 的工作卡实现对员工的点对点的管理,确保他们在适当的时间出现在适当的位置并为游客提供针对性的服务,是较为简单和有效的方法。此外,还可以利用 RFID 工作卡的读写功能与信息储存功能让游客直接对工作人员的服务质量等进行打分和评价,形成一套以游客满意程度为基础的旅游景区员工评价体系,并以此作为员工薪酬发放的重要参考依据。

4.4 移动互联网在智慧旅游中的应用

移动互联网是伴随着互联网和移动通信技术的不断融合而出现的,目前正进入高速发展期。在智慧旅游发展领域,移动互联网有着十分广阔的用武之地,无论是对游客、旅游服务提供商还是政府部门而言,都具有不可替代的地位。

4.4.1 移动互联网的技术解析

随着宽带无线接入技术和移动终端技术的飞速发展,人们迫切希望能够随时随地从互联网获取信息和服务,由此移动互联网应运而生。移动互联网的核心是互联网,因此一般认为移动互联网是桌面互联网的补充和延伸,应用和内容仍是移动互联网的根本。当前用户接入移动互联网的方式主要有两类:一是使用电脑(包括平板电脑)无线上网卡,二是使用手机卡接入移动通信网络直接上网。在智能手机普及之前,无线上网卡曾是数据流量客户的首选。在智能终端逐步普及,尤其在3G全面覆盖、4G快速推进的背景下,用户直接使用手机卡上网正变得越来越普及。

简而言之,移动互联网就是移动通信技术与互联网技术的融合,使用户在移动过程中通过移动设备随时随地访问互联网的网络服务。移动互联网的出现与无线通信技术"移动宽带化,宽带移动化"的发展趋势密不可分。从技术层面看,移动互联网是以宽带 IP 为技术核心,可以同时提供语音、数据和多媒体业务的开放式基础电信网络;从终端层面看,移动互联网是用户使用手机、上网本、笔记本电脑、平板电脑等移动终端,通过移动网络获取移动通信网络服务和互联网服务。移动互联网的总体框架图可用图 4-9 表示。

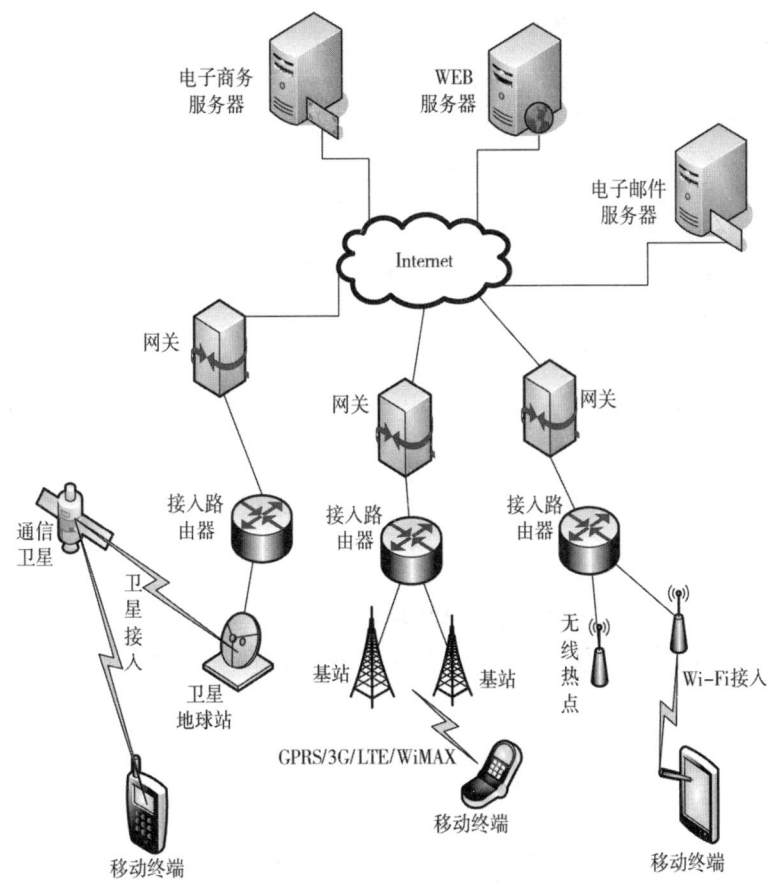

图4-9 移动互联网的总体框架图

如图4-9所示,移动互联网的接入技术包括:

- Wi-Fi——无线局域网,IEEE 802.11协议族;
- GPRS——通用分组无线业务,GPRS协议;
- 3G——第3代移动通信技术,WCDMA、TD-SCDMA等;
- LTE——长期演进技术,4G;
- WiMAX——无线城域网,IEEE 802.16协议族;
- 卫星——卫星通信协议(TDMA / FDMA /CDMA)

移动互联网的快速发展离不开信息通信技术的支撑,移动互联网主要涵盖以下相关技术:

- 移动互联网关键应用服务平台技术;

- 面向移动互联网的网络平台技术；
- 移动智能终端软件平台技术；
- 移动智能终端硬件平台技术；
- 移动智能终端原材料元器件技术；
- 移动互联网安全控制技术。

对智慧旅游发展而言，与移动互联网相关的技术主要包括：
- 无线访问技术；
- 实时信息通信技术；
- 位置识别技术；
- 身份识别技术；
- 安全认证技术。

4.4.2 移动互联网在餐饮服务中的应用

移动互联网在餐饮信息查询和个性化服务等方面可以发挥重要的作用。

1. 餐饮信息查询与预订

在旅游途中，游客通过移动终端获得目的地位置的定位，即使在行进途中，也可以使用智能终端中的位置服务感知自己的位置。在餐饮服务的移动 APP 中游客只要输入餐饮方面的需求条件，就可以获取全面详尽的餐饮信息。这些信息涵盖了周边酒店、特色小吃、餐馆、优惠就餐、路线等，游客在移动终端输入价格、地点、口味等关键词，系统就会自动进行筛选，最终生成能满足游客需要的餐饮信息。游客可根据自身情况确定自己是否预订，如果预订成功，还可通过移动互联网进行直接支付。

2. 餐饮个性化服务

旅游餐饮有着较为明显的个性化服务需求，譬如南方人主食为大米，而北方人以面食为主。因此通过移动智能终端，面向游客提供个性化的餐饮服务，显得十分有必要。目前，有不少餐饮服务提供商和第三方服务商专门为游客定制相应的餐饮服务，满足游客个性化、专业化和多样化的需求。

4.4.3 移动互联网在住宿服务中的应用

住宿是旅游活动的重要内容，是游客最为关注的旅游服务之一。移动互联网为解决游客的住宿问题提供了较大的便利,越来越受到游客的欢迎。

1. 酒店预订的应用

国内的各类手机应用中,酒店管家、酒店达人等新型应用由于设计简约、操作方便、用户体验好等特点,从而受到了用户的青睐。例如酒店管家就与国内多家经济型酒店建立了系统直连,旅客进行定位查询后,地图将呈现周边酒店的名称、位置和价格,同时以不同颜色标注房态,用户可以选择点击通话直接通过酒店集团预订。此外,许多酒店、OTA(Online Travel Agent,在线旅行服务商)也已开发出了新的酒店产品营销和服务模式。例如酒店预订应用APP——今日酒店特价,用户在晚六点后可以根据距离远近、星级、价格、酒店风格等个人喜好,通过手机客户端查找和预订特价房间。

2. 酒店智能化管理

游客入住酒店后,可利用智能终端通过移动互联网进行智能化管理,例如房内温度、湿度、灯光、电视、电脑、音乐等。游客可根据自己的喜好,在抵达客房之前或入住后进行智能化调控,以更好地满足入住的需求。

4.4.4 移动互联网在旅游交通中的应用

旅游交通是旅游活动的基本要素,移动互联网在服务旅游交通方面主要包括路线导航以及票务预订等方面的应用。

1. 路线导航

智能手机等智能终端的普及,让手机导航成为很多出游者尤其是自驾出行游客的好帮手。目前绝大多数智能终端都配备GPS导航模块,因为可以实时连接到互联网,所以当GPS确定位置后,最新信息即可通过互联网主动弹出,如交通实况(是否堵车、是否修路等)、交通路线(路程最短、费用最省、时间最少)、目的地周边停车场(最近的停车场)及车位状况(是否有车位)等,并可查找其他相关信息。通过移动终端把实时定位与互联网相结合,让用户在移动过程中获取最新、最全面的交通信息,体现了智慧旅游的智能、实时、便捷的特点。目前基于移动互联网的多种导航系统,应用较为普遍的有高德、百度、腾讯、搜狗、老虎等,这些导航系统可以方便快捷地把游客导航到目的地,受到广大游客的欢迎。

2. 票务预订

交通票务是旅游交通的重要内容,通过移动互联网完成票务预订已成为越来越普遍的选择。目前,国内已经开发了许多应用于汽车票、火车票或机票的查询和预订的移动APP,游客可以利用手机浏览相关网站(如去哪儿、携程、12306等),进行出行车票或机票的查询和预订,并可以通过移动支付进行交易。

航空公司的机票手机预订业务已有较长时间的历史,目前不少航空公司不但允许乘客手机订票,还可以让乘客利用手机办理登记手续。国航、东航、南航、海航、深航等航空公司都已推出了以上服务,取得了理想的成效。傲天汇金旗下的"航班管家"除了推出了手机查询机票价格趋势的功能,还在手机平台上推出了机舱座位参考图的功能,使用户预订前就可以了解到各个座位的位置和舒适程度,以便做出更好的选择。

4.4.5 移动互联网在景区游览中的应用

到景区游览是旅游活动的核心内容,移动互联网同样有多方面的用武之地。

1. 景区信息获取

游客在出游前必定需要对旅游目的地的相关情况有全面的了解,如当地的天气情况、人流量、周边餐厅和停车场等,以便能更好地进行准备。与此同时,游客还可以通过手机等应用终端浏览该景区的口碑和其他游客的评价、攻略、游记等,甚至可以通过欣赏网友上传的相关视频来预游景区,为正式出游做好准备。

2. 景区门票订购

景区门票订购是游客游览景区的前提,移动互联网在景区门票订购方面有着越来越多的应用。如果订购的是电子门票,支付成功后,手机等移动终端会收到二维码,在景点入口处只需用手机扫描二维码就可以入园了。传统的纸质门票很容易出现伪造、人情放行等情况,这样景区很难进行有效的管理。

3. 景区智能导览

景区智能导览是通过语音导览系统结合RFID技术,能够运行在移动终端的导览系统。景区只要预先将需要讲解的区域安装标识或发射器,导览机内灌制相应内容就可以为游客提供服务了。游客进入发射器所覆盖的范围时,无须其他操作,导览机就能自动讲解相对应的内容。当游客按照语音提示和电子地图引导接近某景物时,终端就会自动播放相关的语音讲解,用户还可以选择播放视频的形式了解景物的历史背景。此外,游客可以根据景区内二维码导览牌的提示,通过扫描二维码或者发送移动短信来接收与景点相关的图、文、音并茂的解说资料。

图 4-10 为景区智能导览终端图。

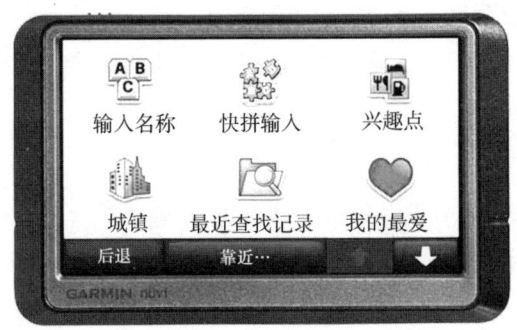

图 4-10　景区智能导览终端图

4.4.6　移动互联网在购物中的应用

游客到某地游览后,免不了会产生购买当地的特产或旅游纪念品的需求,因此旅游购物是旅游活动不可缺少的内容,移动互联网可在旅游商品的信息查询和移动支付等方面发挥其应有的作用。

1. 旅游商品信息

游客在旅游过程中遇到自己想购买的旅游商品时,可以通过随身携带的移动终端进行该商品的信息搜索,获取一系列的信息,包括商品的一般价格、商品规格、商品真伪辨认、商品评价等。目前,越来越多的旅游商品应用二维码进行商品的信息展示,游客只要通过手机等扫描二维码,即可迅速获知该商品的官方信息,这对做出购买选择有重要的帮助。

2. 移动支付

旅游购物传统的付款方式一般都用现金或银行卡支付,而现在有不少旅游商店尝试让游客利用移动支付的方式完成交易。例如采用二维码的商家,让游客用手机读取二维码的数据,就可随之进行移动支付了,十分方便快捷。旅游购物中的移动支付主要有三种:第一种是手机银行支付,如招商银行等网银;第二种是运营商支付,如中国电信的翼支付;第三种是第三方支付平台,如支付宝和微信支付等。移动支付的应用,既方便了游客,又有助于商家更好地对购物进行管理。

4.4.7 移动互联网在旅游娱乐中的应用

旅游娱乐包含多种形式,常常贯穿于旅游活动的始终。移动互联网既可以为旅途增添乐趣,又可为互动与分享提供手段。

1. 旅游娱乐项目参与

游客在旅游过程中既可以利用手机、平板电脑等终端搜索景区及周边的各类娱乐活动,实时了解娱乐活动开始的时间、地点、活动项目等,还可以搜索相关竞技娱乐活动的攻略,也可以在终端上欣赏各类当地精彩的娱乐节目,进一步增添旅游的乐趣,加深对当地旅游活动的理解和感受。

2. 互动与分享

游客在旅游过程中可以通过各类移动终端开展游客之间、游客与导游之间的互动娱乐,包括各类益智游戏、娱乐抽奖等。与此同时,游客还可以用手机等移动终端在第一时间将旅游见闻、风土人情、美食、美景、特色商品等通过微信、微博、QQ等途径与朋友和家人分享,更好地体验旅游的乐趣。

4.5 大数据在智慧旅游中的应用

大数据(Big Data)是近年来快速兴起的一种新技术,正在对社会经济的发展产生越来越重要的影响。对旅游业而言,大数据将作为推进智慧旅游发展的重要技术,为提高旅游业的发展水平提供强有力的支撑。

4.5.1 大数据技术的概念与原理

所谓数据(Data),是指记录客观事物的、可鉴别的符号。数据本身具有客观性,但并无意义,一般通过数字、文字、图片以及视频等形式表现出来。关于信息(Information)的概念,信息论的创始人香农(Claude Elwood Shannon,1916~2001)认为信息是"用来消除不确定的东西"。换言之,信息是指有新内容、新知识的消息,是经过加工以后对客观世界产生影响的数据。信息具有事实性、时效性、不相关性和等级性等特点,需要通过数据等形式表现出来。信息和数据是既相互联系、相互依存又各有侧重的两个概念。数据是信息的具体物理表现形式,它反映了信息的内容,数据中所包含的意义就是信息;信息是数据所抽象出来的逻辑意义,是对数据的解释、运用与分析。即使是经过处理以后的数据仍然是数据,只有经过解释才有意义,才能成为信息。因此,数据是客观对象的表示,而信息则是数据内涵的意义,只有数据对实体行为产生影响时才成为信息。例如,对天气观测所取得的各种数据只有经过综合的分析以后才可能成为有用的天气预报信息,为人们所用。不难看出,数据越多,不一定就代表信息越多,更不能说明信息就会成比例增多。

所谓大数据技术,是针对无法通过主流软件工具在合理时间内实现撷取、管理、处理和分析的海量数据,在成本可承受的条件下,通过非常快速的采集、发现和分析,从大量化、多类别的数据中提取价值,满足人们利用数据进行事物关联以及制订各类决策等需要,实现从依靠自身判断做决定到依靠数据做决定的转变。

大数据与普通数据有两个明显区别:一是数据容量;二是响应速度。一般来说,大数据利用传统工具往往需要数月时间才能完成分析,而应用大数据工具后,可以在不到1秒钟的时间内获取同样结果。当然,我们并不能简单地以数据规模来界定是否是大数据,而要考虑数据查询与分析的复杂程度。从目前计算机硬件的发展水平看,针对简单查询(如关键字搜索等),数据量为TB(1TB = 1024GB)至PB(1PB = 1024TB)级时可称为大数据;针对复杂查询(如数据挖掘等),数据量为GB至TB级时即可称为大数据。

大数据无法用单台的计算机进行处理,必须采用分布式计算架构,依托云计算的分布式处理、分布式数据库、云存储和虚拟化技术。它的战略意义不在于掌握庞大的数据信息,而在于对这些含有意义的数据进行专业化的处理,以达到实际应用的目的。

大数据与云计算两者既有关联,又有区别。云计算的核心是业务模式,本质是数据处理技术;数据是资产,云为数据资产提供了保管、访问的场所和渠道。如果把数据看作财富,那么大数据就是宝藏,而云计算就是挖掘和利用宝藏的利器。如果没有强大的计算能力,数据宝藏终究是镜中花。在当前的新形势下,如何盘活数据资产,使其成为治国理政、企业决策乃至个人生活服务的工具,既是大数据的核心议题,也是云计算的内在动力,只有两者互相促进,才能真正体现彼此存在的价值。

4.5.2 大数据技术的主要特征

与传统的数据技术相比,大数据技术具有以下"4V"特征:

1. 大容量(Volume)

随着数据加工处理技术的提高和网络宽带的快速增长以及社交网络技术的迅速发展,使数据的产生量和存储量迅猛增长。如何实现数据处理能力与数据容量的同步,是摆在各类数据拥有者面前的现实问题。大数据技术的产生正是为了应对这一挑战,试图为解开海量数据之谜找到金钥匙。

2. 高速度(Velocity)

高速度主要表现为数据流和大数据的移动性,现实中则体现在对数据的实时性需求上。随着移动网络的发展,人们对数据的实时应用需求更加普遍,比如通过智能手机关注天气、交通、票务、住宿等信息,要求能在尽可能短的时间内得到响应。

3. 多样性(Variety)

当今时代,与数据量快速增长相对应的一个显著特点是数据的形式正变得种类繁多,数据的来源也纷繁复杂,构成了万紫千红的数据大花园。多样性就是指数据形式和来源的多样性,从形式上看,普通的文字、视频、图片到地理位置信息等,都可以是大数据的呈现方式,而且数据的类型既可以是关系型或非关系型数据,也可以是结构化或非结构化数据;从数据来源来看,既可以来自社交网络,又可以来自各类专业网站,同时还可以是各类数据库等,可谓名目繁多,各有特色。

4. 价值性(Value)

大数据本身的价值密度不高,需要通过强大的机器算法更迅速地完成数据的价值提纯。因此,大数据的价值性(Value)体现出的是大数据运用的真实意义所在,通过相关技术手段的应用,使原本价值并不突出的数据资源转变成高价值的资源。

4.5.3 大数据的处理过程

大数据的处理包含一系列的过程,具体包括以下四个方面:

1. 数据采集

利用多个数据库来接收发自客户端(Web、App或者传感器等)来源的数据进行数据采集,并且用户可以通过这些数据库来进行简单的查询和处理工作。数据采集是大数据的源头,是关系到大数据质量和价值的重要因素。

2. 数据导入/预处理

将这些来自采集端的数据导入到一个集中的大型分布式数据库,或者分布式存储集群,并且可以在导入基础上做一些简单的清洗和预处理工作。大数据的特点是导入的数据量大,每秒钟的导入量经常是百兆,甚至是千兆。

3. 数据统计/分析

数据统计/分析主要利用分布式数据库,或者分布式计算集群来对存储于其内的海量数据进行普通的分析和分类汇总等,以满足大多数常见的分析需求。分析所涉及的数据量往往是海量的,其对系统资源,特别是I/O会有极大的占用。

4. 数据挖掘

数据挖掘一般没有什么预先设定好的主题,主要是在现有数据上进行基于各种算法的计算,从而起到预测(Predict)的效果,实现一些高级别数据分析的需求。因为用于数据挖掘的算法各不相同,实现路径和目标也不一样,并且计算涉及的数据量和计算量都很大,所以常用的数据挖掘算法都以单线程为主,新的算法也在不断完善之中。

4.5.4 大数据技术应用的实例

应用大数据技术进行分析判断或用于商业活动的例子越来越多,为我们更好地了解大数据的价值提供了有力的佐证。

1. 塔吉特的优惠券

2010年的某一天,一个美国男子怒气冲冲地冲进一家位于明尼苏达州阿波利斯市郊的塔吉特(Target)超市兴师问罪:"为什么超市不停地向我的高中生女儿邮寄婴儿尿布样品和配方奶粉的优惠券?你们是在鼓励她怀孕吗?"愤怒的父亲质问超市经理。几天过后,超市经理打电话向这位父亲致歉,但这位父亲的语气反而变得平和起来。他反过来道歉说:"我的女儿确实怀孕了,预产期在8月份。"原来,塔吉特的数据分析团队在查看准妈妈的消费记录之后,找出了20多种关联物,通过这些关联物对她们进行怀孕趋势预测,并寄送相应的优惠券,精准又高效。比如,婴儿登记处的准妈妈们,在孕中期会购买大量的无香味乳液,怀孕大约20周之后的孕妇会增加购买钙、镁、锌营养品的数量。而当顾客突然开始大量购买无香肥皂、超大包的棉花球、消毒杀菌剂和毛巾的时候,这就意味着这个家庭将有孕妇要生产了。超市根据这位准妈妈的消费记录,有针对性地寄送了相关优惠券,让蒙在鼓里的父亲感到不可思议,最后才真相大白。这一事件通过美国《纽约时报》报道后,大数据的神奇魔力让世人津津乐道。

2. 美国运通的客户流失预警

美国运通公司(American Express)是国际上最大的旅游服务、综合性财务、金融投资及信息处理的环球公司,创立于1850年,总部设在美国纽约。美国运通在信用卡、旅行支票、旅游、财务计划及国际银行业占领先地位,是在反映美国经济的道琼斯工业指数三十家公司中唯一的服务性公司。以往,美国运通所应用的商业智能工具只能实现事后的报告和滞后的预测,已经无法满足业务发展的需求。于是,美国运通公司在数年前开始利用大数据技术构建真正能够预测忠诚度的模型,基于历史交易数据,用115个变量来进行分析预测。该公司表示,对于澳大利亚将于之后四个月中流失的客户,已经能够识别出其中的较大一部分,这在一定程度上防止客户的流失起到了极大的预警作用。

3. 路易斯维尔利用大数据服务哮喘病人

美国堪萨斯州的路易斯维尔地区有数以十万计的市民饱受哮喘困扰,主要原因是当地的空气质量存在问题。为此,路易斯维尔市政府与IBM以及Asthmapolis合作,共同推出了路易斯维尔哮喘数据创新计划。该计划选取了500名哮喘病患者,让他们使用Asthmapolis的传感器,每个哮喘病人可以得到价值35美元的Walgreen药店的购物卡以及500美元的抽奖机会。传感器被装在哮喘病人日常使用的呼吸器上,可以记录病人使用呼吸器的情况,这种记录要比病人每天自己的记录准确得多。传感器的数据可以上传到病人的智能手机上,还可以通过智能手机传到病人的医生那里。此外,通过Asthmapolis的移动应用,病人可以看到针对自己发送的数据的反馈和指导意见。由于哮喘病的情况因人而异,因此,这样的个性化指导对于控制哮喘病发病有很重要的意义。这一利用大数据技术的创新计划将采集到的哮喘病人的数据和其他数据源关联起来,以研究呼吸器数据与空气质量、交通状况、污染情况等数据的相关性,为城市管理者服务哮喘病人、保障公众健康提供了重要的支持。

4.5.5 大数据技术在智慧旅游中的应用

大数据作为一种有着巨大应用潜力和发展价值的新技术,在智慧旅游发展中自然有它的用武之地,目前相关的应用主要集中在智慧营销、智慧服务和智慧管理等环节。

1. 大数据技术在旅游智慧营销中的应用

智慧营销是智慧旅游的重点内容,也是促进旅游业向精细化和专业化发展的核心动力。影响智慧营销的关键因素在于能否拥有精确、完整的业务数据,大数据为实现真正意义上的智慧营销提供了可行的技术支撑。

对旅游景区或景点而言,最有价值的资源无非就是各类游客的数据,包括曾经游览过、正在游览以及将来可能会到访的游客。在过去,相关的游客数据很难得到完整的获取和管理,即使有的旅游景区或景点拥有这些数据,但由于记录不完整或者关联分析不明确等原因,实际价值十分有限。大数据技术可以帮助景区或景点全面、准确和完整地采集游客的数据,并能对相关的数据做系统分析,帮助决策者做出更有针对性和可操作性的决策,为进一步开拓旅游市场提供保障。景区或景点获取游客的数据有多种渠道,比如对到访的游客采用电子门票方式,通过门票和身份证的绑定获取游客的相关数据,并最终形成大数据;再比如,对有意向前来游览的游客,可以通过网站、手机客户端等多种方式进行注册,以便能更有针对性地提供服务。

对旅行社、旅游商品供应商等旅游参与方而言,获得游客的数据同样十分重要。旅行社可以据此提供针对性的服务,为游客定制专门的旅游线路。旅游商品供应商可为游客提供个性化的旅游商品,并根据消费记录等情况提供价格优惠。

2. 大数据技术在旅游智慧服务中的应用

智慧服务是增强游客体验、提升游客满意度的关键所在,大数据是实现智慧服务的重要技术保障。旅游智慧服务贯穿于旅游活动的吃、住、行、游、购、娱六大要素的每个环节,无论哪一个要素都需要基于大数据的智慧服务,具体表现如下:

● 餐饮服务:大数据可以帮助餐饮企业及时获得游客的餐饮需求,并有针对性地提前进行部署,在游客到来之前就能准备到位,最大限度地满足游客对餐饮服务的需求。

● 住宿服务:大数据为游客找到理想的旅途栖息之所提供了全方位的依据,宾馆也可根据各类游客的数据确定游客的住宿意愿,及早进行住宿安排,为游客提供个性化的服务。

● 交通服务:大数据为游客解决交通问题提供科学合理的方案,帮助交通服务部门合理分配运力,为优化交通服务提供决策依据。

●游览服务:游览服务可依据大数据确定可能到游的游客数量,优化接待能力,并为游客提供个性化的导游、导览服务,全方位满足游客游览的需求。

●购物服务:大数据可以为游客提供个性化的旅游商品,并能提供诸如按需要配送等特殊服务。

●娱乐服务:大数据可根据游客的需要组织娱乐项目,并可借助社交媒体让游客参与和互动,更好地体验娱乐活动的乐趣。

3. 大数据技术在旅游智慧管理中的应用

旅游管理是旅游业发展的核心议题,直接影响到旅游业发展的水平和质量。利用新一代信息通信技术,实现旅游智慧管理,是智慧旅游发展的重要内容。大数据技术在旅游智慧管理中有多方面的应用,重点表现在以下两个方面:

●优化旅游企业内部的管理:大数据技术可有效地推动旅游企业内部的信息化管理,促进旅游企业内部人、财、物、产、供、销等资源的优化和协调,逐步实现企业内部管理的信息化,逐步走上依靠大数据进行决策的管理,真正提升企业管理的能力,进一步提升竞争实力。

●提升游客的管理水平:游客是驱动旅游业发展的关键力量,游客管理则是旅游管理的重点内容。大数据技术可为游客管理提供全方位、多角度、全生命周期的数据支持,实现精细化、个性化和长期化的管理,开创游客智慧化管理的全新时代。

4. 大数据技术在旅游智慧政务中的应用

政府各级旅游主管部门是旅游业健康、快速发展的主要责任主体,利用大数据技术可为政府提高对旅游业的管理水平提供强有力的支持。大数据在智慧政务中应用的基本思路是利用来自各方面的数据进行产业运行情况分析和监测,对产业实施科学管理,促进旅游业更好更快地发展。大数据技术在智慧政务中应用的主要方法是整合公安、卫生、交通运输、环保、质监、食药监、国土资源、城乡建设、商务、航空、邮政、电信和气象等相关方面涉及旅游的数据,同时与百度、谷歌、淘宝等主要网络搜索引擎以及携程、同程、途牛等旅游电子运营商合作,建立数据合一的旅游大数据资源,实现一体化的大数据资源池,全面满足政府对旅游业发展的管理和服务的需要。

4.5.6 大数据技术在智慧旅游中的实践探索

目前国内已经有一些政府机构以及相关的企业开始将大数据技术应用于智慧旅游的具体业务之中，并取得了一定的应用成效。

浙江省旅游局已建立了基于大数据技术的游客流量动态监控系统。通过这一系统，旅游局的相关领导即可方便地监控全省各主要旅游景点的游客动态分布情况。以普陀山景区为例，在系统显示的"梵音洞"景点上有一个图像箭头，上面标示着实时监控人数、饱和人数以及承载量状态。景区管理人员从电脑屏幕上能很快得知实时数据，并可据此采取相应的措施。

携程可谓是大数据应用的领先探索者。该公司应用大数据技术开发的业务系统将线上平台优势与地面服务系统实现无缝对接，如携程在三亚、桂林等重要休闲旅游目的地构建完善的地面服务体系，并与在线预订系统对接。这样，消费者就能通过网络平台预订当地酒店、门票和租车等，到了目的地后即可享受专门定制的地面服务。该公司开发的基于大数据的酒店预订系统，可让游客根据位置、价格、点评、星级等多个角度进行预订，订到性价比和满意度都比较高的酒店，以更好地满足游客需求。

4.6 本章小结

智慧旅游相对于传统的旅游，两者之间最大的差异无疑在于"智慧"，而"智慧"的源泉在于现代信息通信技术。毋庸置疑，决定智慧旅游发展水平的关键在于如何更加科学、有效地应用现代信息通信技术，实现旅游业和现代信息技术的深度融合，发挥共生效应，凸显智慧旅游的独特价值。

对智慧旅游发展而言，重要的并不是要实现信息通信技术的创新，而是要创新地实现信息通信技术和旅游业需求的融合，使快速发展的新一代信息通信技术为旅游业的发展插上腾飞的翅膀，迸发出蓬勃的生命力和强大的发展潜力。

现代信息通信技术的发展可谓一日千里，对各行各业的影响十分巨大，并且其表现形式也极为丰富。云计算、物联网、移动互联网、大数据和智能终端等是当前十分活跃并且跟旅游业发展关系十分密切的新兴技术，但相关的新技术还会层出不穷。对智慧旅游发展而言,既要积极关注各类新技术的应用,更要坚持以旅游业的需求为主导,切不可盲目陷入技术主导的陷阱,否则会导致投入巨大的项目而无法得到预期的产出,成为华而不实的摆设工程,这样的例子不胜枚举,必须在智慧旅游发展中竭力避免,尽量少走或不走弯路,使智慧旅游的发展始终不偏离正确的发展轨道,创造更加美好灿烂的未来。

第5章

智慧景区建设与案例

旅游景区作为旅游资源的聚集地和集中展示地,是驱动旅游者产生旅游动机并最终实现旅游消费的根本因素。旅游景区既是一个国家或地区旅游业的核心资源,也是旅游目的地形象的重要展示窗口,在旅游发展中占据着支柱性的地位,发挥着决定性的作用。我国目前有各类旅游景区近3万家,涵盖自然景观类、人文景观类、主题公园类和社会类等类型,是我国旅游业的战略性基础资源。

从目前情况看,我国旅游景区总体的管理水平和服务能力还不高,信息化应用能力还比较薄弱,与国家以及广大游客对景区的发展要求有比较大的差距。智慧景区建设作为智慧旅游发展的核心内容之一,已成为国内外旅游景区提高竞争力、发展力和服务力的重要选择。明确智慧景区建设的方向和要求,学习和借鉴相关的发展经验,是把握智慧景区发展机遇的重要前提。

5.1 智慧景区概述

在吃、住、行、游、购、娱旅游六要素中,最关键的"游"是在景区实现的,其他的购物、娱乐、交通等都与景区关系密切,足以看出,景区在旅游业发展中的突出地位。建设智慧景区对景区提档升级、改善管理和提升服务有着重要的作用,已成为新形势下旅游景区发展的新潮流。

5.1.1 智慧景区的概念与内涵

智慧景区这一概念伴随智慧旅游的概念而来,是智慧旅游发展的核心环节,也是景区信息化建设的高级阶段。一般来说,智慧景区是指景区综合应用现代信息通信技术实现对景区地理空间、自然资源、游客行为、景区工作人员行迹、景区基础设施及服务设施进行全面、透彻和及时的感知,并对游客、景区工作人员进行智能化管理,达到提升服务、改善管理和增强竞争力的目标。

智慧景区这一概念,包含丰富的内涵,具体表现在以下几个方面:

● 需要应用物联网等技术手段对景区范围内的各种对象和状况进行动态、系统的感知,以全天候获得各种运行数据,用于管理、决策以及服务;

● 针对游客、景区工作人员以及其他相关人员进行可视化管理,以便及时联络和沟通,并能在第一时间对各种异常情况进行应急处置;

● 利用信息化手段进行业务流程再造和组织结构的优化,进一步精简景区管理结构,提升管理效率;

● 利用电子商务等手段加强与酒店、旅行社、航空公司以及信息化服务商之间开展紧密合作,全面提升商务运作和服务游客以及其他相关业务的能力;

● 利用信息化手段加强对景区的保护和资源合理的开发利用,实现景区、游客和各类旅游服务提供商之间的和谐、协调、可持续发展。

从本质上来看,智慧景区通过现代信息通信技术在景区管理与服务中的综合应用,全面提升景区的管理水平和服务能力,与游客、业务伙伴、政府机构以及其他相关各方构筑起新型的、更加紧密的、更为和谐的业务联系,创造出新的旅游运行新模式。

5.1.2 智慧景区的功能框架

智慧景区的建设是一个复杂的系统工程,涉及众多的建设内容和体系。从智慧景区的概念与内涵出发,结合国内外智慧景区的发展经验和模式,智慧景区的总体功能框架可用图5-1表示。

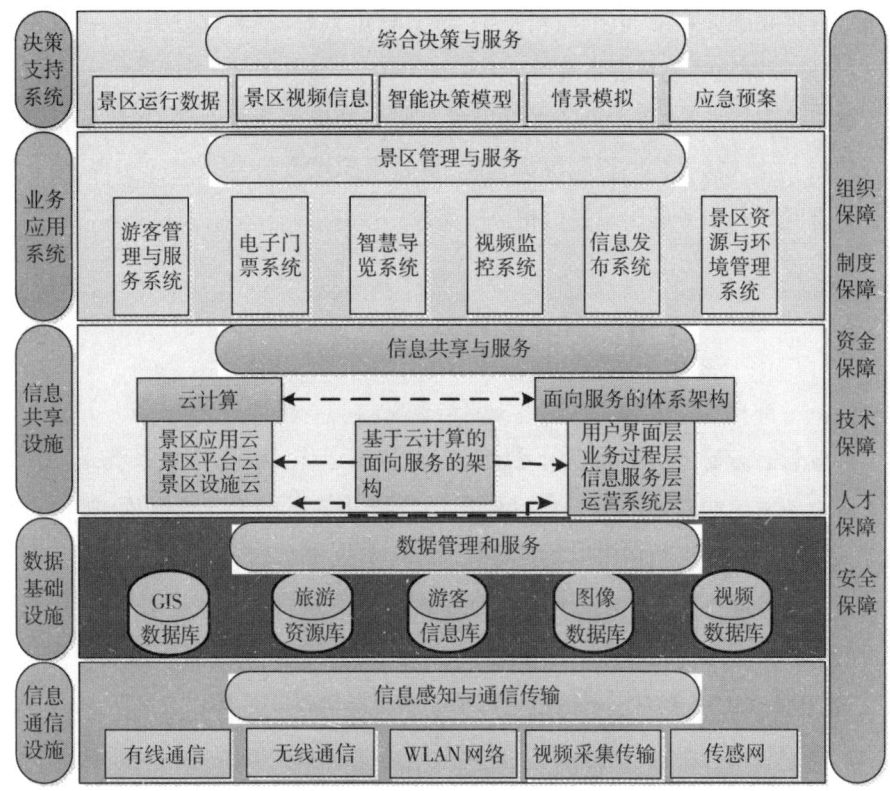

图 5-1 智慧景区的总体功能框架图

如图 5-1 所示,智慧景区功能框架的各组成部分说明如下:

● 信息通信设施:指景区范围内用于信息感知和通信传输的基础设施,主要包括有线通信网络、无线通信网络(如 3G、4G 通信网络)、WLAN 通信网络、视频采集传输系统以及传感网等,为智慧景区的运行提供信息通信的基础保障。

● 数据基础设施:指为智慧景区运行提供数据管理和服务保障的基础设施,主要通过各类数据库来实现,包括 GIS 数据库、旅游资源库、游客信息库、图像数据库和视频数据库等。

● 信息共享设施:指为智慧景区运行提供信息共享与服务支持的基础设施,包括云计算以及面向服务的体系架构(Service Oriented Architecture,SOA)两部分。前者包括景区应用云、景区平台云和景区设施云,后者包括用户界面层、业务过程层、信息服务层和运营系统层,两者通过基于云计算的面向服务的架构得以关联。

● 业务应用系统:指为景区管理和服务提供业务支撑的信息化系统,主要包括游客管理与服务系统、电子门票系统、智慧导览系统、视频监控系统、信息发布系统、景区资源与环境管理系统。

●决策支持系统:指为景区提供决策与服务的应用系统,这一系统依托景区运行数据、景区视频信息、智能决策模型、情景模拟以及应急预案等实现,为景区制订智慧管理和服务的决策提供相应的支撑。

5.2 智慧景区的主要应用系统

智慧景区需要通过各类应用系统进行业务的运作,因此,应用系统是支撑智慧景区业务发展的基础。智慧景区应用系统依托景区的 GIS 数据库、旅游资源库、游客信息库、图像数据库以及视频数据库等数据资源,并通过信息共享与服务系统开展业务运行。不同的景区在应用系统的建设方面有着不同的需求,应根据自身的实际需求选择相应的应用系统。目前,根据国内外的发展经验及其相关的研究,智慧景区的主要应用系统包括以下一些子系统:

5.2.1 游客管理与服务系统

游客是景区最为宝贵的资源,如何对游客进行科学高效的管理和专业贴心的服务,是所有景区共同面临的任务。游客管理和服务系统基于物联网、移动互联网、感应识别和基于位置服务等技术,对游客进行实时和精准的管理。实时采集游客的相关动态数据,并整合其他部门的数据对游客身份等各类信息进行分类和分析,根据游客的相关信息进行高效的管理和专业化的服务,以达到改善管理和优化服务的目的。这一系统包括智慧游客公共服务体系,不但可以提供动态的交通线路、列车班次等信息查询,而且可以在线接收游客投诉并进行反馈;既是景区连接游客的桥梁,也是游客获得景区服务、反馈各类信息的重要渠道。

5.2.2 电子门票系统

门票不仅是游客参观游览的凭证,也是景区向游客提供服务的承诺。利用电子化手段,提高门票管理的水平,进一步提升面向游客的服务,已成为越来越多景区的共同选择。目前,电子门票采用得比较多的是 RFID 卡和二维码形式。其中

RFID电子门票可使景区及时掌握游客的基本信息以及动态的位置信息,对开展个性化的管理很有帮助,特别是在发生意外时,可根据门票所记录的相关信息进行及时的、有针对性的救援;二维码可借助游客的智能手机进行管理,费用低廉,使用简便,在促销、预订类等门票中有较多的应用。电子门票实现了验票、计票、财务核算等业务流程的电子化,不但让游客感到更加方便和满意,而且让景区简化了管理,节省了开支,改善了服务,可以说,电子门票已成为景区智慧化发展的重要选择,代表着门票未来演进的方向。电子门票系统的开发可根据景区的实际需要进行,可从应用二维码开始,逐步向RFID等多种方式过渡,最终实现全面电子化的目标。

5.2.3 智慧导览系统

游客在景区的服务离不开"四导"(导游、导航、导览和导购)服务,而在智慧景区发展中,智慧导览是其中智慧化应用的重要内容。智慧导览系统不同于常见的电子导游系统,它集成了包括文字、图片、视频以及3D虚拟现实等各种信息资源,游客只要根据自己的兴趣选择相应的内容,就可以获得针对性的服务支持,达到自助游览的目的。智慧导览系统既可让游客在自带的智能手机或平板电脑上直接下载安装APP应用,也可租用景区专用的智慧导览终端,并可根据实际情况决定是否收费、如何收费。

5.2.4 视频监控系统

视频监控是智慧景区的基本应用之一,主要用于对重点区域、出入口以及事故多发地段等进行动态监控,并利用景区内部署的有线或无线网络将实时场景视频数据传输至景区指挥调度中心,指挥调度中心通过电子屏幕可及时准确地了解景区内游客的数量和动向、重点区域的人流以及突发事件发生状况等各类信息,实现对游客的调控、车辆调配、消防人员调配以及应急救援等,保证指挥、调度和应急决策的正确性、及时性和科学性。比如,当景区人数接近或超过景区可容纳人数的警戒线时,指挥中心应依照情况启动相应应急预案,及时对客流进行疏导,保证景区游客处于安全范围;再比如,当指挥中心在视频中发现不明火情时可立刻到现场查看并做及时处置。可以说,这一系统在充分保障游客权益的同时也为提升景区的管理能力和水平提供重要的决策依据。

5.2.5 信息发布系统

向游客以及其他相关人员发布各类动态信息是景区管理中的一项基本职能,建设多渠道融合、多媒体展示、多角度发布的一体化信息发布系统是智慧景区建设的重要内容之一。这一系统使用多种手段接入,包括物联网、移动互联网、移动通信网络(3G、4G)、广电数字互动电视以及呼叫中心等,发布的信息包括静态信息和动态信息两大类型。静态信息包括景区的介绍、游览路线、注意事项以及服务设施提供状况等;动态信息包括各景点的人流、节目演出的时间以及紧急事项通知等。景区的各类信息可借助网络平台、景区 LED 大屏、触摸屏以及游客的移动终端等发布,根据不同的发布载体优化发布方式和内容,以取得最佳的发布效果。

5.2.6 景区资源与环境管理系统

景区资源与环境的优劣是衡量景区发展水平的关键指标,也是决定景区能否可持续发展的重要因素。利用现代信息通信技术建设智慧化的景区资源与管理系统,是智慧景区建设和发展的新趋势。景区资源与环境管理系统的建设包括以下内容:一是要建立一个景区资源环境监测体系,主要通过物联网、传感器、GPS以及红外感应等技术手段对景区旅游资源的温度、湿度等物理参数进行监测,通过网络传输至数据中心,完成各类景区资源与环境管理数据的全方位采集;二是由人工或者系统自动地对采集到的各类数据进行处理和关联分析,以形成对景区资源与环境进一步优化的相应对策进行建议,从而为旅游景区的建设和规划提供科学依据,保障旅游景区的可持续发展;三是设立景区资源与环境管理的预警系统,通过设定相应监测指标的阈值,对各种风险隐患以及灾害事件进行及时预警和有效处置。

5.3 智慧景区建设的内容

智慧景区的建设是一个庞大而又复杂的系统,并不存在一个统一的建设模式,各地应从各自景区的实际需求出发,选择适合自己的建设方案。北京市旅游委发布的《北京智慧景区建设规范(试行)》对我国智慧景区的建设有一定的作用,该规范主要从以下多个方面对智慧景区的建设提出了相应的要求。

5.3.1 景区通信网络

通信网络是景区的重要基础设施,重点建设的内容和要求如下:

1. 公用电话网

景区应建有供游客使用的公用电话。数量应充足,设置应合理。如电话报警点,电话旁公示景区的救援电话、咨询电话、投诉电话等。游客可拨打报警点电话向接警处系统的值班人员求助。

2. 无线通信网

景区能接收手提电话信号,移动通信通话方便,线路顺畅。

3. 无线宽带网(WLAN)

景区应覆盖无线宽带网络,游客在游览过程中可以方便地将手机、电脑等终端以无线方式连接上网。

5.3.2 景区综合管理

景区综合管理内容如下:

1. 视频监控

视频监控应能全面覆盖景区,同时重要景点、客流集中地段、事故多发地段能够重点被监控。监视界面图像能在各种显示设备上显示,同时能对其进行各种操作,并应具备闯入告警等功能。视频监控控制面板能控制画面缩放和镜头转动等,能实现图像的实时远程观看以及3G物联网视频监控等。能支持录像的检索和调看,可自定义录像条件,录像数据存储保留时间应超过15天。

2. 人流监控

人流监控应包含和实现入口人流计数管理、出口人流计数管理、游客总量实时统计、游客滞留热点地区统计与监控、流量超限自动报警等。

3. 景观资源管理

景观资源管理要求既能对自然资源环境进行监测或监控,主要包括气象监测、空气质量监测、水质监测、生物监控等,又能对景区内的各类遗产资源、文物资源、建筑景观、博物馆收藏等景观资源运用现代化的科学管理手段进行信息化与数字化监测、监控、记录、记载、保护、保存、修缮、维护等,从而便于景观建筑文物数据的查询检索以及其面向公众展示。

4. 财务管理

财务管理应使用专业的财务管理软件,其包含资产管理、筹资管理、投资管理、营业收入管理、税金管理、利润管理、成本费用管理等财务管理内容以及财务预测、财务决策、财务预算、财务控制、财务分析、财务审计等财务管理方法。

5. 办公自动化

办公自动化应包含流程管理、电子邮件、文档管理、公文流转、审批管理、工作日历、人员动态展示、财务结算管理、公告、新闻、通知、个人信息维护、会议管理以及考勤管理等内容。

6. 经营资源管理

经营资源管理应用现代化的科学手段形成一套规范的体系,其包含商业资源部署、商铺经营、经营监管、合同管理、物业规范等内容。

7. 应急广播

广播应覆盖全景区,并且声音清晰。广播应由景区控制中心和指挥调度中心统一控制,遇灾害或紧急情况时可立刻转换为紧急广播。

8. 应急处置响应系统

应建设有旅游应急预案及应急响应系统。能够根据应急处理预案,对旅游突发事件进行综合指挥调度和协调救援服务。能够利用现代通讯和呼叫系统,实现对旅游咨询和投诉事件的及时受理。

9. 指挥调度中心

应具备对人员、车辆的指挥调度以及对应急资源的组织、协调、管理和控制等功能。能对监控终端进行控制,获取旅游综合信息和发布旅游资讯信息。

5.3.3 电子门票、电子门禁

景区一般应采用电子门票形式,实现售票计算机化,售、验票信息能够联网,并能够实现远程查询。同时,景区应配有手持移动终端设备或立式电子门禁,实现对门票的自动识别检票。此外,电子门票的购买应支持手机支付或者网上金融支付等方式。

5.3.4 门户网站和电子商务

景区应建有以服务游客为核心内容的门户网站,且上线正常运营。门户网站内容应包含:

- 景区基本信息浏览;
- 景区信息查询;
- 旅游线路推荐和行程规划;
- 景区推介服务;
- 交通导航;
- 下载服务;
- 建有官方微博并有链接;
- 提供多语言信息服务等内容与功能。

在电子商务发展方面,应做到景区门票网上预订、电话预订和网上支付、网上交易以及景区旅游产品、旅游纪念品能实现网上预订和网上交易。

5.3.5 数字虚拟景区和虚拟旅游

景区运用三维全景实景混杂现实技术、三维建模仿真技术、360度实景照片和视频等技术建成数字虚拟景区,实现虚拟旅游,增强景区的公共属性。数字虚拟景区应占游客真实游览全部景区面积的较高比例。数字虚拟景区和虚拟旅游平台能在互联网、景区门户网站、景区触摸屏导览机、智能手机等终端设备上应用。

5.3.6 游客服务和互动体验

游客服务和互动体验包括以下内容:

1. 自助导游

景区应为游客提供建立在无线通信、全球定位、移动互联网、物联网等技术基础之上的现代自助导游系统。自助导游硬件设备能显示景区导游图,支持无线上网,支持全球定位系统,完成自助导游讲解;能提供手机自助导游软件下载,通过智能手机等设备完成景区地图查询搜索、游览线路规划和线路选择、景点自助讲解等功能;可提供运用基于射频识别、红外、录音播放等技术的自助导游设备服务游客。

2. 旅游信息发布

景区应设有广告栏或多媒体服务终端机发布旅游资讯,且布放合理,显示醒目;应能在自助导游终端发布旅游资讯;能以短信、彩信等形式向游客的手机发送信息。

旅游资讯发布内容应包含景区基本情况介绍,景区内实时动态感知信息(温湿度、光照、紫外线、空气质量、水温水质等),景区内智能参考信息(景区景点内游客流量、车流拥挤程度、停车场空余位置等),景区管理部门发布的旅游及时相关信息等内容。

景区内应设有触摸屏多媒体终端机,可实现查询旅游相关信息、下载软件、打印路条信息、在线留言投诉以及触摸屏上的虚拟旅游等功能。电话和网络投诉处置系统完善,能记录并处理各类投诉。

3. 呼叫服务中心

景区应能与12301旅游热线平台对接。能提供旅游产品查询、景点介绍、票务预订等服务和旅游资讯查询、旅游线路查询、交通线路查询等服务。

4. 多媒体展示

景区应建有多媒体展示系统,主要借助地理信息系统、虚拟现实和现代多媒体等多种技术,运用高科技手段,利用声、光、电来展示景区景观、自然文化遗产、生物多样性、古文物再现等。

5.3.7 智慧景区建设规划和旅游故事及游戏软件

景区应制订详尽、专业的智慧景区(景区信息化、数字景区)建设规划;编写与旅游景区有关的旅游故事;研发与旅游景区有关的游戏软件,并与旅游营销结合起来形成商业化运作。

5.3.8 创新项目

除上面涉及的相关建设内容之外,景区在建设、管理和服务游客等方面应运用各种创新技术、手段和方法,从而提升景区的服务质量、环境质量、景观质量和游客的综合满意度等,这些都是智慧景区建设的重要内容,都应进行相应的实践和探索。

5.4　美国韦尔滑雪度假村智慧景区案例

美国韦尔滑雪度假村位于科罗拉多州的伊格尔县,紧邻韦尔镇。它拥有美国最大的独立单片滑雪场地,提供了将近5300英亩面积的可滑雪区域(约合21平方千米),横跨6英里和7个充满传奇色彩的山坳,有世界上最高落差的山顶滑雪道。该滑雪场是世界排名前5位的最佳滑雪度假村之一,长期以来一直将发展目标定位于"美国最佳度假村",是美国旅游胜地智慧景区建设的成功典范之一。

5.4.1　滑雪场概况

韦尔滑雪场由三部分组成,山前地势长且平滑,宽阔的后山坳在地平线上不断拉伸直到无限。蓝天盆地的丛林充满着神秘色彩,吸引着那些富有探险精神的游客。滑雪场大多数山的地形是敞开式的,有各种类型的轨迹。滑雪场的前山后山错落有致,各有特色。前山拥有绵长而令人心跳的雪道和几个不同的地形公园,是初学者的天堂;后山则不断拉伸,有着辽阔的林海雪原,最高处超过3500米,是中级滑雪者和高级滑雪者的挑战胜地。

韦尔滑雪场于1962年开放,目前由韦尔度假村所有和经营。滑雪是韦尔的首要活动,除此之外,韦尔还有几座画廊、博物馆、热气球俱乐部、狗拉雪橇、滑冰、冰球、雪地摩托车等诸多娱乐设施。

5.4.2　RFID技术在韦尔滑雪度假村的应用

韦尔的成功除了它得天独厚的自然条件之外,很大一部分应该归因于它所采取的先进的技术手段,其中最主要的是RFID技术的使用。为了更好地提升游客的旅游体验和滑雪场自身的管理效率,滑雪场于2007年聘请RFID硬件和系统开发商SkyeTek研究如何将RFID集成到滑雪场现有的运营流程中,并开展了概念性的验证测试。在经过几个月的实验室测试后,最终验证了RFID标签、读写器、天线的性能可以在恶劣的环境下工作,并且不受MP3和手机等电子设备的干扰。随后韦尔开始利用RFID技术读取和验证大约1000张滑雪巡逻员和滑雪学校员工所持有的季卡。在测试完成后,韦尔选择独立设计RFID项目。2008年11月,公司正式在5个滑雪胜地向老顾客和员工发放RFID季卡。这就出现了后来的"轻松扫描"系统,其目的在于加强游客的服务体验。

"轻松扫描"系统包含了Zebra公司的Gen 2 RFID卡和P330i超高频RFID卡打印机/编码器,旨在为持票人提供及时、便捷的验证服务。韦尔不是采用滑雪场常用的高频无源(HF)RFID标签,而是更新的、超高频无源(UHF)EPC Gen 2标签。标签的运行频率为900 MHz,UHF比HF更具灵活性,它可以读取更远的距离(UHF标签的读取距离为几十英尺,而高频标签的读取距离只有几英寸)。

在滑雪场RFID票里包含了一个RFID嵌体,编入了一个唯一的ID号码,这个号码在数据库中与票卡上印着的号码相对应。所有的"Peaks"单日票或多日票也都含有RFID芯片,编入了唯一的ID号码,与印在票卡上的号码相连。"轻松扫描"系统的工作原理如下:

当滑雪者靠近入口时(不需要脱掉外套来寻找RFID卡),工作人员在距离游客1到2英尺的距离,手持Intermec的CN3坚固耐用的手持式计算机(其中内嵌了IP30 RFID阅读器和集成条码扫描仪),扫描到RFID票中的ID码。然后通过Wi-Fi把信息传送到Vail度假村的管理系统中,管理系统通过查找数据库中的信息,验证ID号是否有效。当验证有效时,软件将传送持有人个人信息的数码影像到手持计算机上,工作人员可以将数字照片与游客比较,这一过程只需几秒钟的时间。如果有疑问,则可以根据信息向游客提一个问题进行验证。当参观者乘坐滑雪电缆车时,安装在电缆车载客区上方拱形门架上的EPC Gen 2 RFID阅读器和天线将读取乘客卡片标签的ID码,并发送该信息到后端软件。行程结束后,游客乘坐同一台电缆车或山上另一台电缆车回去,其票证的ID码将再次被读取,发往后端软件。这样,系统根据两台电缆车的距离可计算出他们滑雪或滑板的直线距离。通过计算滑雪者乘坐电缆车最高处的高度和另一台电缆车最底部的高度,系统得出游客在滑雪期间的滑雪距离,并记录在其档案里。

此外,该RFID卡还可以与游客的信用卡绑定,实现非现金的支付功能。在这一过程中,游客也不需要脱掉层层衣服,寻找RFID卡,因此大大方便了游客。

5.4.3 应用特色

在包括滑雪场在内的各类旅游景区采用RFID技术并不是一件新鲜事,在欧洲这已是一个应用惯例。高频RFID标签已被广泛应用于缆车票(日票或季票),

越来越多的美国滑雪场也开始采用RFID。但在其他滑雪场采用旋转式的RFID系统较多,当客户在十字旋转门前出示票证,阅读器就可以读取到有效的ID,允许客户排队等待升降机或吊舱。然而,韦尔公司则看到了这类十字旋转门的弊端:一是会降低游客的体验;二是设置旋转门会妨碍积雪的清理;三是十字旋转门的安装和维护费用巨大。为此,韦尔滑雪场独辟蹊径,创新性地开发了这个"轻松扫描"系统,为广大滑雪游客带来了极大的便利,创造了独特的价值。

5.4.4 案例评价

对韦尔度假村而言,最大的挑战是怎样让游客们聚焦于他们所享受的度假过程,包括自身的体验、流畅的滑雪过程和迷人的自然风景,而不是将时间耗费在扫描与验证的过程上。总结起来,韦尔度假村通过建设智慧景区获得了以下多方面的价值:

第一,度假村现在可以比以前更好地了解滑雪者的行为。通过追踪滑雪者个人或群体在高处的行为活动,来分析他们的年龄、性别等信息,这为度假村提供了更多额外的信息,对进一步改善客户体验,无疑有重要的意义。

第二,降低了门票诈骗的风险。由于"轻松扫描"系统在扫描的时候可以获得更多详细有用的信息,工作人员只要通过手持式扫描器所显示的照片与游客本人比对,就可以根据数据库储存的信息核实其身份,杜绝了门票造假的可能。

第三,显著提升了客户的体验。"轻松扫描"系统的整个扫描过程只需几秒钟,大大降低了游客排队等候的时间。电子门票已集成了非接触的支付功能,使用十分便捷。

第四,这个RFID卡是可以重复使用的,当过了使用期限时,可以重新激活,既减少了很多重复劳动,又可以有效地节省制卡、发卡的成本。

韦尔滑雪场这个案例表明,RFID作为智慧景区建设的重要技术,可为游客和景区创造实实在在的价值,值得我国一部分尚未开始RFID建设的景区学习和借鉴。

5.5 九寨沟—黄龙智慧景区发展案例

九寨沟作为世界著名的旅游风景区,长期以来十分注重信息化建设,并取得了非常显著的成效。九寨沟是我国首个提出智慧旅游的景区,同时也是我国智慧景区建设的重要实践者,在近年智慧景区的建设中,走出了一条独特而又卓有成效的发展之路,成为我国智慧景区建设的排头兵。

5.5.1 建设背景

九寨沟位于四川省阿坝藏族羌族自治州九寨沟县漳扎镇,是白水沟上游白河的支沟,以有九个藏族村寨而得名。九寨沟海拔在 2000 米以上,遍布原始森林,沟内分布 108 个湖泊,有"童话世界"之美誉。作为全国重点风景名胜区,九寨沟以神妙奇幻的翠海、叠瀑、彩林、雪峰等无与伦比的自然与人文景观,成为全国少见的拥有"世界自然遗产"和"世界生物圈保护区"两项桂冠的圣地,同时还拥有国家级自然保护区、国家级风景名胜区、国家 5A 级景区等各种标志性的称号。九寨沟以原始的生态环境、一尘不染的清新空气和雪山、森林、湖泊组合成神妙、奇幻、幽美的自然风光,被誉为"童话世界九寨沟";翠海、叠瀑、彩林、雪峰、藏情、蓝冰,被誉为九寨沟"六绝",因其独有的原始景观、丰富的动植物资源而被誉为"人间仙境"。

九寨沟景区十分重视信息化建设,不断依托国家重点科研项目推进信息通信技术在景区全方位多角度的应用。早在 2002 年,景区管理局开始实施国家"十五"重点科技攻关示范项目"数字九寨沟综合示范工程",先后建成旅游电子商务系统、门禁票务系统、OA 办公自动化、GPS 车辆调度、多媒体展示系统、景区智能化监控系统、景区监管信息系统和 LED 信息发布等八大系统,创新性地构建了"资源保护数字化、运营管理智能化、旅游服务人性化、产业整合信息化"的集成应用体系,使景区的管理水平和运行效率有了显著的提升。

然而,随着九寨沟景区知名度和影响力的提升、九黄机场的扩建、途经九寨沟的兰成铁路的通车、九环线公路的升级改造以及汶川地震后基础设施的恢复重建,使前往九寨沟游览变得越来越便利,游客数量逐年大幅上升,由此而带来的压力和挑战也与日俱增,如景区安全、车辆调度、游客流量控制、乘车站点游客排队控制、食品安全等。面对可能到来的压力,九寨沟景区的管理者们着眼未来,在数字景区的基础上又提出了建设智慧景区的伟大构想。"智慧九寨"能使景区运行管理更加有序、可控、安全、节能,景区服务更加简捷、高效、可靠、随身,处置突发事件更加快速、准确、协同、并行,达到"信息实时、功能联动、运作分工、控制集中"

的要求,并最终为游客提供安全、有序、优质、高效的服务。

5.5.2 "数字九寨"建设

早在2004年初,九寨沟提出的"数字九寨"总体方案通过了国家建设部专家委员会的评审,被列入《建设部2004年科学技术项目计划》,并列入了国家"十五"重点科技攻关计划,相关专家对产业整合网络化创新景区保护、管理与旅游产业能动发展机制给予了高度评价。

1. 总体建设目标

"数字九寨"是建立在以人为本、科学管理的基础上,以信息科技为辅助手段,将景区的规划与管理、保护与发展和信息技术有机地结合起来,对九寨沟景区的保护、科研和开发建立管理精细化、功能模块化、信息网络化的综合应用与基础平台。

2. 功能框架

"数字九寨"从功能结构上,分为基础层和应用层。应用层包括:自然资源保护数字化、运营管理智能化、产业平台网络化。基础层包括:基础设施平台、数据中心、"3S"(GIS、GPS、RS)平台、安全中心。图5-2为"数字九寨"的总体功能框架图。

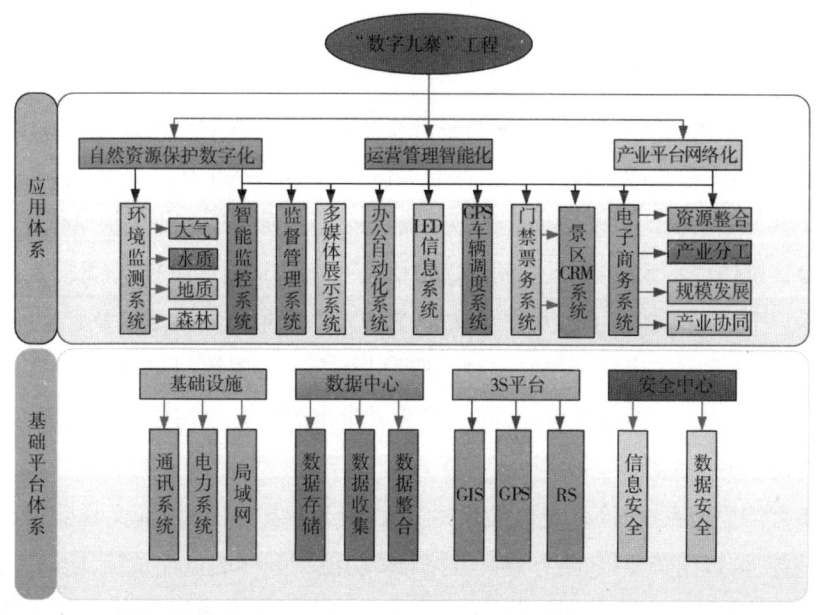

图5-2 "数字九寨"的总体功能框架图

3. 业务系统

"智慧九寨"是在"数字九寨"的基础上的新的发展,共包含九大业务系统,各大业务系统的功能说明如下:

● 环境监测系统:环境监测系统以综合利用现代信息通信技术提高对大气、水质、地质和森林的管理水平为基本任务,通过对各种监测数据的实时感知,第一时间获取各种监测信息。通过系统的自动分析或人工的研判,必要时做出相应的应对决策。

● 九寨沟电子商务系统:电子商务系统用以实现门票、酒店、机票等相关旅游资源的网上销售,促进资源整合、专业分工和规模发展。以此为基础,创新景区资源保护与产业发展的良性互动机制,促进景区与产业的可持续发展。

● 门禁票务系统:该系统结合电子、磁记录、单片机系统、自动控制、精密机械加工及计算机网络等诸多高科技技术,与九寨沟电子商务系统配合实现计算机售票、验票、查询、汇总、统计、报表等门票控制管理功能,实施全方位的实时监控和管理。由门禁票务系统衍生的景区 CRM 系统,能最大限度地改善客户关系。景区通过对客源地区分布、每日客源预测分析、历年同期客源对比等,制订相应的营销计划。

● 办公自动化系统:该系统用以实现九寨沟管理局内部无纸化办公,提高办公效率,提升整体管理水平,从而为游客提供更优质的服务。同时具有远程办公能力,管理人员即使在外办公,也能即时了解景区动态。

● GPS 车辆调度系统:该系统能够通过卫星自动获取景区内指定目标车辆的相关数据,实现数据的整理和分析,结合 GIS 地理信息系统在大屏幕上显示景区内 260 辆观光车辆的地理分布情况,为车辆调度等方面的管理提供决策依据。

● 多媒体展示系统:该系统利用地理信息系统(GIS)、遥感技术(RS)、虚拟现实技术(VR)、多媒体技术和互联网技术(Web),基于最新的数据以及管理保护成果,全面表现九寨沟资源、保护、规划、管理以及未来展望等,并提供多媒体的、三维的、网络的人机实时交互手段,同时能够派生出满足九寨沟展示和管理需要的各种专题服务的系统。

● 智能监控系统:该系统是集森林防火、植被保护、沟内治安交通监控、景点游客监控、沟口门禁监控、票务窗口监控等多功能于一体的监控系统,同时支持应急管理、处理突发事件等。该系统的主要监控点包括各个重要景点、诺日朗餐厅、道路险要路段、防火高危区以及停车场等,共设有 90 多个点位,并在诺日朗餐厅设立一个监控分中心,在沟口设立一个监控中心,沟口监控中心与诺日朗分控中心通过光纤以局域网方式相连。

● 监督管理系统:该系统利用卫星遥感影像对景区内的土地利用、建设工程、生态环境(地形地貌、地质构造、植被覆盖、水体变化)和景区总体规划执行情况,特别是核心景区开发建设等情况进行动态监测,从而对九寨沟的生态环境保护和科学管理提供辅助决策依据。

● LED 信息系统:九寨沟在广场和沟口安装了彩色 LED 大屏,用于发布游客提示、天气预报、景区动态、法规宣传、游客公告以及旅游知识等各类信息,为服务游客以及改善景区管理提供信息支持。

4. 建设成效

"数字九寨"项目于 2005 年 6 月完成建设并通过国家建设部专家组的验收,被评为国家级示范工程,作为"国家重点风景名胜区数字化景区"建设样板工程向全国 177 个景区推广。其中 22 个景区按该项目的技术标准和系统架构开展数字化景区的建设,都取得了良好的效果和显著的成效。

5. "数字九寨"存在的不足

"数字九寨"作为一个重大的旅游景区信息化工程,取得的成绩是有目共睹的,但由于没有建设模式可循,建设前期对信息化建设缺乏科学的、系统的认识,走了不少弯路,也留下了一些深刻的教训。

"数字九寨"建成了网络通信、视频监控、条码门禁、GPS、环境监测、多媒体互动展示等系统,但各系统应用相对独立,没有将各应用系统的数据和功能进行集成,没有形成可以提供管理决策的信息。早期建成的光纤网络由于设计、施工、地理条件、使用时间等问题,系统运行不稳定,经常造成前端应用系统通信故障。景区数字化一期安装的部分视频监控摄像机因为通信线路故障和雷击等原因造成完全不能使用。可以说,作为景区数字化的基础条件,基础网络的可靠性和容错性至关重要,已到了明显影响业务运行的地步。投入使用的门禁系统安装于沟口大门,游客进沟需要通过条码机读票而出沟则不需要。采用邮政明信片做门票,识别采用传统条码方式,门禁系统数据库由邮政系统提供,与 OA 和其他系统之间没有关联。因此,门禁系统无法实时提供游客数量、进沟时间、出沟时间的数据给其他系统作为统计和管理的基础。

"数字九寨"中有一个项目实施后与预期的效果差距较大,最后不得不弃之不用。这是一个由九寨沟绿色观光公司与西南交通大学共同实施的"基于GPS/GIS九寨沟景区车辆智能化调度系统"项目,建成后由于九寨沟山地环境的复杂性在运行过程中GPS信号的接收和发送在多处弯道及狭长的三角地带存在盲区,且整个系统存在信号迟延的致命技术缺陷,延迟时间长达2—4分钟,造成观光车在接收调度命令时已驶离系统显示的停留地点,导致这套先进的GPS车辆调度系统相对于原始的对讲机调度系统无任何优势可言,最终这一系统不得不停用,成了"数字九寨"的一个重大遗憾。

6."数字九寨"实施后所面临的挑战

在"数字九寨"工程实施完成后,随着交通条件的显著改善以及国内外游客的快速增加,九寨沟的游客呈现出井喷式的增长,九寨沟景区再次面临一系列新的挑战,主要包括:景区游客安全问题、车辆调度问题、景点游客流量控制问题、乘车站点游客排队问题、食品安全问题、诺日朗服务中心就餐拥挤问题等。这些问题直接影响了九寨沟景区建设成为世界旅游目的地的目标。利用现代信息通信技术、加快智慧景区的建设因此而摆上议事日程,成为九寨沟景区解决现实问题的必然选择。

5.5.3 "智慧九寨"建设规划

"智慧九寨"是在"数字九寨"基础上的新的发展,立足于高起点、严要求,致力于促进技术的集成、信息的集成、组织的集成、设施的集成和管理的集成,为全面提升九寨沟的管理水平和服务能力提供强有力的支撑。

1. 建设目标

"智慧九寨"以"数字九寨"为依托,建立在集成的高速双向通信网络的基础上,通过先进的传感和测量技术、先进的控制方法以及先进的决策支持系统的应用,有效改善九寨风景区商业运作和公共服务关系,实现九寨沟旅游资源的优化利用、生态环境的有序开发和保护、游客满意度提升、产业效益最大化等综合性目标,有效解决景区商业运作和公共服务的矛盾、旅游高峰期景区严重超负荷运转与资源保障滞后的矛盾、旅游资源的优化使用与保护生态环境的矛盾、游客数量不断增加与游客满意度的矛盾等制约景区发展的重大疑难问题,以全面提升景区智慧化管理与服务的能力。项目实施后,要在运营管理方面达到有序、可控、安全、节能;在服务能力方面要求做到简捷、高效、可靠、随身;对突发事件的处置要能做到快速、准确、协同、并行。

2. 建设思路

"智慧九寨"的总体思路是：以信息为先导来整合、引导和分配景区管理资源，能够使景区管理从定性变为定量、静态变为动态、单一变为综合、滞后变为实时；能够促进景区管理手段、管理模式的创新，从而提高九寨沟风景区的运行效率和行政效能；建立全口径的网格化信息管理与服务系统，从而实现精确、敏捷、高效、全时段、全方位覆盖的景区管理和服务模式，提高景区管理和服务的整体水平。具体包括以下三个方面：

● 实现景区全方位的信息感知：充分利用物联网等手段对九寨沟景区地理事物、自然灾害、游客行为、社区居民、景区工作人员行迹、景区基础设施和服务设施进行全面、透彻、及时的感知，并进行分析，为景区开展智慧管理、智慧服务提供完整、及时和可靠的信息支持。

● 实现景区成员间更全面的互联互通：通过各种形式的通信信息网络和终端，将景区、社会和政府信息系统中收集和储存的分散信息及数据连接起来，进行交互和多方共享，对游客、社区居民、景区工作人员实现可视化管理，从而更好地对环境和游客进行实时监控，达到有效保护遗产资源的真实性和完整性。

● 实现景区管理更深入的智能化：充分利用各种智能化的技术和手段实现对景区的全面应用，通过深入分析收集到的数据，更加准确、系统且全面地解决特定问题。与此同时，利用新一代信息技术和管理模式优化和再造景区管理业务流程，全方位提升景区管理的能力和水平。

3. 服务对象

与"数字九寨"相比，"智慧九寨"的服务对象进一步扩大，涉及六类用户，参见图 5-3。

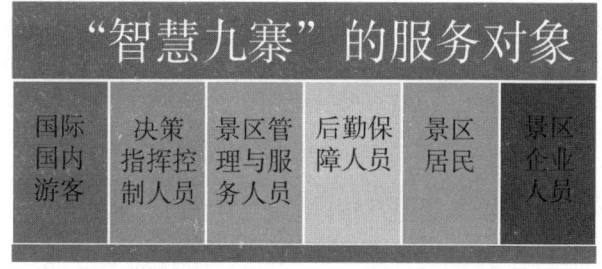

图 5-3 "智慧九寨"的服务对象图

4. 体系架构

对九寨沟而言,"智慧九寨"项目要针对以上六类用户形成一个统一的管理体系,实现"信息实时,功能联动;运作分工,控制集中"的总体要求。"智慧九寨"的体系架构分为三层,参见图5-4所示。

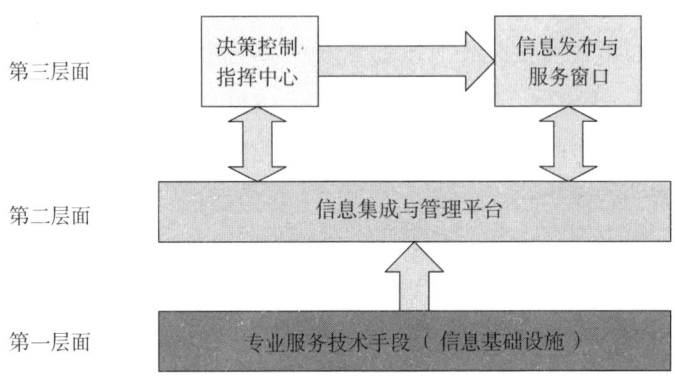

图5-4　"智慧九寨"的体系架构图

如图5-4所示,"智慧九寨"的体系架构分为三层。第一层为通过专业服务技术手段所形成的信息基础设施,主要用于各种类型的基础数据的采集;第二层为信息集成与管理平台,是在第一层所获得的数据的基础上进行集成分析;第三层为应用层,主要服务于决策控制指挥以及信息发布与服务。在三层架构的基础上,充分发挥现代信息通信技术与九寨沟行政管理体制以及保护优先管理的优势,构建统一的管理体系,在提升管理执行力的同时,积极推动管理效益的最大化。

5. 总体框架

从九寨沟自身的实际需求出发,结合智慧景区的体系架构,"智慧九寨"的总体框架可用图5-5表示。

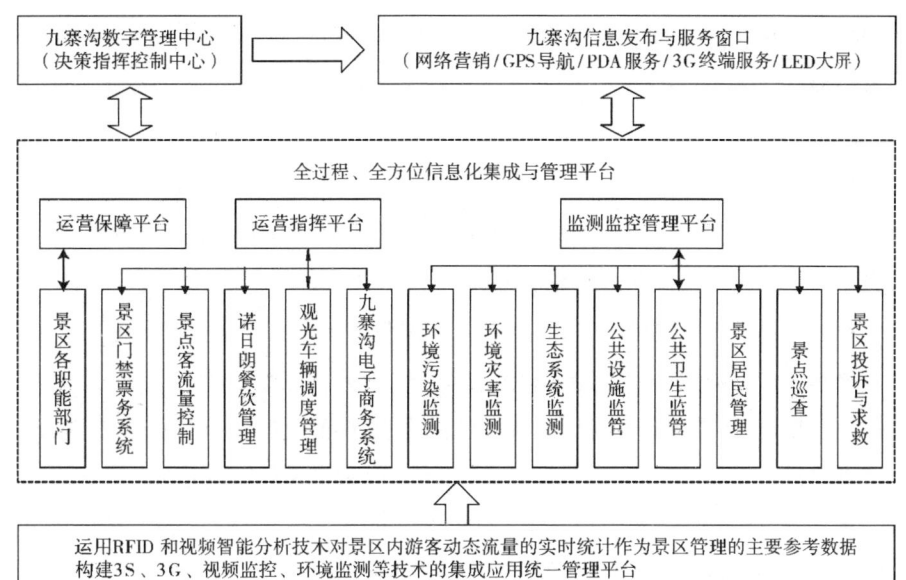

图 5-5 "智慧九寨"的总体框架图

如图 5-5 所示，"智慧九寨"的底层是运用 RFID 和视频智能分析对景区内游客动态流量的实时统计作为景区管理的主要参考数据，构建 3S、移动通信网络、视频监控、环境监测等技术有机集成的应用统一管理平台。信息化集成与管理平台包括运营保障平台、运营指挥平台和监测监控管理平台三大子平台。其中运营保障平台是景区各职能部门的作业平台，用于日常的管理和办公作业；运营指挥平台涵盖景区门禁票务系统、景点客流量控制、诺日朗餐饮管理、观光车辆调度管理以及九寨沟电子商务系统；监测监控管理平台包括环境污染监测、环境灾害监测、生态系统监测、公共设施监管、公共卫生监管、景区居民管理、景点巡查以及景区投诉与求救等应用系统。"智慧九寨"的应用层包括九寨沟数字管理中心以及九寨沟信息发布与服务窗口。前者主要服务于领导的决策指挥和控制，后者主要用于网络营销、GPS 导航、PDA 服务、3G 终端服务以及 LED 大屏显示等。

这一集成化的总体框架可以实现基于多系统采集数据的面向需求的多元化应用。电子商务系统获取的预订数据能够自动生成次日调度方案、次日景点流量控制方案和次日就餐管理方案；GPS 系统在执行次日车辆调度方案的同时，其数据反馈又能不断地修正车辆调度方案，为景点游客流量控制和诺日朗餐饮服务管理提供决策依据；通过 RFID 和视频智能分析技术获取站点、景点和诺日朗餐饮的游客数据来修正其管理方案,同时又可反馈给 GPS 车辆调度,为其优化方案提供决策依据。

6. 建设重点

景区从自身的实际需求出发,明确了"智慧九寨"的重点,主要包括:

●实现统一的集成用户界面,开发面向服务的系统架构,在 SOA 架构下实现从数据到信息再到知识的升华和服务;

●建立九寨权威的唯一的数据中心,实现分布式存储数据的集中统一管理;

●建立依托数据中心的以空间信息共享与交换为核心的管理和服务平台,实现空间数据、业务数据甚至应用系统间的共享、交换和互操作;

●建设遵循标准化,支持开放的标准和技术,保证系统间的集成;

●系统升级 IP 化,如监控摄像头、环境传感器,分阶段有计划地实现真正意义上的物联网所追求的管理物化,所有赋予 IP 地址的人、物、设施,均纳入管理;

●技术手段进一步可视化,从电子地图走向可量测实景影像;

●管理时效更加高效、精细化和智能化,走向实时、准实时;

●营销进一步国际化,培养从门票收入走向提供综合服务为主的服务提供商,开发多语言的网站平台。

5.5.4 "智慧九寨"建设过程

2009 年,九寨沟管理局与四川大学、九洲集团等一起开始实施国家"863"重大专项"基于时空分流导航管理模式的 RFID 技术在自然生态保护区和地震遗址博物馆的应用"课题。该课题重点研究 RFID 无线射频技术与其他信息通信技术的综合集成,解决资源电子化、门票智能化、游客行为追溯、智能化引导和时空分流、景点负荷监控等问题,实现游客信息和景区旅游资源信息的自动采集和实时监控,使预测、决策、计划、调度和控制更加准确、科学,促进九寨沟景区的各项管理更加精细和全面,对景区保护更加科学、高效,为游客提供的服务更加人性化和个性化。

2010 年 10 月,九寨沟景区智能化管理与服务平台正式通过国家验收,成为全国第一家实行网格化管理的景区。通过此平台,管理人员可以监测到整个景区各景点的基本运行情况。该平台采用精细化的单元网格化管理办法,结合可量测实景影像技术,再造景区精细化管理流程,主要应用于景区基本维护、突发事件以及对游客流量和服务等方面的管理。通过此平台可以监测到整个景区各景点的基本运行情况，包括实时信息以及突发事件等，便于及时处理，这为九寨沟景区的高效管理提供了一个软件支撑平台。

2011年，九寨沟管理局与导航战略联盟单位一起启动国家科技支撑计划"智能导航搜救终端及其区域应用示范"项目。该项目面向旅游业应用需求，以"数字九寨"为基础，将导航与位置服务等现代智能服务技术应用到旅游景区的数字化、智能化管理中，集成综合服务、景区管理、应急处理、救援救助、游客监控等多方面功能，融合卫星导航、区域定位、移动通信、微电子、计算机等高新技术，开发智能管理型、搜救型、环境监测型等系列用户终端，研制智能管理系统。项目的实施旨在大幅度提高旅游景区游客调度与引导、应用管理和区域应急处理能力，提升管理效率和服务质量，为游客带来新的旅游体验，提高游客满意度，推动实现九寨沟以信息化促进景区旅游、经济、社会的和谐发展，促进低碳景区、低碳旅游的建设，促进景区可持续发展。该项目将北斗导航与位置服务等现代智能服务技术引入景区智能化管理，通过安装卫星和设置CORS基站实现景区导航卫星信号全覆盖以提高定位精度，既为景区游客提供不同定位精度的智能位置服务，又能支持动态监视、求助信号发送、搜救位置双向确认和搜救调度等功能。

2013年，九寨沟再次承担国家科技支撑计划项目——跨区域多形态的实景三维智慧文化遗产及旅游综合服务系统研发及应用示范。该项目通过对中西部少数民族文化以及世界文化遗产的渊源、传承和保护的研究，结合互联网、移动互联网等现代信息技术，打造数字化中西部文化遗产区域地理信息地图，构建全国首个跨区域多形态实景三维智慧文化旅游综合服务平台，打造区域旅游资源整合营销模式，开展跨区域文化旅游综合服务示范模式，创新文化旅游休闲服务模式，以繁荣文化旅游服务经济、培育服务品牌为目标。作为"智慧九寨"的重要建设内容，该项目通过为景区打造集管理运营、票务预订、游客服务、三维展示推广为一体的集成应用管理实景平台，融合移动互联网及4G移动终端技术，为游客提供基于实景位置服务的随时、随地、随身、随需的个性化旅游服务信息，实现多行业旅游资源的智慧共享，推进智慧景区建设及相关经验推广应用，提升旅游区域信息化服务水平，促进信息化产业同旅游产业的高度融合，引领新的现代服务型文化旅游产业大发展。

5.5.5 智慧景区门禁票务系统

对一个客流量位居前列的全国著名景区而言,如何简化面向游客的服务流程,提升游客对购票、验票的服务体验,是九寨沟智慧景区建设重点考虑的任务之一。为此,九寨沟景区对原有的门禁票务系统进行了智慧化的改造,使其成为景区建设的重要标志之一。

1. 项目实施

九寨沟智慧景区门禁票务系统改造项目是在原有门禁系统的基础上升级改造而成的。系统综合应用了包括云计算、大数据等新技术,采用智能终端(手机)加固定端(电脑)预订的方式为游客提供门票预订,大大方便了游客。该系统构建了智慧景区O2O一体化管理平台,配合灵活的系统架构和先进的软硬件技术,同时兼容预制二维码激活版和现场打印二维码两种版本,集成云闸机、云终端的新技术,支持二维码、加密二代证、指纹、头像、RFID、PBOC、支付宝闪付通关等功能,并与九网旅游电子商务平台进行深度对接,通过智慧旅游公众服务支撑平台实现与全部网络分销渠道(OTA、MTA、淘宝旅行、去哪儿以及各大团购平台)的无缝对接,让所有互联网/移动互联网分销和直销网络平台实现智慧营销O2O,满足游客智慧旅游的新体验。

2. 实际应用

九寨沟管理局在景区游人中心及星级酒店设立了部分自助售取票机,有效地扩展售票终端,减缓景区管理压力,大大提高了景区工作效率。新系统采用了智能信息推送等多种新方式,实现了售检票、票务管理、旅游服务、智慧营销等多方面功能创新,并引导游客文明旅游、诚信旅游、健康旅游和限量旅游。

升级改造后的九寨沟智慧景区门禁电子票务系统于2014年4月1日正式上线,标志着九寨沟票务管理新纪元的开始。新发售的门票根据票务系统记录的相关信息进行打印,改变了过去先印刷再出售的门票管理模式。新门票标有二维码,并加载有验证码、售票时间、游览日期和游客须知等信息,而且还可作为机打发票的凭证,用于财务入账等处理。新门票样式新颖,体现了环保节约的理念,并且可以根据售票对象来动态选择,从网上预订门票到现场取票可以实现实时同步,大大缩短了游客排队取票进入景区的时间。

3. 应用评价

改造升级以后的新门禁票务系统正式运行后,任何准备去九寨沟游览的游客只要提前在九网旅游以及其他第三方网站上预订九寨沟门票,就可到售票大厅直接用身份证领取纸质门票,然后通过扫描二维码的形式直接进入景区游览。这一系统的实施,对游客而言,大大节省了票务处理时间,显著提升了旅游的体验;对景区而言,景区用于票务处理的人力和物力得到大幅度削减,并且有效地避免了假票、逃票等现象。

九寨沟景区新门禁票务系统的实施不仅是九寨沟建设智慧景区的重要实践,而且是九寨沟管理局积极探索新管理新标准、应用新技术新策略的重大举措,充分满足了游客对旅游服务提出更高要求的新形势、新思路、新需求、新市场,对进一步提高景区管理和服务水平、创新旅游发展新模式、大力推进智慧景区建设具有重要的意义。

5.5.6 配套建设

九寨沟在大力推进智慧景区软硬件建设的同时,还积极推进智慧景区的各项配套建设,使各项配套措施保障到位,推进有力。

1. 营销体系建设

九寨沟景区高度重视社会化新媒体在景区营销中的应用,先后开通了新浪微博、腾讯微博、Facebook、Twitter 等,使用微信、微电影等开展网络营销,基本改变了传统的以线下营销为主的营销模式。与此同时,景区还同亚太旅游协会(PATA)签订合作备忘录,并与美通社、Wendy Wu、HANATOUR 和 MODE TOUR 等签署战略合作协议,由此推动了景区的全球化营销战略的实施,为九寨沟景区开拓国际市场提供了重要的支撑。

2. 交流合作

从 2010 年开始,九寨沟景区每年举办一次智慧景区论坛,专门邀请知名院士、专家学者、企业精英、景区管理者等围绕智慧景区建设、远程目的地对现代游客移动性的响应、空间信息化技术在景区管理中的应用、旅游高峰期管理的有效机制等议题展开深入研讨。2012 年 1 月,九寨沟景区先后与北京大学数字中国研究院、南京大学、联合国教科文组织国际自然与文化遗产空间技术中心等签订战略合作协议;2012 年 9 月,国家科技部批准九寨沟国家国际科技合作基地成立,目前正在同俄罗斯的莫斯科、美国的密歇根、克罗地亚的萨格勒布等大学合作开展"九寨沟水资源与生态安全保护关键技术研究"课题;2014年,九寨沟景区与黄山、峨眉山、黄龙等景区共同发起并成立中国智慧景区联盟。广泛的交流与合作使九寨沟景区能更广泛地吸收和借鉴国内外的发展经验,进一步拓宽了发展思路,开阔了发展视野。

3. 标准化建设

九寨沟景区在率先建成生态旅游经济示范区的过程中,全面实施旅游标准化引领战略,努力完善九寨沟旅游标准化管理体系,以标准化管理提升人性化服务,推进国际化发展。近年来,九寨沟景区共出台了旅游内部标准达290项,包括基础标准、服务标准、管理标准、工作标准四大类,涵盖景区保护、规划建设、旅游服务、内部运营等方面,形成了较为完整的旅游标准体系。与此同时,九寨沟管理局还积极参与了多项各级标准的制订工作,如《旅游景区木制游步道建设规范》《旅游景区环境清洁质量要求与作业规程》《四川省旅游景区事故应急救援标准》《四川省旅游景区安全防护设施标准》《游客高峰时段旅游景区应对标准(A++标准)》等,为全面推进景区标准化的发展提供了重要的依据。

4. 学习型组织建设

近年来,九寨沟景区通过不同类型、不同规模和不同内容的培训活动等创建学习型组织,注重能力建设,全面提高员工素质。先后派出22人到世界著名大学和国家公园交流学习。到2013年年底,九寨沟管理局拥有博士后工作站1个,自主培养博士研究生2人。员工队伍中拥有硕士研究生18人,本科生146人。专业技术人员中研究员1人,高级工程师和经济师25人,副研究馆员1人,中级职称人员98人。与此同时,该局还专门成立了"智慧九寨"院士专家顾问委员会,由两院院士李德仁、中科院院士陈俊勇和中国工程院院士宁津生等组成,该顾问团为九寨沟智慧景区的建设提供了强有力的智力支持。

5.5.7 案例评析

九寨沟是我国智慧景区建设的先行者,在短短几年内取得了较为显著的成效,充分说明智慧景区建设是我国各类景区转型升级、实现可持续发展的重要选择。九寨沟智慧景区的建设不仅能切实解决景区游客量增长所面临的一系列管理压力,而且获得了十分显著的生态效益、经济效益和社会效益。从生态效益来看,通过对景点的游客量控制管理,可以有效地保护景点的旅游环境和生态环境;从经济效益来看,通过对整个景区旅游资源的最优化调配可切实有效地扩大景区容量,同时大大降低运营管理成本;从社会效益来看,整个景区安全、有序、优质、高效的运营,不仅实现了文明管理,还推动了和谐景区的建设。三种效益的有机统一所形成的良性互动促进机制,是促进九寨沟智慧景区长期可持续发展的不竭动力。

九寨沟智慧景区的建设实践告诉我们,智慧景区不单纯是智能景区,尽管信息化建设是智慧景区建设的核心内容,但不是唯一的内容,还必须重视组织结构调整、人才培养和培训、业务流程优化等,只有多方面齐抓共管、协调推进,才能使智慧景区结出甜美的果实。当然,在看到九寨沟智慧景区建设方面所取得的显著成绩的同时,还应认识到发展道路还很漫长、发展任务还很艰巨、发展问题还很复杂,必须结合自身的实际开展全方位的探索,为全面提升景区发展力、竞争力和服务力的同时,也为全国智慧景区的发展提供重要的借鉴。

5.6 "智慧黄山"建设与发展案例

黄山位于安徽省南部黄山市境内,是享誉海内外的著名旅游目的地,以黄山五绝——奇松、怪石、云海、温泉和冬雪著称于世。1985年入选全国十大风景名胜区,1990年12月被联合国教科文组织列入《世界文化与自然遗产名录》,2004年2月入选世界地质公园。黄山景区内空气清新,水质优良,环境优美,生态系统平衡稳定,是名副其实的天然氧吧、华东动植物宝库和人间仙境。为加快旅游经济更好更快的发展以及切实保护珍贵遗产资源,黄山风景区以建设智慧景区、大力推进智慧旅游发展为抓手,开拓创新,锐意进取,取得了显著的成效,为我国智慧景区建设提供了重要的借鉴。

5.6.1 发展背景

1979年7月,邓小平视察黄山,做出了"要有点雄心壮志,把黄山的牌子打出去"的重要指示,从此开启了黄山旅游跨越式发展的新引擎。在迎来旅游业快速发展的同时,黄山管理方充分意识到了信息化对景区发展的重要作用。于是,从

20世纪90年代中期开始,黄山就着力推进景区信息化建设。1999年,黄山启动了政府上网工程,开始了管理信息化的探索。2004年黄山与九寨沟一起被列为"十五"科技攻关计划——数字景区示范工程,着手探索景区现代化管理和服务的新模式、新机制。2005年初,黄山完成了《黄山风景区数字化建设总体规划》(2005—2010年),为景区信息化建设提供了可靠的依据。2006年,黄山建成了高水平的黄山风景区保护管理指挥调度中心,为景区建设提供了可靠的信息化保障。

《黄山风景区数字化建设总体规划》(2005—2010年)以国家风景名胜区数字化建设理念为指导,以黄山风景区数字化建设现状为基础,以信息技术为支撑,以加强资源保护、提高旅游服务质量、提升经营管理水平、增强安全防范能力和可持续发展水平为内容,提出了"数字黄山"的总体方案,其总体架构为一个中心、三大平台、五大系统的开放体系。一个中心即黄山风景区信息中心,是整个黄山风景区信息系统管理、运行维护、指挥调度的中枢;三大平台即信息网络、数据库和空间信息技术平台,它们与多媒体技术平台共同为"数字黄山"的建设提供技术支撑;五大系统包括资源保护、旅游服务、经营管理、安全防范和持续发展系统,共同以三大平台为支撑,围绕一个中心,既相对独立又有机集成,形成了完整的数字景区框架。

从2005年到2010年的五年中,黄山以实施"数字黄山"规划为重点,取得了景区信息化建设的重大突破,为黄山旅游业的快速发展提供重要的支撑。一方面,传感网、物联网、云计算、移动互联网等新一代信息技术为黄山风景名胜区信息化发展提供了新的技术支撑及应用选择;另一方面,黄山风景名胜区面临着资源保护、业务管理、旅游经营、公众服务等多方面的严峻挑战。在此背景下,黄山风景区认为原有的数字化建设水平需要进一步提升,数字化建设内容也需要进一步完善,以满足黄山风景名胜区在智慧化保护管理与旅游服务等方面的需求。因此,黄山风景区开展了全方位的智慧景区建设。

5.6.2 建设框架

"智慧黄山"的建设是在原有"数字黄山"取得全面成效的基础上展开的,在继承"数字黄山"建设成果的同时,使黄山的智慧景区建设进入到一个更加深入的发展阶段。总体而言,"智慧黄山"的建设可概括为一个中心、三大平台、五大系统、七项保障：一个中心指的是信息中心，它是整个黄山风景区信息系统管理、运行维护、指挥调度的中枢；三大平台指的是信息感知与传输平台、数据管理与服务平台、信息共享与服务平台；五大系统分别是资源与环境保护系统、业务管理与服务系统、旅游经营与服务系统、安全管理与防范系统、决策支持与服务系统；七项保障包括政策保障、机制保障、资金保障、技术保障、人才保障、安全保障和发展保障。具体内容参见图5-6。

图5-6 "智慧黄山"建设框架图

5.6.3 三大平台建设

三大平台是"智慧黄山"建设的基础支撑，主要建设内容分别如下：

1. 信息感知与传输平台

信息感知与传输平台是"智慧黄山"景区建设的信息基础设施，重点是整合与优化现有信息基础设施，实现网络的宽带化、无线化、综合化和集成化，并面向物联网加强信息感知，以满足"智慧黄山"景区面向资源保护、业务管理、公众服务的信息获取、传输、管理和应用需求。

2. 数据管理与服务平台

数据管理与服务平台是"智慧黄山"的数据基础设施，旨在改变原有基础数据分散和孤立的状态，以实现不同数据的互联互通。该平台基于云计算及数据库技术构建，包括空间数据库、属性数据库、业务数据库、主题数据库等，创立实现"智慧黄山"景区集成化的数据共享机制与信息服务模式，以满足黄山风景名胜区综合决策支持的需求。

3. 信息共享与服务平台

通过云计算和面向服务架构(SOA)的集成,构建"智慧黄山"景区的信息共享与服务平台。按照统一标准集成、整合黄山风景名胜区内业务部门、企事业单位和社会公众需要的地理空间信息资源,建成以基础地理信息数据库为基础框架的分布式地理空间信息资源数据库,并在此基础上形成数据发布、共享、交换、服务的网络体系和软件接口体系。

5.6.4 五大系统建设

"智慧黄山"的五大系统建设主要包括以下具体内容:

1. 资源与环境保护系统

资源与环境保护系统以充分利用新一代信息技术实现黄山风景区自然资源保护、人文资源保护和环境监测与保护为目的,综合运用遥感(RS)、地理信息系统(GIS)、全球定位系统(GPS)、虚拟现实(VR)和数据库管理系统(DBMS)等技术,构建适合黄山风景区发展需要的资源与环境保护系统。该系统包括基础应用、延伸应用、高级应用和战略应用的多层次资源环境保护各子系统。

2. 业务管理与服务系统

业务管理与服务系统主要满足景区管委会的日常业务工作与景区的日常管理工作需要,旨在通过建设高效、智能的管理信息系统,为打造国际精品旅游景区与国际一流旅游目的地提供基础保障,从而实现景区管理的精细化、可视化、全覆盖。该系统包括电子政务系统、规划管理系统、交通管理系统以及水电自动化调度系统。其中电子政务系统涵盖行业办公自动化(OA)、旅游企业管理、假日旅游预报、网上行业培训、旅游团队管理和网上旅游投诉等功能;规划管理系统针对景区的发展规划进行动态的信息化管理;交通管理系统重点对景区内部的交通状况进行全面、动态的管理;水电自动化调度系统根据景区用水、用电的实际需要进行动态的调整,既确保满足景区运行的需要,又能做到节能和节省开支。

3. 旅游经营与服务系统

旅游经营与服务系统包括旅游管理、电子商务、公众服务三大功能模块。旅游管理模块以全面提高旅游管理的能力和水平为基本目标,促进黄山景区从定性管理向定量管理、从静态管理向动态管理以及从事后管理向全过程管理的转变;电子商务模块旨在实现景区票务、旅行社、酒店、农家乐、旅游商品生产企业等网上交易结算,为全面提升面向游客和合作伙伴的管理能力与服务水平提供技术平台;公众服务模块分别针对游客、本地居民、科考人员、企业等公众群体,提供旅游休闲、科普教育、旅游服务及相关信息,以进一步提升景区的知名度、满意度和美誉度。

4. 安全管理与防范系统

安全管理与防范系统主要从资源环境、基础设施以及突发事件三大方面实现景区的安全管理和防范。资源环境重点针对文物、名胜古迹、古树名木、生物多样性、地质地貌奇观等自然文化遗产进行安全防范;基础设施的安全通过布置视频控制点,构建视频监控系统来实现;突发事件应急是针对可能发生在景区的交通事故、挤踏摔坠事故、突发性公共卫生事故以及突发性灾害等进行统一的指挥调度与处理,防止各类突发事件造成更大危害。黄山风景区根据自身需要,已建立了旅游业智能监测、风险评估、应急响应和危机决策机制,有效应对极端天气、火灾、洪涝、泥石流等自然灾害和突发事件。

5. 决策支持与服务系统

决策支持与服务系统主要为景区领导制订科学决策和开展科学管理提供支撑。该系统依托各类专业数据库,通过虚拟现实显示、情景模拟等手段,对黄山风景区的重大事件决策、应急预案演练等多系统综合应用提供可靠的技术保障。这一系统已实现了以下几个方面的功能:一是统计分析,依据游客手机归属地统计数据,对全市旅游接待情况和旅游经济运行进行监测、分析;二是远程指挥,实现流量观测、游客分流、预警告警、语音广播和景区在线的远程管理指挥;三是决策调度,通过前端实时视频数据,传输至远程指挥调度中心,实行24小时监测,为管理疏导、灾害预防、指挥调度提供保障;四是实时信息服务,实时发布天气预报、客流信息、重要通知、景点人数、酒店空房数、停车场空位数等信息。依托这一系统,景区指挥调度领导只需按照管理权限随时调用融合在统一指挥调度平台中的所有系统,让监控、预测、定位、指挥四合为一,就可显著提升指挥调度的水平和管理协调的能力。

5.6.5 重点建设项目

"智慧黄山"经过多年的快速发展,已先后建成了30多个应用系统项目,取得了重大的建设成果,较有代表性的重点建设项目介绍如下:

1. 门户网站系统

景区门户网站作为景区重要的对外窗口,不仅发布政务信息,同时发布各类旅游信息,还开通了网上虚拟游等多个栏目,提供在线视频,成为推介黄山、展示景区形象的主要阵地。

2. 景区现场信息发布系统

景区各部门根据自身工作的需要,在全山主要游客集散地安装了数十块LED大屏幕,在景区导览、温馨提示、天气预报等方面发挥了一定的作用。与此同时,景区还在游客重要活动区域部署了较多数量的触摸屏,提供景区信息浏览、旅游线路查询、客房预订、信息检索和播放风光视频等自助服务。

3. 电子门禁及票务系统

这一系统通过对传统票务管理的改革及流程再造,不但消除了人工操作存在的各种弊端,实现了票务管理信息化,而且极大地降低了管理成本,提升了管理效率。依托这一系统,景区管理者只需一台能上网的电脑,就可以随时掌握各入山口、索道的实时售票人数和入山人数对比情况,并可实现各类查询统计分析、历史记录对比、自动预警等,为旅游高峰期游客调度、索道运力调度提供了科学依据,大大提升了决策的准确性和及时性。

4. 游客服务支持系统

面向游客提供服务支持是"智慧黄山"建设的核心内容,主要建成了以下服务载体:一是旅游咨询服务中心,向游客提供景区信息浏览、旅游线路查询、客房预订、信息检索等人工服务;二是游客呼叫中心,通过电话方式向游客提供信息查询、语音应答、商务代订、旅游业务受理、建议与投诉等声讯服务;三是旅游资讯网,通过实时高清视频和全方位的网络营销,开展全景黄山的媒体宣传,为游客提供吃、住、行、游、购、娱的旅游资讯。

5. 景区物联网应用系统

利用物联网技术对景区古树名木周边环境的温度、湿度、土壤的水分、土壤的温度以及光照等实时数据通过传感器进行采集,实时回传到指导中心进行分析,同时通过研发的智能模块,实时获取古树名木的状况,全面提升了对古树名木保护的管理水平。

6. 人流量监控预测系统

建立人流量监控预测系统,对出入景区的人流量进行动态监控,并借助人流量分析网络模型,分析景区每日人流量与天气、历史同期、重大活动等影响因素之间的关系,提升了景区精细化管理水平。

7. 手机与移动互联网应用系统

黄山风景区积极开发基于手机以及移动互联网的应用系统,为游客和景区管理提供支持。主要应用如下:一是通过 GPRS 和 3G 网络,对游客和旅游车辆进行实时定位跟踪;二是向进入景区的游客手机发送景区导游讲解短信和语音视频;三是应用手机二维码门票,为游客提供购票和验票等方面的便利。

8. 视频监控系统

黄山风景区在交通要道、客流集散地、古树名木和病虫害防治点建设了全数字视频监控系统,部署了数量众多的摄像头。该系统实现了全山重要节点的全覆盖,在景区旅游管理、安全防范和资源保护中发挥了重要作用。与此同时,景区还整合了全山各单位设置的数百个监控探头,为指挥调度中心实时监控各类现场和指挥调度提供了强有力的保障。

9. GPS 定位与地理信息系统

GPS 定位系统可对一线管理人员及公务车辆进行实时定位,实时获知车辆及人员的方位信息,并能查询相关人员及车辆的行驶轨迹,对人员或车辆进行实时通信指挥调度。出现险情时,可以进行报警,指挥相关人员及时做出应急处理。地理信息系统制作了440平方千米的三维数据,建成了规划数据库、文化和自然遗产数据库、地质公园数据库,大大提高了黄山风景区管理工作的数字化、科学化和规范化水平,为实现黄山风景区科学、快速的发展提供技术保障。

10. 雷电预警系统

该系统在黄山风景区的主要制高点上设置了数十个监测点,在雷电到来前半小时,可通过短信群发至景区、宾馆、酒店、旅行社等的管理人员,告知雷电出现的概率、级别和避险方案,避免因雷电而发生人员伤亡事件,对防范和应对雷电灾害起到了十分重要的作用。

5.6.6 案例评析

作为世界闻名的旅游风景区,黄山在30多年的发展历程中始终坚持市场化、精细化、数字化、人性化、国际化路线,积累了一系列具有开创性、针对性和系统性的成功经验,走出了一条引领安徽、示范全国和影响世界的发展之路。大力推进智慧景区的建设,既是黄山取得突出的经济效益和社会效益的重要法宝,又是促进旅游管理和服务提档升级的有效举措。

黄山智慧景区建设所取得的成效主要表现在四个方面:一是提升了智慧管理水平,通过新一代信息通信技术的广泛应用,大大提升了景区在接待管理、容量调控、资源保护以及安全应急管理的智能化水平;二是提升了智慧营销水平,智慧景区建设涵盖了旅游经营、管理、服务和展示等各大功能以及吃、住、行、游、购、娱等各个方面,对促进景区营销有着重要的作用;三是提升了智慧服务水平,全天候为广大游客提供导报(各类资讯信息)、导航、导游、导览和导购等各类服务,大大改善了面向游客的服务,既为景区各类接待单位提供了游客规模和消费需求信息,又为管理部门调控管理提供了技术支持;四是提升了旅游公共服务能力,黄山在全国率先实施的旅游气象防灾预警系统和雷电监测预警系统,在适时提供旅游气象信息、雷电及其他灾害预警、人工影响气象和防灾减灾方面提供了技术服务,对提升旅游公共服务能力做出了重要的探索。

作为我国智慧景区建设的引领者,黄山在智慧景区的建设方面积累了宝贵的经验,为我国其他景区的发展提供了重要的借鉴依据。

5.7 青城山—都江堰智慧景区发展案例

青城山—都江堰景区位于四川省都江堰市境内,青城山与都江堰相距约15千米。主峰海拔1260米,方圆200余里,四季山清水秀,云雾缭绕,状若城郭,故名青城山,是中国道教的发源地;都江堰是世界闻名的古代综合性大型水利工程,在都江堰市灌口镇玉垒山下,2200多年前由秦国蜀郡郡守李冰父子主持建造,工程主要包括鱼嘴、飞沙堰、宝瓶口三部分,使成都平原成为"天府之国"。青城山—都江堰风景名胜区是国家5A级旅游景区,2000年被列为世界文化遗产,2006年作为四川大熊猫栖息地的一部分被列入世界自然遗产名录。该景区十分重视信息化建设和智慧景区的发展,是国家住建部、工信部、国家旅游局等国家部委授予的数字化景区示范基地、全国智慧景区示范单位。

5.7.1 建设概况

青城山—都江堰景区从2004年起就开始了景区数字化、信息化的打造,至今走过了十余年的发展历程。2006年3月,景区被建设部列入全国18家数字化景区建设试点单位;2007年5月,景区《数字化建设总体规划》通过了建设部专家组评审;2008年景区正式被科技部、建设部列入全国12家数字旅游服务示范景区。景区先后投入了1500多万元,建成了光纤骨干网指挥调度中心、数据中心、DEM(GIS)地理信息系统、电子门禁系统、电子监控系统、旅游信息咨询系统、大气环境监测系统、电子商务应用平台、LED信息发布系统。这些系统的投入运行,使景区在资源保护、管理服务、网络营销等方面实现了一次质的飞跃。通过整合景区旅游资源营销、旅游代理、票务代理和银行支付等社会资源,创新服务模式,在现代服务业共性服务技术的支撑下,构建旅游目的地一体化营销服务平台,实现景区门票、线路、交通、住宿和餐饮资源以及保险代理、票务代理和旅游代理资源网上整合与营销,使游客体验更全面、更先进、更人性化的服务。

5.7.2 建设部署

青城山—都江堰智慧景区的建设是在景区的统一部署下展开的,有着较为明确的建设目标和战略架构。

1. 总体目标

青城山—都江堰智慧景区建设的总体目标是实现资源保护的数字化、经营管理的智能化、产业整合的网络化。围绕这个目标,要建立五个体系:指挥中心体系、数据中心体系、基础数据体系、旅游服务体系及管理与保护体系。同时,围绕旅游管理、旅游营销、旅游服务三个方面,制订一个信息化融合的目标。旅游管理方面要实施的目标是实现实时管理、主动管理、决策支持;旅游营销的目标包括经营分析、品牌提升、交流分享;旅游服务的目标包括提升旅游消费体验、提升政府形象、向现代服务业转变。

2. 战略构架

青城山—都江堰智慧景区建设的战略构架主要分为四个方面,分别是机制、管理、技术和改进。

● 机制方面,景区管理局专门设立下属事业单位信息中心,负责统筹全局信息化建设工作,对智慧景区的信息管理机制进行全方位梳理,明细职责权限,实现各部门信息畅通。

● 管理方面主要实现协同管理,致力于打造协同办公及管理平台,解决景区信息孤岛、应用孤岛和资源孤岛三大问题。

●技术保障方面,智慧景区系统基于 B/S 方式实现,应用新一代信息通信技术,优化管理,改善服务。

●改进方面,景区采取立足当前、放眼未来、统一规划、逐步实施的原则,在充分满足景区现实需求的基础上,根据景区经营现状、发展趋势和潜在能力等的变化,不断地对其完善和提高。

5.7.3 主要建设项目

青城山—都江堰智慧景区的建设经历了比较长的时间,已经建成和计划建设的项目主要有以下一些:

1. 中心机房建设项目

景区根据机房建设的使用特点和平面关系,通过对机房建设工程内各系统之间的内在联系深入了解,以最优化的设计,建成了一个既投资合理又具有办公机能、管理机能、安全防范机能、指挥决策机能于一体的高效、安全、便利、舒适的工作环境。在设计和施工中,景区确保系统总体优化、功能完善、安全可靠、技术先进、成熟和实用,在充分考虑功能扩展性和技术可升级性的基础上,严格执行国家规范标准,并力求符合国际标准化。机房建设采用了先进的防尘、防干扰和温控等技术,并且建设工程各项指标都依据国家标准及行业标准设计、管理和施工。

2. 景区地理信息系统

景区地理信息系统用来解决景区空间数据的获取、存储、展示、编辑、处理、分析、输出和应用,实现对空间数据按地理坐标或空间位置进行各种处理,对数据进行有效管理,并能以地图、图形或数据的形式表达各种空间实体及其相互关系。景区充分利用数字地面高程模型(Digital Elevation Model,DEM)数据、遥感影像信息(RS)、景区的空间矢量数据、属性数据以及多媒体信息,采用现代先进的三维 GIS 技术与虚拟现实技术,建立智能化的三维全景超媒体展示及信息管理系统。

3. 数字监控系统

景区建成了覆盖全景区的数字监控系统,设立了总控中心和分控中心,对全景区主要进出要道、游客集散地、交通险要路段、生态保护监测点等实施全方位24小时监控和人员流动情况记录,达到了加强现场监督和安全管理、提高管理服务质量的目的,为旅游管理和安全工作提供了有力的保障,使景区的管理更加规范化、科学化、智能化、信息化。该系统采用模块化结构,方便纵向和横向的扩容,同时采用 Client/Server(C/S)体系结构,便于系统管理维护和节约成本。该系统在功能上满足了使用方便、灵活、无人值守的要求,实现了网络化远程监控。项目建成后,其他部门除在总控室外,均可以密码授权的方式通过挂在基础光纤网络上的监控终端 PC 对监控区域进行实时监控。

4. 电子门票系统

该系统包括以下要求:适应景区入口和售验票点扩容;适应其他景区应用移植;适应大景区管理接口;领导远程查询。该系统采用了数字化电脑条码验票技术,以景区光纤网络为基础,在景区各入口部署自动电子门票闸机,并通过网络将游客进入数据传回中心机房,实现电子门票的高效管理。

5. 智能指挥中心

该中心以 GIS 为基础,综合汇集了 GPS、监控、门禁、环境资源检测等各种实时数据,并通过电子地图、视频、投影、变化趋势图等形式展现出来,使管理者对整个景区的旅游接待情况和资源保护情况一目了然。同时它也是覆盖各个管理职能部门的通信指挥网络的核心,在这里管理者可以将管理指令实时传达到旅游接待的第一线,从而及时调整人力、物力分配,迅速处理突发事件,保证旅游接待质量。另外,管理者可以在任何一个地方使用景管通接入智能指挥中心,了解各种情况,下达管理指令。同时智能指挥中心的显示大屏可显示多种信息,包括 VGA 信息和视频信号,并能在智能指挥中心管理工作站上进行远程监控控制来处理景区突发事件,达到应急联动的目的。

6. LED 户外大屏

在游人中心建设青城山、都江堰 LED 户外大屏,用于全实时展示景区重点景观。

7. 旅游咨询系统(触摸屏)

系统采用内部局域网及触摸屏技术进行建设,终端通过宽带技术与景区旅游广域网相连,实现与互联网上的数据同步更新。用户能够基于 GIS 智能地图平台,了解城市路线和公交线路以及景点距离,同时可查询吃、住、行、游、娱、购六要素的信息,观看实景漫游系统,获得翔实的资料,也可以利用该终端发布信息,与其他网友交流。

8. 自动语音导游系统

景区添置多功能、多语言的语音导游设备,在游客中心建立语音导游设备租赁站,为游客提供自动语音导游服务。该系统采用数字集成存储技术,能提供较为丰富的自助语音导游服务。

9. 背景音乐系统

系统能进行 CD、节目播放器、话筒及可外接音源的广播。系统分为以下两个部分:一是广播前端,包括对景区内景点、景区大门、游人中心等游客较集中地区进行实时广播;二是广播中心,对整个景区的音乐广播统一或分别控制。

10. 数字化营销系统

数字化营销系统包括旅游宣传门户和电子商务系统两大部分。

●景区旅游宣传门户——都江堰旅游网,是面向全球宣传都江堰市旅游资源的、表现旅游特色的综合性网站,具有实效性和权威性等方面的特点。

●电子商务系统以在线预订为切入点,通过在线支付的实现,为客户提供快捷、安全、方便的订购服务。同时,该系统还逐步实现了旅游方案设计、导游服务、在线组团、目的地管理等功能,成为景区电子商务业务的重要支撑。

11. 无线景区项目

景区引进社会投资建设覆盖景区的无线 Wi-Fi 项目。该项目基于景区光纤环网架设 Wi-Fi 热点,实现主要景点、游客集散区域无线网络全覆盖,打造无线景区。同时利用最新移动互联网技术,加载信息推送功能的客户端,让游客充分体验到 Wi-Fi 上网便利的同时,享受到景区实时资讯、新产品推荐、美食推荐等旅游服务,加强景区与游客的互动,提高景区的导流、应急、救助等服务以及营销推广能力,拉动旅游信息消费。

12. APP 系统开发项目

APP 系统包含手机自动导览、景点多媒体信息自助获取、游客互动、安全管理、电子商务导流等功能。游客通过 APP 可方便快捷地获得景点的多媒体(音视频、图片、文字)信息服务、图片和视频资料等,并可发表评论,分享心得。

13. 全景互动应用示范项目

景区引进社会投资建设球幕全景互动应用示范项目。该项目利用现代信息多媒体技术,以全景互动的表现手法,展现青城山道教文化传承,生动再现都江堰水利工程修建过程及 2000 多年来的变迁,揭示其润泽一方的科学道理,让游客从不一样的视角感受青城山和都江堰的风貌,这样,既传承了传统文化,又科普了科学知识,为景区自然与文化遗产传承发挥独特的作用,成为景区旅游一个新的亮点。

14. 景区多媒体互动项目

景区引进社会投资建设景区多媒体互动项目。该项目充分运用文化创意和数字技术的力量,打造创新型的智慧景区产品,进一步提升景区的吸引力;建成移动数字导览仪、AR互动娱乐平台、AR虚幻现实仪、3DAR真人秀影院、电子沙盘、裸眼3D解决方案等多个互动项目。

15. 互动式户外屏联播平台

该平台可发布旅游实时信息,通过扫描手机二维码的形式,利用微博、微信等平台实现游客和景区、景点的互动。

16. 游客感知平台

景区引进社会投资建设游客感知平台。该平台利用物联网技术实现游客实时定位、管理人员定位、景点自动讲解、一键求助等功能,并进一步以此为终端开发电子门票,实现电子钱包功能。游客通过该终端进行线下消费,实现提前预订景区门票、演出票、观光车、购物、餐饮等景区内服务。

17. 旅游目的地营销平台

旅游目的地营销平台以实现为在线游客旅游全过程服务为目标,通过全面整合川西旅游资源和都江堰市全城旅游要素等,建立跨区域的旅游信息服务公众网络、旅游行业信息交流平台和以都江堰为核心的延伸至全国的全方位宣传营销体系,提供全面、及时、准确、权威、实用的旅游信息和商务服务。

18. 大数据应用分析平台

景区开发集数据和决策支持为一体的大数据应用分析平台。该平台以智慧景区信息化管理、服务、营销平台为基础,在现有客源地数据分析平台的基础上,通过集成互联网新媒体、电子商务、游客感知平台、票务平台、酒店等提供的数据等,建立大数据平台。大数据平台提供游客行为分析、客源分析、游客量预测等服务,主要包括:客源地应用分析、游客消费习惯应用分析、营销效果数据分析、旅游舆情监控分析等。

5.7.4 案例评析

作为全国智慧景区建设的先行者,青城山—都江堰景区充分利用云计算、物联网、大数据、移动互联网等技术对旅游相关要素进行整合,为广大游客提供智慧化的旅游服务,为管理部门提供智慧化的管理手段,为景区提供智能化的营销平台,积极探索现代旅游信息服务和运营机制,明确旅游管理部门、旅游企业、信息化服务商、旅游运营商等在智慧景区中的角色和关系,并通过引入社会资本参与智慧景区建设,持续推动智慧景区信息化基础设施领域投资、建设和运营,加快政府职能转变和改革创新深化,不断提高智慧景区运营服务水平,切切实实发挥智慧景区建设的作用和价值。

总体来说,青城山—都江堰景区以打造人性化、智能化、国际化的智慧旅游环境为基础,以现代通信与信息技术为手段,以游客互动体验为中心,以激励产业创新、促进产业结构升级为特色,以为广大游客提供更加满意的旅游服务为目标,积极、有序地推进都江堰智慧景区建设,成了全国智慧景区建设的示范者,为兄弟景区建设智慧景区提供了宝贵的经验。

5.8 本章小结

景区是旅游业发展的牛鼻子,是旅游业发展的动力源泉。毫无疑问,景区的智慧程度直接影响智慧旅游的总体发展水平,是智慧旅游建设的重中之重。因此,各地各级政府旅游管理部门和景区管理部门应对此予以高度重视,并采取积极有效的措施予以大力推进。

鉴于智慧景区的建设尚无统一的标准和通用的模式,各地在建设和实施过程中,一方面必须坚持从实际出发、因地制宜,紧紧围绕自身的特色和游客的现实需求下功夫,为景区管理、营销和服务寻求新的发展之道;二是要充分吸收和借鉴国内外智慧景区的建设经验,通过不断的创新和发展开创智慧景区建设的新局面。

第6章

智慧酒店发展与案例

众所周知,酒店是为游客提供住宿、餐饮、娱乐、购物等一系列服务的载体,是旅游业的重要组成部分。在智慧旅游大发展的背景下,如何推动智慧酒店的健康、快速、有序的发展,不仅关系到酒店行业自身的转型升级问题,很大程度上还决定着智慧旅游的发展水平和质量。当前,智慧酒店的发展还处于初级阶段,建设的模式还不成熟,国内外成功的案例还不多,在实际的推进过程中存在着不少的理论问题和现实障碍,非常有必要对此展开深入的探讨,为推进智慧酒店的发展提供理论支持和技术支撑。

6.1 智慧酒店概述

酒店业是旅游业发展的重要基础,酒店业的信息化发展水平一直是酒店业发展能力的重要体现。伴随着智慧城市、智慧旅游概念的兴起,智慧酒店正成为酒店行业发展的战略机遇,相关的研究和发展也正在全面展开。

6.1.1 智慧酒店的概念

智慧酒店是一个相对比较新的概念,不同的研究者从各自的角度对其进行定义。李臻等认为,智慧酒店是指酒店拥有一套完善的智能化体系,通过数字化与网络化,实现酒店管理和服务的信息化,以满足宾客的个性化、多样化需求,进一步提高酒店管理和服务的品质、效能和满意度[1]。裴盈盈等认为,智慧酒店应以

---

[1] 李臻,朱进. 智慧酒店——酒店产品升级换代的必然趋势[J]. 镇江高专学报,2013,26(1):31-34.

智慧服务为核心,具体包括预订、入住、退房的智能化,省电模式智能化,以及客房服务智能化等①。

综合相关的研究成果,我们认为,智慧酒店是指充分利用物联网、云计算、移动互联网等新一代信息通信技术,以服务宾客为中心,以提升酒店服务质量、改善酒店管理水平、降低酒店运营成本为目标,打造智能化、人性化、个性化和专业化相统一的新型酒店。

6.1.2 智慧酒店的建设内容

智慧酒店的建设有的是对已有的酒店进行智慧化改造,有的是对新建酒店进行智慧化设计和建设。不管是改造还是新建,IBM公司针对酒店行业从运维、管理、客户服务到客户体验的具体需求,提出了以下四个方面的建设内容:

1. 机房集中管理

连锁型酒店逐渐在中国成为酒店行业的主流,通常每个酒店都拥有自己独立的IT机房、服务器和管理软件,并配备一个IT团队来支持IT运维。随着酒店规模的不断扩大以及人力成本的不断提高,连锁型酒店所承担的IT运维成本将不断增大酒店盈利的负担。针对这一现象,机房集中管理和IT整合外包将成为酒店IT解决方案的新趋势。IBM建议未来的连锁酒店应建设集中的IT机房,以取代分散在各个酒店的独立机房,进而各个酒店不再需要设置服务器及软件,只需通过网络连接到集中IT机房,即可使用大机房的服务器以及软件进行正常的酒店业务管理。此外,IBM建议酒店客户充分利用IT外包服务,减少酒店公司内部的IT人力成本和设备维护成本,并使用IT服务商所提供的设备租赁服务,直接获得更大的IT机房,在IT服务商专业人员的辅助下轻松实现智能化的酒店管理。

2. 桌面云

酒店IT的传统架构覆盖数量众多并且极度分散的PC客户端,面临着难于管理、总体拥有成本高、难于实现数据保护与保密以及资源利用效率不高等诸多问题。建设桌面云可以帮助酒店增强竞争力,通过提高管理效率、降低运行和维护负担以及人力需求等,最终实现总体拥有成本的降低。通过桌面云的部署,酒店

---

① 裴盈盈,袁国宏. 智慧旅游浅析[J]. 当代经济,2012(5):46-47.

管理方可大大提升酒店网络的管理效率,实现桌面环境设立、配置、资源管理和工作负荷管理的集中化与简单化,有效地将硬件资源归集和共享,并且灵活地实现计算资源的重用以及桌面环境计算资源的动态分配。

桌面云的运用可有效实现用户端的零维护,降低故障率和管理成本,免除升级的烦琐并可实现使用周期最大化,在有效控制使用权限的同时提高工作效率。此外,桌面云还带来了高度的系统安全性,数据输出的集中管理使客户端避免了病毒的感染,实现数据的保护与保密。考虑到酒店计算环境的规模性和复杂性,桌面云从酒店客户的实际需求出发,提供端到端的安全性,简化验证和增强登录的安全。

3. 自助入住登记和退房/无线入住登记

在高峰时段,酒店的客人经常会需要排队等候。实施自助入住登记和退房以及无线入住登记,能够提供人性化、省时、便捷的服务,可为客人省去不必要的排队时间,给客人带来更为出色的入住体验。另外,这一方案能实现无线无纸、节能环保的目标,为客户提供简单省时的服务体验的同时,更能帮助酒店细分客流,进一步提升效率。

自助入住登记服务可以让客人在大堂或电梯厅的自助登记设备上直接办理入住登记和退房手续。即使有VIP客人驱车入住,车库的自助入住登记设备也可在汽车进入车库的入口处同时完成入住登记和房卡制作。而无线入住登记服务是指为在VIP休息室沙发上休息的客人提供无线联网的触摸式电脑,通过电子入住登记表进行登记。客人只需要在触摸屏上显示的入住登记表上签字就可以完成入住手续,小型制卡机立刻可以完成房卡的制作。

4. 融合网络

在传统的酒店网络架构中,酒店往往分别建设独立的电话网、客房上网、管理办公网、视频网等网络,不但投资巨大、运行维护复杂,而且很大程度上阻碍了酒店信息化发展的需要。融合网络包括集成电话、办公无线网络、客房上网、客用无线网络、电视系统、办公网络和安保系统,它是支撑酒店信息通信的基础设施。建设融合网络,可通过提高员工工作效率、减少系统故障和降低运维成本的方式,达到有效降低酒店管理、运行和维护的成本,实现上网服务、会议网络服务等多种增值服务,并通过便捷的无线网络和可靠的网络接入使员工可以使用任何端口连接办公网,实现有线网络和无线网络一体化服务。与传统的网络设施相比,融合网络显著提升了使用效率、可靠性和便捷性,在节省投资的同时易于维护和管理。

融合网络建成后,酒店可以建设一张 IP 网络并同时覆盖以上各网络,避免多张网络线路设施重复建设。对于酒店的建设方和管理方来说,可用较为实在的实施费用和具有竞争力的价格为他们提供先进的技术和服务;而对于宾客来说,可为他们提供高性能的网络服务和全新的入住体验。

IBM 所提出的四个方面的建设内容为智慧酒店的建设提供有价值的参考依据,但每一个酒店必须从实际出发,结合自身的业务需求,有针对性地进行智慧开发和建设,以进一步提升自身的市场适应能力和竞争实力。

6.2 智慧酒店的应用系统

智慧酒店是一个复杂的系统,各类智慧的应用是智慧酒店的灵魂所在。目前,酒店的智慧应用系统主要包括智慧宾客系统、智慧服务系统、智慧内部管理系统和智慧客房管理系统四个子系统。

6.2.1 智慧宾客系统

酒店是为宾客提供住宿服务的场所,宾客体验的智慧化程度是智慧酒店发展的首要议题。智慧宾客系统以满足宾客的服务需求、提升宾客的智慧体验为中心,通过互联网、移动通信、物联网以及云计算等技术的应用,让宾客能够方便快捷地完成酒店的预定、入住登记以及退房离店等各项手续,充分享受智慧酒店带给宾客的乐趣和便利。

1. 酒店的预订和退订

酒店的预订和退订是宾客最为关注的基本服务,也是体现酒店智慧化程度的重要标志。目前,越来越多的酒店已经意识到方便客户预订和退订酒店的重要性。对智慧酒店而言,一方面要充分利用目前已具有成熟模式和良好基础的第三方预订平台,如携程、同程、途牛等;另一方面应开发自己独立的客房预订系统,方便宾客通过实名认证等方式办理相关业务,同时也便于酒店更好地对宾客进行长期的管理。

2. 宾客智慧引导

宾客每当进入一家新的酒店后,总会感到比较陌生,尤其是规模比较大、结构比较复杂的酒店。如何在最短的时间内到达自己入住的房间,并能方便地找到相关服务的场所和人员,是宾客非常关心的问题。利用物联网结合移动通信等技术,通过感知等手段为宾客提供酒店内部的位置定位和目的地引导服务,既可以为宾客带来方便,又减少酒店在引导服务方面的人力和物力的投入,使酒店和宾客共同受益。

3. 客户自助离店结算

如何方便快捷地让宾客离店是体现酒店管理水平和服务能力的重要标志,很多酒店对这一问题还没有引起应有的重视,导致不少宾客花了很多时间办理离店手续,使其觉得自己不受尊重和信任,从而对酒店产生不满。我国酒店的退房结算制度烦琐,主要有三个方面的原因:一是宾客住宿期间的签单需要结算,比如餐饮、娱乐等;二是部分宾客需要开具发票;三是酒店怕酒店内的物品被宾客顺手牵羊,因而必须对房间进行逐一检查。针对以上三个方面的原因,酒店可利用智慧化的手段进行针对性的改进,包括宾客消费的实时结算、宾客个人信息的动态记录以及酒店物品的智慧管理等,提高宾客离店结算的效率,提高面向宾客离店服务的质量,进一步凸显智慧酒店的价值。

6.2.2 智慧服务系统

服务是酒店的命脉,是关系到酒店市场适应能力和竞争实力的首要指标。因此,智慧服务系统建设是智慧酒店发展的重中之重。智慧服务系统的建设内容包括以下五个方面:

1. 宾客智能识别系统

宾客是酒店服务的主体,如何更好地为宾客提供个性化和人性化的服务,是酒店努力的目标。现代酒店服务涉及的信息广泛而复杂,服务环节的增多更会导致信息传递过程中的损失,进而直接导致服务失败和宾客的不满。对客户进行智能识别,并能针对特定宾客提供个性化的服务,是智慧酒店提供智慧服务的重要条件。宾客智能识别可采用无线射频身份卡、智能手机等,通过实时的感应,让酒店服务人员及时了解所服务的宾客是谁,他们有哪些个人喜好以及他们在酒店消费的历史数据等。在对宾客进行自动识别的基础上,为宾客提供更加体贴入微的服务。

2. 面向宾客的智能服务系统

客人住店期间有各种各样的服务需求,这种信息在传统的酒店管理环节往往经过多次传递而无法及时完成,甚至因此而招来投诉。利用智慧化的手段实现宾客信息在酒店各个环节的共享,进而提供面向宾客的一体化智能服务。当宾客的个人信息和服务需求信息提交给服务中心,服务中心按服务分工将相关信息传递给相关的服务部门和人员,对应的服务人员就能及时完整地理解客户的需求,并提供针对性的服务。服务完成后服务人员向服务中心确认完成,而服务中心则会征询客人意见,形成一个完整的服务闭环。这样整个服务过程就不会出现信息的损耗,可以说实现了"宾客—服务中心—服务部门—服务人员"之间的完美融合,达到了理想的智能化服务的效果。

3. 智能点餐服务系统

为宾客提供餐饮服务是很多酒店的基本业务,但如何使客人点餐方便,是一个需要认真对待的问题。目前已有一些酒店开始提供智能点餐服务系统,并取得了良好的应用效果。这一系统一般利用联网的平板电脑实现客户的点餐操作和前台的结算系统以及后厨的配菜系统互联,实现点餐信息的实时共享,既可以为用餐客人带来极大的点餐便利,又可以为酒店带来更高的效率,同时还可以显著地提升自身的服务水平。

4. 智能会议管理系统

在一些级别比较高、规模比较大的酒店一般都提供会议服务,为客户以及自身召开会议提供支撑。智能会议管理系统可以为会议的组织与管理提供全方位的服务,简化会议管理的流程,提高会议组织的效率。智能会议管理系统包括参会人员自动签到、会议室智能管理、音视频智能传输、参会人员行为智能分析等。此系统使酒店的会议管理水平和服务能力得到显著提升,同时也进一步提升了酒店服务客户的能力。

5. 智能票务服务系统

客人入住酒店以后,免不了有各种票务服务的需求,譬如当地旅游景点的门票、车票、机票等。尽管宾客通过多种渠道可以获得相应的服务,但智慧酒店应该为宾客提供全方位的智能票务服务,并根据宾客各自的出行出游需求提供针对性的票务服务。

6.2.3　智慧内部管理系统

酒店内部的管理是酒店服务力和竞争力的内核,是决定酒店竞争力的关键因素之一。利用现代信息通信技术实现智慧化的内部管理,对提升酒店的管理能力有着重要的意义。酒店智慧内部管理主要涉及以下三个方面:

1. 作业流程的智慧化管理

酒店作业流程是酒店提供各类服务的基本依据,流程是否规范、高效、整合,直接影响酒店服务的水准。物联网、移动互联网等技术的应用使酒店作业的流程更加清晰、简洁、顺畅和科学,在提升作业效率、降低作业成本的同时,为宾客提供更加卓越的服务。

2. 酒店员工的智慧化管理

员工既是酒店服务提供的主体,也是酒店最为宝贵的资源。利用现代信息通信技术实现对员工的智慧化管理,不但可以有效提升员工的工作效率、降低人员成本,而且能提高员工的素质,促进员工之间的合作与交流。员工的智慧化管理通过建设智慧化学习系统、员工个人身份识别系统以及个性化绩效考评系统等方式,为员工的学习、合作和个人发展提供全方位的支持。

3. 酒店资产的智慧化管理

每一个酒店都有不同数量的各类资产,如何对资产进行有效的管理,对资产作用的发挥有着重要的关系。酒店资产的智慧化管理包含静态管理和动态管理两个方面:静态管理侧重于对资产基本信息的管理,比如对酒店内部设施、电脑设备等资产信息的采集与规范化的管理;动态信息则主要针对各类作业资产运营状态的动态实时监控和管理,比如对处在服务状态的车辆、游泳池、音响等实现作业状态的实时数据或图像的采集和共享,以便能对作业状态进行有效的控制,防止一些意外状况的出现,同时也可有效提高资产的利用率。

6.2.4　智慧客房管理系统

客房是酒店最重要的基础设施,也是宾客体验酒店服务的主要场所。智慧客房管理系统通过现代信息通信技术在客房管理中的应用,全面提升客房管理的水平,进一步改善面向宾客的服务。智慧客房管理系统主要的建设内容包括以下四个方面:

1. 智能门禁系统

门禁系统是宾客和工作人员出入客房的主要载体,如何在确保安全的前提下尽可能为宾客和工作人员提供方便是门禁系统首先要考虑的问题。目前,越来越多的酒店使用了带有 RFID 芯片的门禁系统,这类系统跟原有的接触式磁卡系统等相比有了较大的进步,但在实际使用中仍然存在安全性不够高、容易受手机干扰导致的消磁、携带不便以及容易丢失等问题。具备条件的酒店可探索利用生物技术、信息通信技术等,进一步提高门禁系统的方便性、安全性和可靠性,为宾客创造更大的便捷。

2. 智能灯光、温度控制系统

灯光和室内温度的调控是酒店客房管理的重要内容,利用智慧化的手段可对照明和温度进行更好地管理和控制。利用客房智慧管理系统,宾客可根据自己的需要设定适合自己的灯光和温度。一旦宾客离开,客房会自动关闭所有设备,以尽量缩减能源开支;宾客回房间后,系统就会自动"唤醒"原先的设置参数,免去宾客反复设置和调试的麻烦。

3. 电视智慧服务系统

在不同类型、不同等级的酒店中,电视几乎是每间客房的标配。充分利用电视这一媒介,是智慧客房管理的基本思路。宾客进入房间后,电视能自动选择以母语欢迎客人入住,并能自动弹出客人上次入住时常看的频道;能动态显示酒店所在地天气变化状况;为客人提供点餐服务;当客房外有人敲门时电视能自动显示来访者的图像;当宾客需要购物时,电视作为在线的购物中心,为宾客提供购物的便利。由此可见,电视作为客房智慧管理的重要接口,可以发挥出重要而又独特的作用。

4. 智能化的互联网接入服务

为宾客提供方便、快捷和高速的互联网接入服务已越来越成为客房的基本功能。智能化的互联网接入服务能够为宾客携带的笔记本电脑、智能手机、平板电脑等需要上网的设备提供自动的身份认证和快速接入互联网的服务。目前,越来越多的酒店在客房中开通了有线接入互联网的服务,但很多酒店还没有开通无线接入的服务,有的即使开通了但由于认证复杂或者速度太慢而遭宾客不满。因此,智能化的互联网接入必须围绕方便和快捷下功夫,为宾客尽可能提供高水平的互联网接入,进一步凸显智慧酒店和智慧客房的实际应用价值。

6.3 我国智慧酒店建设的参考规范

目前,我国尚未出台全国性的智慧酒店的建设规范,在地方上已着手开展这方面的探索。由北京市旅游发展委员会牵头编制的《北京智慧饭店建设规范(试行)》成为我国智慧酒店建设的重要参考依据。该规范从十个方面对智慧酒店的建设提出了具体的要求,对科学、有效地推进我国智慧酒店的建设具有重要的指导意义。

6.3.1 供电、网络与通信

酒店供电应采用多路冗余方式供电,能为宾客提供多种物理接口和电压,并提供不间断电源。固定电话应提供叫醒服务,权限可区分市话、长途、国际长途,详单应可在前台打印,固定电话交换机应可接入 SIP 终端,可从电脑、平板电脑上发起呼叫,固定电话机应提供一键式接入服务。客房应配有有线和无线网,互联网出口应具有链路冗余,互联网具有带宽管理的技术手段和多种计费方式,为保证宾客上网安全应具有防病毒和木马的手段,具有上网行为监控功能、上网日志记录功能,能分析主流协议,对于敏感信息能报警。移动运营商信号应能覆盖酒店的所有公共区域和客房,手机能进行顺畅的语音和数据通信。

6.3.2 酒店管理

酒店应建设 ERP(Enterprise Resource Plan,企业资源计划)系统,包括物资管理、人力资源管理、财务管理;应有 PM 系统,包括预订、查询客房状态、留言、出账管理、报表等功能,方便与其他系统对接;应有 CRM(Customer Relationship Management,客户关系管理)系统,包括客人回访、建立客人档案、满意度调查、投诉处理等功能,能对各类数据进行挖掘分析,能通过多种方式进行在线预订。

6.3.3 会议设施

酒店的灯光能分区控制,亮度可调节。酒店隔音效果好,有同声传译功能,有会议投票、表决、主席控制系统。有电视电话会议功能,有多媒体演讲系统。在会议室内任何角落都应能听到清晰的语音,无杂音,并提供无线网络覆盖。酒店有远程会议系统,能通过网络或者智能终端设备进行预订。

6.3.4　广播电视系统

酒店应能收看适宜数量的中文节目和外文节目,具有视频点播功能,配备有线和卫星电视;酒店公共区域应能播放背景音乐。

6.3.5　智能停车、电梯与监控系统

智能停车系统应提供智能卡计时、计费或者视频车牌识别计时计费功能;车库入口显示空闲车位数量,提供电子化寻车定位导引。电梯应给客人配备身份识别卡,客人进入电梯,识别客人楼层可自动点亮该楼层,无卡者进入电梯,可拒绝其任何按键操作;电梯应配备盲文,可供盲人操作。监控系统应具有防盗功能、防破坏功能,视频清晰度高,能在黑夜环境中识别车牌号码,可设置电子围栏,对超过围栏的车辆可进行提醒,图像信息可供其他系统调用,能识别火灾并与消防系统联动。

6.3.6　网站服务

酒店应根据自身的实际情况建设品牌集团网站或者单体酒店网站,网站应支持多国语言,方便不同国家的宾客访问。

6.3.7　智能信息终端

客房信息终端应支持多种形式(电视、电话和移动终端),支持多种功能(音视频播放、全球定位、带有便携式操作系统、能进行3G/4G无线通信、能进行触摸控制、支持无线网、支持视频通话、具有较高的分辨率),支持多种语言。

6.3.8　智能控制

客房智能控制应设置控制单元,网络通信方式支持TCP/IP方式传输数据,可扩展性好。智能终端应可控制空调、灯光、电视、窗帘等,并具有模式(睡眠、舒适等)设定功能。客房内应有行之有效的节能措施。

6.3.9 智能云服务

智能云服务应提供丰富的信息呈现：

- 当地天气、温度；
- 房间温度；
- 房间湿度；
- 房间空气质量；
- 酒店介绍；
- 酒店公告；
- 酒店特色餐饮；
- 会议设施介绍；
- 特色服务介绍；
- 服务指南；
- 客房展示；
- 航班信息；
- 火车信息；
- 周边信息，即客人周边三千米内食、住、行、娱、游、购的信息；
- 地图查询；
- 景区信息；
- 当地地铁线路图；
- 宾客消费明细；
- 在各个界面以明显方式发布广告及公告；
- 当地 PM 2.5 数值；
- 运用三维全景实景混杂现实系统技术使客人实现以第一人称视角虚拟漫游酒店，向客人展示完全真实的三维的酒店景象。

智能云服务应提供丰富的功能，具体包括：

- 借物品服务；
- 客房服务；
- 点餐服务；
- 查看前台留言；

- 通知退房；
- 提供用户投诉窗口；
- 提供满意度调查。

智能云服务应具有以下报表功能：
- 能根据宾客的评价上报信息，并生成报表；
- 后台应能采集酒店已入住客房内温度、湿度等数据，对酒店客房舒适度数据进行集中收集和管理；
- 后台应能进行商业智能分析、客户行为分析、酒店经营数据分析，并生成报表。

智能云服务应提供丰富的电子商务服务：
- 可为酒店内的餐厅、商店提供菜品、商品预览；
- 连接酒店收费系统，直接将消费账单合并到客房费用中计费；
- 可预订周围餐厅；
- 可预订旅行线路；
- 提供叫车服务；
- 提供酒店预订功能。

此外，餐厅应提供平板电脑智能点餐服务。

6.3.10 公益文化

酒店网站或者智能终端中应设置公益募捐宣传栏目，可进行电子化募捐，设置节能环保、中华文化、城市文化、政策法规等宣传栏目。

6.4 国际智慧酒店发展案例

智慧酒店的建设正成为国际酒店行业的一个新的潮流，各种类型的酒店都把建设智慧酒店作为提升竞争力和发展力的有力举措。本书选取日本东京的半岛酒店和中国香港特别行政区的 Hotel ICON 作为案例，希望能对国际智慧酒店的发展态势有更好的把握。

6.4.1 东京半岛智慧酒店发展案例

东京是全球重要的旅游城市,半岛酒店是地处东京核心区的知名酒店,在智慧酒店建设方面,已取得了较为明显的成效。

1. 智慧酒店的概况

半岛酒店的总部位于香港,在马尼拉、纽约、芝加哥等7处皆以世界最高水平的半岛酒店服务闻名,东京半岛酒店是其全球第8家分支机构。东京半岛酒店坐落于东京丸之内商业区,与京都御花园隔街相望,距离银座购物中心仅几分钟的路程,距离成田机场68千米、羽田机场20千米。酒店于2007年9月1日隆重开业,设有314间客房(其中包括47间套房)、5间餐厅、1间酒吧、2个宴会厅、6间多功能房、婚礼小教堂、传统日式礼堂、健身中心、半岛水疗中心,还拥有由劳斯莱斯和宝马豪华轿车组成的车队。半岛酒店由于拥有无与伦比的城市景观、奢华舒适的住宿、精良先进的设施、品质非凡的餐饮以及富有传奇色彩的半岛酒店服务,所以在国际上备受商务人士和旅游人士的青睐。

东京半岛酒店是全世界唯一一家设有内部研发部门的酒店,共有20名工程师不断为客人开发最人性化的智能科技服务,成为全球智慧酒店建设的重要实践者。

2. 智慧的网络环境

东京半岛酒店是业界最早开展无线管理和服务的酒店之一,首创整合语音、数据,且覆盖全酒店的WLAN环境,营造了十分独特的智慧管理和服务环境。该系统最大的特点在于把在酒店内可作为无线内线电话使用、在酒店外可作为手机使用的无线LANDUAL终端N902iL设置在全部客房内,并配备给全体服务人员,总数达到450台,使客人无论在酒店内部或外部都能和酒店服务人员取得联系,也可在客人退房时结算话费,可以实现和客户的快速沟通,从而满足客户全方位的要求,因此在顾客服务上获得了乘数效应。

具体的做法是,在整个酒店部署了支持DoCoMo FOMA移动通信网络和思科统一无线网络间无缝连接的网络,网络的覆盖率达到99.9%。该网络允许用户使用同一号码接入办公室语音信箱、移动语音接入以及其他移动应用。移动终端和思科统一无线网络都支持54Mbps Wi-Fi标准IEEE 802.11g和IEEE 802.11e,可以确保基于无线局域网的语音业务质量。在办公室之外,N902iL可以通过

DoCoMo FOMA 网络操作,利用思科的移动统一通信系统接收来自办公室的电话。

这一项目由 NEC 公司负责建设,方案以 IP 语音服务器 UNIVERGE SV7000 为核心,建成了以无线基地台 UNIVERGE WL1500 - AP 整合语音及数据的无线 IP 网络,再加上采用在移动电话 FOMA/WLAN 双模手机的 N902iL,实现了馆内使用无线内线电话、馆外使用移动电话的设想。

在信息安全方面,N902iL 终端采用了防止误用、数据保护等方法,并针对 UNIVERGE SV7000 的用户采取了身份认证功能、加密功能及防止未经授权造访网络等措施。此外,在每一台交换机上的各个按键也设定了语音、数据传输时不会相互干扰的功能。再者,从馆外使用移动电话拨打外线时设置了计费系统,拨打时加按房号及移动电话号码,计费系统即开始计算,方便对宾客通信消费进行准确的计价。

3. 丰富多样的智慧服务

半岛酒店利用独特的智慧网络环境,结合自身的实际情况,面向宾客提供了多种体贴入微的服务,具体有:酒店客房内部提供了各种功能的按钮,按下按钮便会显示室外天气和湿度,能够为客人出游提供穿衣建议;按下转换按钮能够根据客人所属国籍设定环境为其母语(如电话提示音、房间内提示);如果有电话响起时,房间内的广播和电视都会自动变成静音,而且只需按下按钮就能免提接听。客房的灯光系统也很智能,能够根据客人入住时间自动调节灯光的亮度。浴室中,声音系统、灯光系统与浴室周边结合,可以随着心情、水温、水声而变化灯光的颜色及柔和度,而且只要一键操作就可将浴室转化为水疗环境。酒店还提供特色洗衣服务:宾客将盥洗衣物投入客房内的洗衣箱,按下服务铃,服务人员不需进入客房而通过 N902iL 传递的信息即可迅速提供服务。

6.4.2 香港 Hotel ICON 智慧酒店发展案例

Hotel ICON(唯港荟)是全球首座五星级教学酒店,是香港理工大学在 2011 年 4 月底创设的创新型酒店,营运以来获奖无数、话题不断,更是当今香港最有人气的时尚酒店之一,其智慧酒店的建设在一定程度上代表着国际先进水平。

1. 独具特色的酒店设计

Hotel ICON 是香港自创的品牌,完全独立运作,虽然没有国际连锁酒店的强大资源做后盾,但也不必受制于母公司的规定,可以尽情发挥自我特色。酒店的市场定位介于豪华酒店与高级酒店之间,强调精致、适切、物有所值,且能展现香港文化。

在酒店环境建设方面,酒店邀请知名建筑师 Rocco Yim、室内设计师 Terence Conran 与 William Lim 以及法国植物学家 Patrick Blanc 在大厅中建成了亚洲最大的植生空间,营造出了别具一格的酒店生态环境,为宾客在寸土寸金的香港提供了亲近自然、品味绿色的独特空间。这一高达六层楼的热带植生墙在为每一位来酒店消费的宾客带来强烈视觉冲击的同时,也充分彰显了酒店的特色,成了酒店竞争力的重要来源。

在文化体验方面,Hotel ICON 调查发现,宾客不仅在意软硬件的奢华与舒适,更期望在住宿过程中体验各地的文化特色。国际连锁豪华酒店满足了前者,却较少提供深入的当地文化想象。为此,Hotel ICON 从美食与设计两路并进:首先,围绕香港最引以为傲的饮食文化下功夫,结合 Open Kitchen 空间与本土美食,设计出无论本地还是外地宾客都喜爱的地道餐厅;其次,积极与香港新时代设计师、艺术家合作,从员工制服、艺术品陈列、空间摆设、房间设计等方面着手,可以说,"香港设计"成了 Hotel ICON 最独特的品牌识别标志。

在增值服务提供方面,最令人称道的独创设计就是房客在进房前、退房后皆可自由使用的 Timeless Lounge。酒店方观察到多数香港飞欧洲的班机都夜间出发,宾客退房后无处可去,急需一个休憩梳洗的空间。因此,Hotel ICON 领先业界推出了房客可免费使用的 Timeless Lounge,提供更衣、休憩、饮食等贴心服务,让提早 Check-in 与搭乘夜间班机的宾客都能拥有一个缓冲的休息处所。这一贴心的服务并不需要耗费过多的成本,但带给了宾客实实在在的方便,从而使其成为宾客心目中独一无二的酒店,因为这是他们真正需要的服务。

酒店的 Minibar 免费提供的零食深受宾客欢迎,成为免费供应零食的创新实践者。酒店通过调查发现,宾客对在酒店以高于市价数倍的价格出售零食和饮料等做法深恶痛绝,为此,酒店专门在 Minibar 提供了可免费自由取用的零食和饮料,为宾客提供了极大的便利。

2. 丰富多彩的智慧服务应用

Hotel ICON 在智慧酒店的建设和应用方面,以更好地为宾客提供服务为着力点,充分利用现代信息通信技术为宾客提供多方面的服务。

酒店在客房内采用了 IBM IPTV 系统来提供丰富的多国节目,宾客在电视上看到有兴趣的内容可以直接打印,笔记本电脑与数码相机的相片文件也可直接在电视上播放。如果要在房间内举行小型商务会议,电视就变成了大的屏幕投影。

在酒店内部,Hotel ICON 将资产管理、餐厅订位、高速上网、保全维安、财务结算等各种系统整合在一起,为酒店的内部管理和高标准的宾客服务提供了方便可靠的信息系统支持。

酒店善用 GDS 全球分销系统、Agoda.com、Orbitz.com 等网络平台,加上精准的网络广告投放,使用 OTA(Over-The-Air)在线订房的宾客已经超过总体订房的一半。

为了早一步参与消费者的决策过程,Hotel ICON 通过开展相关的信息收集与研究发现家人与亲友的意见对选择酒店的影响很大,于是酒店透过诸如 Facebook、Youtube 等社交平台进行营销,以获取 Conversation Economy(对话经济)的商机。

酒店十分重视网友评价,致力于提升消费者满意度。当在网络上收到不好的评价时,Hotel ICON 会主动询问原因并加以改善,宾客因为意见受到重视而十分感动,Hotel ICON 也因此提升了消费者的满意度。

Hotel ICON 在智慧酒店建设方面的实践表明,以宾客的需求作为出发点,充分发挥现代信息通信技术在酒店服务与管理中的作用,既能得到宾客的高度认可,又能为酒店提升竞争实力和经济效益做出重大的贡献。

6.5 黄龙智慧酒店建设案例

杭州黄龙酒店坐落在杭州顶级商务圈核心区域,紧靠黄龙国家级风景名胜区,毗邻美丽的西子湖,与武林商圈、黄龙体育中心、杭州市政府等政治、经济、文化中心咫尺之遥。作为国内外高端宾客造访杭州的首选下榻之所,黄龙酒店在杭州酒店行业中占有独特的优势。但随着市场竞争的不断加剧、宾客的要求不断提升,黄龙酒店同样面临着严峻的市场考验。在新的市场形势下,黄龙酒店提出通过建设智慧酒店提升服务品质和客户满意度,吸引高端游客与会议会展,以自身的实际行动促进杭州旅游业的振兴与发展。经过数年的发展,黄龙酒店在智慧酒店的建设和应用等方面取得了卓有成效的进展,成了全球第一家拥有全方位高科技智能体系的智慧型酒店,为我国智慧酒店的建设和发展积累了宝贵的经验。

6.5.1 案例背景

区域位置得天独厚的黄龙酒店隶属杭州旅游集团,是杭州市政府指定的接待酒店,承办了很多重要会议与贵宾接待工作,是展示杭州城市形象的窗口。酒店拥有总面积达 11 万平方米的现代奢华的舒适环境及独树一帜的江南庭院设计,是宾客放松休憩、激发创意的理想场所。酒店共有 598 间豪华客房,其中包括豪华房、行政楼层客房、女士楼层、套房、东方印象楼层和服务式公寓,客房均配有舒适的现代化设施。随着时代的进步和社会的发展,越来越多国际化新型酒店的进驻使杭州的酒店行业竞争日趋激烈。与此同时,金融危机也导致杭州旅游业面临新的挑战。如何突出重围,续写并超越黄龙的往日辉煌成为黄龙酒店管理层面临的首要问题。随着杭州市定位旅游休闲城市战略规划的出炉,黄龙也明确了建设智慧酒店的目标,希望以此来提升酒店的竞争力、服务力和发展力。为此,黄龙酒店选择 IBM 为合作伙伴,共同开展智慧酒店的建设。

6.5.2 发展历程

黄龙酒店的整体布局包括 1 号楼、2 号楼、3 号楼、5 号楼、会议中心、花园、餐厅等。黄龙智慧酒店的建设从其自身的实际情况出发,总体分成三个阶段。

第一阶段:2009 年初～2009 年 10 月,方案论证阶段。主要完成了智慧酒店的论证实施、方案规划、项目招标过程。在此过程中,黄龙酒店充分结合了自身 20 多年的经营管理经验,同时引入了现代高科技的服务手段,结合 IBM 公司的科学技术成果,完成了整体老黄龙的改造论证方案。在此期间,黄龙酒店不但完成了老酒店的改造任务,而且实现了一边改造一边营业的良好局面,没有一天停止过为宾客服务,取得了良好的经营效果。

第二阶段:2009 年 11 月～2010 年 10 月,项目施工建设阶段。在一整年的时间里,黄龙酒店不断结合现有的经营管理要求,细化和规范施工进度和流程控制,实现了诸多新科技元素的应用。随着 1、3、5 号楼的顺利开业,黄龙酒店在原有老酒店的基础上整体扩大到了 11 万平方米的建筑面积,从原有的 400 多间客房扩增到了 598 间客房,成为杭州首屈一指的大型五星级酒店。虽然一整年处在改造过程中,但全年仍实现了 1.8 亿元的营业收入。

第三阶段:2010 年 11 月～2011 年 10 月,收尾和验收阶段。完成了所有系统项目的施工和建设,将工作中获得的经验进行了有效的分析和总结,实现了工程项目的优良化管理,并且在 2010 年顺利通过了新国标的五星级酒店认定,在评定过程中国家级的评定专家对酒店内的高科技设施给予了充分的肯定和表扬。

经过最近几年的运营和发展,黄龙智慧酒店已取得了显著的经济效益和社会影响,成为我国高级别星级酒店智慧化的成功典范。

6.5.3　信息系统建设

黄龙智慧酒店建设项目的信息系统由多个子系统组合而成,各组成系统说明如下:

1. 综合布线系统

这一系统充分考虑了酒店运营的实际需求和其他相关子系统对网络的要求,在物理上分为办公网、客房网、IP 电话网、安防网、无线网(含内外网),做到既可在使用上物理隔离又能在管理上集中配置管理,在核心设备选型上又充分考虑了可扩展性。

2. 语音交换系统

本系统采用先进的 IP 电话技术,除满足普通语音通信以外,客人还可通过设置在每个客房内的 IP 电话机进行账单查询、客房服务点单、公共信息查询等多项内容。

3. 视频监控系统

本系统在架构设计上抛弃了传统的模拟视频监控方案,使用了纯 IP 视频解决方案,所有视频监控型号直接在摄像机前端被转化为 IP 信息,并通过计算机网络系统设计的视频监控专网传至监控中心,且在视频存储及视频矩阵方面均通过专业的视频服务器及管理服务器来直接对 IP 信息进行处理,大大保障了信息的传输质量和可靠性。

4. 楼宇自控系统

本系统采用的产品监控点大体包括:冷冻、空调系统,采暖、通风系统,给排水动力系统,变配电系统,照明系统,电梯、扶梯监控系统,车库管理系统等。

5. 电话计费系统

这一系统除了普通的计费功能之外还提供员工手机信息推送服务,并协同酒店其他管理系统实现了酒店员工电子化派单。

6. 存储管理系统

本系统主要用于对视频监控系统的图像信息以及其他业务信息进行保存,为智慧酒店提供全方位的数据存储支持。

7. RFID 应用系统

RFID(无线射频识别)应用系统通过无线射频识别技术的应用实现了智慧酒店的核心功能,是支撑各类应用的关键所在。

6.5.4　RFID 应用系统方案

RFID 技术的应用是黄龙酒店智慧化建设的核心,也是智慧酒店的智慧根源。它通过射频信号自动识别目标对象并获取相关数据,识别工作无须人工干预,可工作于各种恶劣环境,并且操作简单、便捷、高效。黄龙酒店 RFID 技术的应用包括自助入住登记和退房系统、迎宾管理系统、餐饮区域管理系统、会议签到系统、服装管理系统和资产管理系统多个功能模块,各子系统功能模块说明如下:

1. 自助入住登记和退房系统

自助入住登记和退房是指宾客无须到前台排队登记,只需在大堂或电梯厅的自助登记设备(TABLET PC)上办理酒店入住登记和酒店退房手续,在房内或店外就能完成登记、身份辨识及信用卡付款手续。客人如果自己驾车进入酒店,可以在进入车库刷卡打开闸机的同时完成入住登记,直接到客房休息。针对三十五岁至五十岁对于计算机操作熟悉的商务人士,杭州黄龙酒店特别于大堂内设置 Kiosk 机,客人可自助完成登记手续。

2. 迎宾管理系统

迎宾管理子系统主要用于 VIP 客户入住酒店时提供引导和服务。具体功能如下:RFID 收集进入酒店东、西大堂的客户信息并同步将 VIP 客户的个人信息(包括客人的姓名、性别、国籍、照片等)以及 VIP 客户的订房信息传送到服务人员处,系统根据客户房间信息自动指示电梯层数及方向,到达指定楼层后,根据房间位置自动闪烁导航等引导客户入住。

3. 餐饮区域管理系统

餐饮区域管理子系统主要使用在酒店的特定区域(中餐厅、西餐厅、咖啡厅、雪茄厅、电梯等)。当客人进入这些区域之后,系统自动检测客户的 VIP 身份来判断该客户是进入还是离开该区域,并将这些信息反馈给相应区域的服务员。

4. 会议签到系统

会议签到子系统主要用于管理酒店内进行的会议。该系统能够通过收集进入会议室的RFID信号来判断其是离开还是进入,首次进入会议室的自动完成签到。系统自动记录到会人数、离开人数、离开时间等数据并自动生成报表。

5. 服装管理系统

服装管理子系统通过员工制服上的RFID标签,实时采集员工送洗的制服信息,自动生成员工支付清洗记录报表;实时采集本日未领取制服信息,生成制服盘点报表;同时通过酒店特殊区域如机房等处的RFID阅读器,自动对员工的非授权进入触发报警。

6. 资产管理系统

资产管理子系统主要用于检测特定区域的财产安全,实时监测重要资产的移动情况。当检测到重要资产出入酒店关口时,自动触发报警,向资产管理员及酒店安保部门发送短信报警以及声音报警;在管理终端,可以对资产移动报警进行确认,确认报警时,需要填入确认人和确认描述;每次报警,记录报警的发生时间、地点、报警物品、确认时间、确认人、确认描述并能自动生成资产移动报警报表。

6.5.5 高科技特色应用

杭州黄龙酒店以科技为品牌战略手段,打造智能型酒店,在充分利用RFID等新兴信息技术手段的基础上,采用了多种高科技的特色应用,在此选择有代表性的应用予以说明。

1. 智慧客房导航系统

这是专门为宾客进行客房引导的系统,宾客一出电梯,系统会自动感应宾客的房卡信息,三道指示牌指引宾客直至自己的房间。

2. 电视门禁系统

这是全世界第一套电视门禁系统,若在宾客不便应答的时候有人按门铃,门外的图像会主动跳到电视屏幕上,方便宾客判断以什么形象去开门。

3. 全球通客房智能手机

全球通客房智能手机解决了国外手机无法在中国使用的问题,从技术的角度,它可以全球拨打、免费接听,并可在酒店或杭州范围内的任何地方使用。

4. 互动服务电视系统

互动服务电视系统内设八国语言(中、英、日、韩、西、意、法、德),系统自动选择以宾客的母语欢迎入住,全3D动画Flash设计和高清显现,提供多款休闲游戏,并自动弹出宾客上次入住时常看的频道,显示宾客国家及杭州当地的天气情况。

5. 机场航班动态显示服务/登机牌打印服务

机场航班动态显示服务/登机牌打印服务每15分钟更新一次,使宾客及时了解航班最新状况;将电脑和客房内的四合一多功能一体机连接即可打印路线图和机票登机牌。

6. iPad—iMenu 智能菜单

黄龙酒店创新性地开发了基于iPad的智能菜单——iMenu,成为全亚洲第一家使用iPad点菜的餐厅。

7. 四合一多功能一体机

四合一多功能一体机兼具打印、影印、扫描及传真功能,宾客只需向服务中心告之其目的地,清晰的路线信息就会传至宾客客房的多功能一体机,并打印出来。

8. 床头音响

酒店的每套床头音响都特制了iPod/iPhone专用插孔,同时具备播放和充电功能。

9. 床头耳机

安装在床头背板侧面的电视耳机插口及放置在床头柜抽屉中的耳机可方便尚未就寝的宾客可以继续享受视听服务。

6.5.6 智能会议系统建设

黄龙酒店有专属的会议中心,共有3层,拥有2个1200平方米的大型会议室和10个不同大小、不同功能的会议厅,可满足各种形式规模的会议需求。位于一楼的水晶宫,层高7.5米,可容纳800~1000人同时开会,也可分隔成3~5个小宴会厅,是杭州城中心商圈独有的大型会议室。

黄龙酒店的智能会议管理系统通过现代信息通信技术的整合应用,取得了独特的应用效果,主要特色包括:

- ●全酒店无线网络覆盖,可充分满足参会者的上网需求;
- ●六国语言同声传译,支持大型国际会议;

●比利时全高清投影机（亮度达 20000 流明），覆盖全会议厅，满足高规格会议需求；

●德国无线会议系统，包含 17 个小话筒，让演讲者摆脱话筒的束缚；

●德国超音质阵列音箱，避免了超长距离声压覆盖，确保多个小会议厅共用时多声轨输出互不干扰；

●卫星会议及备援通信系统配备备用、常用卫星接口，不仅可开展全球卫星会议，还可与车辆、附属设施集成宽带卫星通信系统以保证信号传输的畅通。

此外，智能会议管理系统还可协助会议组织者统计已到和未到参会人数，分析各类数据，将参会人员的具体信息汇总成报告，每次会议的结果均可见可查。这些近乎完美的高端会议设备，为各类型会议的举办提供了全面的保障服务。

6.5.7 智慧客房应用

智慧客房是黄龙酒店建设智慧酒店的重中之重，为此黄龙酒店投入巨资对客房进行全面的智慧化改造，取得了较为显著的成效。黄龙酒店的客房分成高级大床房、高级双床房、豪华双床房、豪华大床房、雅致豪华房、豪华套房、女士楼层高级客房、行政楼层豪华套房等，在这里选择有代表性的几种做介绍。

1. 豪华双床房

豪华双床房的主要配置如下：

●两张 1.1 米 ×2 米标准床型；

●新西兰进口全羊毛地毯；

●全环保进口材料高档家具；

●可随意调整角度的 42 英寸平板电视机；

●电视门禁系统；

●有线、卫星与互动电视；

●有线与高速无线上网；

●配备 iPod 连接埠，连接豪华立体声音响、DVD 播放器；

●三部电话机，其中包括 IP 电话、电话留言信箱；

●适宜存放笔记本电脑的小型保险箱；

●集打印、扫描、复印、传真为一体的多功能打印机；

●金可儿名床配绒毛枕头、加厚床垫、纯棉舒适柔软床品；

- 迷你酒吧;
- 独立的热带雨林型淋浴室;
- 舒适浴袍;
- 电熨斗和烫衣板;
- 免费瓶装饮用水、茶和咖啡以及擦鞋服务等。

2. 女士楼层高级客房

女士楼层高级客房作为黄龙酒店独具特色的客房,专为单身出行的女性客人设计。设计柔和新颖,具有女性独有特质。在这一女士专用的客房内,所有纺织品皆由法国直接进口,每一件物品都可以让人感觉到它的特别之处,让女宾客有耳目一新的感觉。

女士楼层高级客房的主要配置有:
- 化妆棉;
- 首饰盒;
- 丝质睡衣;
- 分离式浴室;
- 美国金可儿名品床具;
- 四合一多功能一体机;
- 爱马仕或宝格丽沐浴套组;
- Nespresso 胶囊式专业咖啡机;
- 全球时尚人士首选的 VOSS 冰川水;
- 智慧门牌指示系统;
- 电视门禁系统和电子猫眼;
- 可全球接听和拨打的智能客房手机;
- 多媒体互动电视系统。

可以说,女士高级客房独具匠心的设计和配置让单身出游的女士倍感娇宠,也是与好姐妹相聚分享的最佳选择。

3. 行政楼层豪华套房

行政楼层豪华套房专为高端专业商务人士所设,风格沉稳,面积 120 平方米。在行政豪华套房内设有超大办公桌、符合人体工学的座椅、BOSE 音响等,其他的配置如下:

- 分离式浴室；
- 美国金可儿名品床具；
- 四合一多功能一体机；
- 爱马仕或宝格丽沐浴套组；
- Nespresso 胶囊式专业咖啡机；
- VOSS 冰川水；
- 智慧门牌指示系统；
- 电视门禁系统和电子猫眼；
- 可全球接听和拨打的智能客房手机；
- 多媒体互动电视系统等。

6.5.8 智能感官体验应用

利用现代信息通信技术等手段为宾客提供独特的感官体验，是酒店行业服务创新的重要举措。黄龙酒店致力于创造整体愉悦的入住经历，满足视、听、味、嗅、触五种感官知觉，以感官、美学、时尚来吸引高端商务会议客人。

1. 独特的视觉体验

在视觉体验上，酒店建筑外观风格巧妙地运用了中国绘画中的流白艺术，室内部分则呈现出高贵典雅与低调奢华相呼应的雍容气息。酒店与中国美术学院合作创办了黄龙酒店艺术长廊，由中国美院推荐当代新锐艺术家提供作品，让与会者在会议闲暇之余，可尽情赏析具有现代感、体现奢华、传递杭州人文气息的作品。

2. 独特的听觉体验

在听觉体验上，黄龙酒店与著名音乐人张铭合作，邀请其亲自为酒店选定专属背景音乐，使客人在不同季节都能听到不同的音乐，以调整情绪和心态。除了提供音乐以外，在硬件设置上，酒店在每个房间都配备了高品质音响，行政楼层配备了美国 BOSE 音响，每个音响都配有 iPod/iPhone 专用插孔，同时具备播放和充电功能。除此之外，荷兰皇家飞利浦电子公司还专门为黄龙酒店设计了一款床头耳机，在床头背板上安装了电视耳机插口以满足多人同住的需求。

3. 独特的味觉体验

在味觉体验上，黄龙酒店首推 88 米全浙江最长自助餐台的 D'cafe 自助餐厅，以各式海鲜美食为主题,引进最地道、最新鲜的国外高档食材,其产品之丰富创下杭州自助餐市场的又一个记录。此外,Cantina 酒窖拥有一万多瓶藏酒,提供来自全球 40 多个国家及地区的 500 多种葡萄酒佳酿。

4. 独特的嗅觉体验

在嗅觉冲击上,黄龙酒店调制各种类型的香氛。在公共区域散发独属芬芳,体现酒店独特魅力,沁人心脾,让宾客在不经意间把这种独特的香味印刻在心底。

5. 独特的触觉体验

在触觉体验上,黄龙酒店更是在细节上精益求精。酒店选用美国金可儿床品、纯天然新西兰进口羊毛地毯、爱玛仕及宝格丽高级沐浴用品等,来自国际品牌的不凡实力让客人每寸肌肤都得到最尊贵的呵护。

6.5.9 案例评析

黄龙酒店是我国酒店行业中具有重要影响和实力的酒店,面对新的市场形势,酒店树立了"引领现代奢华体验"的核心品牌理念,致力于打造中国本土最高端的酒店品牌。黄龙酒店以现代信息通信技术为抓手,大力建设国际领先的智慧酒店,创造独特的宾客体验,在最大限度地为宾客创造服务价值的同时,也为自身参与国际竞争提供了强大的动力,使酒店在国际酒店品牌林立的市场中凸显自己特有的品牌个性。

黄龙酒店使客人无论是徜徉其中,还是置身酒店之外,都能获得尊崇、体贴、智能、温馨和难忘的体验,真正体现出智慧所带来的作用和价值。黄龙酒店所发挥的示范效应对任何一家酒店而言都有比较大的借鉴意义。

6.6 本章小结

酒店既是支撑旅游业发展的基础设施,又是体现旅游业发展水平的重要标志。酒店的智慧化程度在很大程度上代表着智慧旅游的发展水平,加大智慧酒店建设的投入,创新智慧酒店的发展模式,是当今各级政府旅游管理部门和酒店运营方共同面临的重要任务。

由于酒店的种类繁多,针对的客户也各不相同,再加上各自的发展条件千差万别,因此智慧酒店的发展并没有固定的模式,必须从自身的实际情况出发,深入研究客户的多方面需求,充分利用现代信息通信技术全面提升酒店管理、营销和服务的智慧化水平。

从全国范围来看,除了一少部分在智慧酒店建设方面取得了较好成效之外,我国大部分酒店智慧化的程度还很低,遇到的问题和困难可谓错综复杂,但酒店的经营者应充满信心,鼓足勇气,力争尽快走上智慧化发展的快速路,实现酒店经营新的突破。

第 7 章

智慧旅游卡的开发与应用

在智慧旅游快速发展的背景下,如何更好地对游客、导游、旅游管理人员以及其他参与者进行身份管理,并能提供个性化、专业化和多样化的服务,是旅游业界十分关注的一个现实问题。智慧旅游卡作为智慧旅游的重要载体,既是旅游者身份识别的重要工具,也是实现消费、支付和专业服务的有效手段,在智慧旅游发展的各个环节有着不可替代的应用。伴随着自驾游、自助游以及散客出游比例的不断提高,多元化服务需求快速增多,因此,加快智慧旅游卡的发展和应用,已成为顺应旅游发展新形势的必然选择。学习和借鉴国内外智慧旅游卡的发展经验,结合本地实际探索智慧旅游卡的发展与运营,是各地旅游部门所面临的共同任务。本章从对国内外智慧旅游卡的发展分析出发,以江苏省智慧旅游卡的现实需求为依据,探讨智慧旅游卡发展与运营的具体策略。

7.1 智慧旅游卡的需求分析

需求是驱动一切市场行为的根本动力,智慧旅游卡的发展基于以下多个方面的市场需求:

7.1.1 游客应用需求

游客的需求是主导旅游发展的核心力量,也是智慧旅游卡业务发展的基本出发点。智慧旅游卡作为游客身份认证和便捷支付的重要载体,在游客参与旅游活动的全过程中发挥着积极而又不可替代的作用。图7-1为智慧旅游卡与旅游活动六要素的关系。

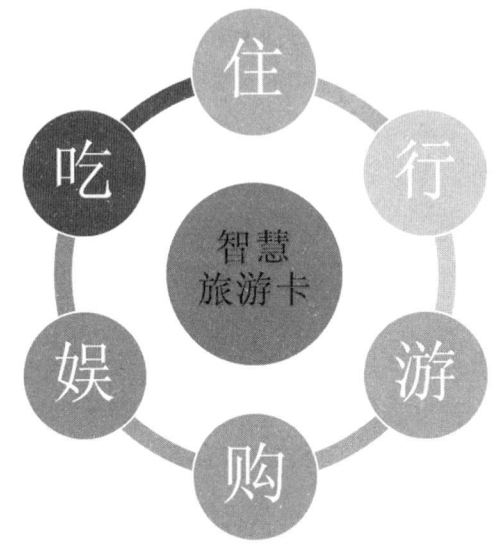

图7-1 智慧旅游卡与旅游活动六要素的关系图

如图7-1所示,智慧旅游卡在游客旅游活动过程中满足以下六个要素的需求：

● 吃:利用旅游卡享受餐饮折扣,便于酒店对游客实行个性化管理;
● 住:方便游客及时预订酒店,享受订房折扣,获得连锁酒店的统一服务;
● 行:在旅游目的地支付小额交通费用,享受各种交通票务的便利;
● 游:享受门票折扣优惠,及时预订和支付,便于景点对游客进行管理和服务;
● 购:享受购物折扣优惠,直接用于购物支付,便于处理旅游商品售后服务等事宜;
● 娱:享受娱乐折扣优惠,及时预订和支付,便于组织方提前根据预订等情况做出安排。

综合来看,智慧旅游卡对游客而言,主要的用途是身份识别和便捷支付,为游客提供更多的方便和更大的实惠。对日益兴起的自驾游以及自由行的游客而言,智慧旅游卡既是游客身份的象征,又是获得各类旅游服务和支持的基本保证。

7.1.2 导游应用需求

导游是旅游活动的重要组织者,也是旅游服务的主要提供者,在旅游业中占据重要的地位。由于导游在旅游活动中承担着诸多包括自身和游客的身份识别以及交易支付等具体事务,因此智慧旅游卡可以满足三个方面的业务需求。参见图7-2。

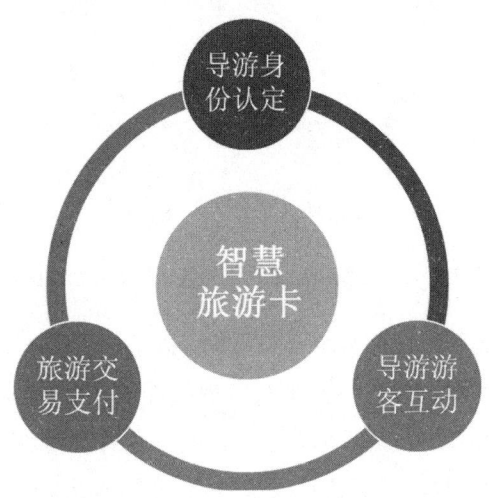

图7-2 智慧旅游卡满足导游需求示意图

如图7-2所示,智慧旅游卡满足导游的需求说明如下:

● 导游身份认定:利用智慧旅游卡提供导游身份的认证,方便景点、酒店以及其他相关机构对导游的管理,提供高效、精准的服务;

● 导游游客互动:利用导游的旅游卡和游客的旅游卡进行关联,方便导游面向游客的管理和服务;

● 旅游交易支付:为导游提供方便快捷的支付工具,提供交易折扣以及导游客户管理等服务。

7.1.3 景区应用需求

景区是旅游活动的实践地,是旅游人流、信息流和资金流的交汇地,利用智慧旅游卡帮助景区更好地实现对游客和导游的管理,高效获取相关信息,并能实现方便快捷的结算,是景区共同追求的目标。智慧旅游卡在满足景区应用需求方面可用图 7-3 说明。

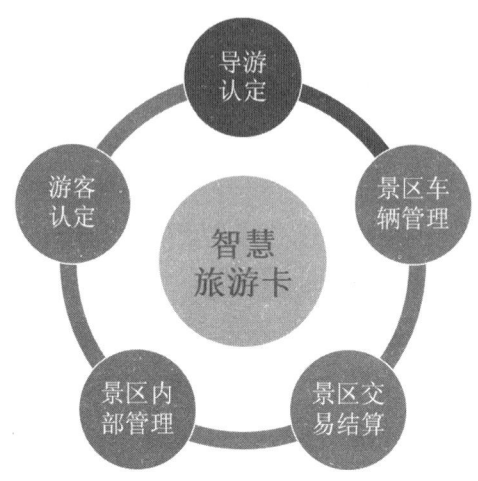

图 7-3 智慧旅游卡满足景区应用需求示意图

如图 7-3 所示,智慧旅游卡主要满足景区以下各方面的应用需求:

●游客认定:对游客进行身份识别,实现游客关系管理,向游客提供专业化、个性化的服务,并随时掌握客流动态,提升面向游客的管理和服务能力;

●导游认定:建立导游关系管理系统,对带团游览景区的导游进行动态的、专业化的管理,帮助景区提高导游的管理能力和水平;

●景区车辆管理:对进入景区的车辆进行智慧管理,实现车位自动分配、自动计时和动态调度;

●景区交易结算:利用智慧旅游卡对景区各类交易进行结算,实现交易的智能化管理;

●景区内部管理:对景区员工进行身份管理,实现景区内部的考勤、劳资薪酬和内部消费的智能化管理,全面提升景区的管理水平。

7.1.4 酒店餐饮企业应用需求

酒店餐饮企业是旅游服务的主要提供商,也是旅游业收入的主要创造者。智慧旅游卡的应用将为酒店餐饮企业提高经营效率、提升服务能力和水平提供强有力的支撑。智慧旅游卡将在多个方面满足省内酒店餐饮企业的应用需求。参见图 7-4。

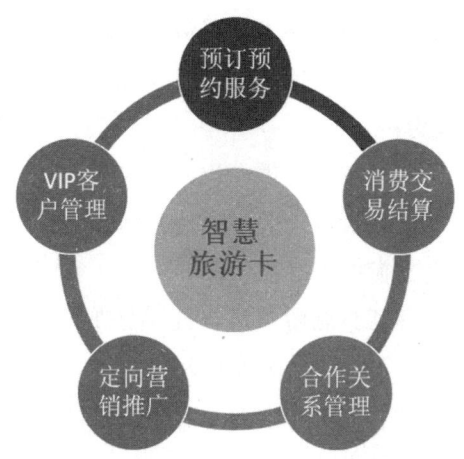

图 7-4　智慧旅游卡满足酒店餐饮企业应用需求示意图

如图 7-4 所示,智慧旅游卡主要满足酒店餐饮企业以下几个方面的应用需求:

●VIP 客户管理:通过使用智慧旅游卡,可以使酒店餐饮企业能对客户进行分类分级管理,识别 VIP 客户,提供高标准的服务和相应的优惠;

●预订预约服务:利用智慧旅游卡可进行住宿和餐饮的预订预约,方便酒店和餐饮企业及时做出安排,更好地满足客户的服务需求;

●消费交易结算:利用智慧旅游卡进行住宿和餐饮的消费交易结算,为游客以及导游等带来结算便利和费用优惠;

●合作关系管理:酒店餐饮企业利用智慧旅游卡与旅行社、客运企业以及其他服务商建立紧密联系,为合作开展业务提供支撑;

●定向营销推广:酒店餐饮企业利用智慧旅游卡向客户进行定向营销推广,实现精准营销。

7.1.5　政府旅游主管部门需求

政府旅游主管部门既是旅游业发展的重要推动者,也是旅游市场健康、有序发展的主要维护者。政府旅游主管部门作为智慧旅游卡的主导者和直接参与者,主要包含以下几个方面的应用需求。参见图 7-5。

如图 7-5 所示,智慧旅游卡主要满足政府旅游主管部门以下各方面的应用需求:

●省内游客管理:利用智慧旅游卡实现包括省内游客出境游、游客购买全省旅游年票、省内旅游补贴发放、省内旅游项目定向推广等业务,全面提升政府对全省游客的管理和服务能力;

●省外游客管理:为省外游客提供专用的旅游卡,方便外地游客获得优惠折扣、进行旅游投诉以及应急救援求助等,使旅游卡既能成为外地游客享受旅游服务的身份凭证,又能成为旅游的美好纪念;

●全省导游管理:利用智慧旅游卡对全省导游进行动态管理,包括导游诚信管理、导游培训管理以及导游执业情况管理等;

●全省景区管理:利用智慧旅游卡对全省旅游景区进行全方位的管理,包括相关信息报送、政策指令下达等;

●全省酒店餐饮管理:利用智慧旅游卡对全省旅游酒店和餐饮企业进行动态管理,包括相关信息报送、质量监督以及政策指令下达等;

●全省旅行社管理:对全省旅行社进行动态管理,包括信息报送、质量管理、导游管理以及政策指令下达等。

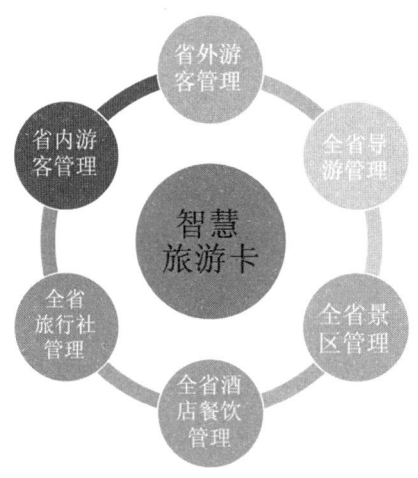

图7-5 智慧旅游卡满足政府旅游主管部门应用需求示意图

7.1.6 其他需求

智慧旅游卡除了能满足以上多个方面的应用需求之外,还可以满足以下几个方面的需求。参见图7-6。

如图7-6所示,智慧旅游卡在满足其他需求方面说明如下:

●收藏需求:智慧旅游卡可开发成限量发行的收藏品,成为具有纪念意义和

收藏价值兼具的独特旅游衍生品;

● 馈赠需求:储值型的旅游卡可作为独特的礼品馈赠亲友,成为推动旅游消费的新宠;

● 推广需求:将能享受优惠或带有一定消费金额的旅游卡作为推广宣传用品,吸引各类游客;

● 集团消费需求:可为相关企事业单位定制智慧旅游卡,作为集团消费的标志,为客户提供个性化、专业化的服务。

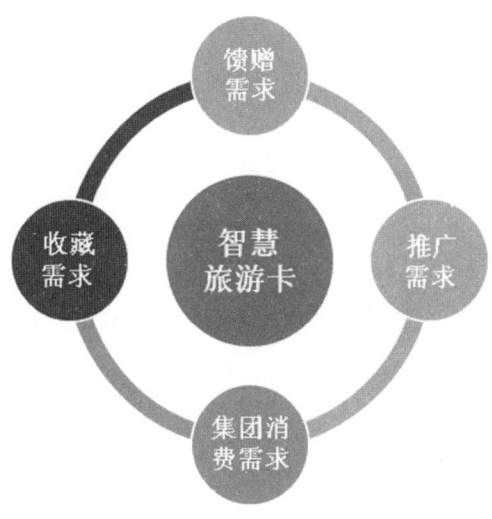

图7-6 智慧旅游卡满足其他应用需求示意图

7.2 智慧旅游卡的功能分析

智慧旅游卡有着较为明确又迫切的应用需求,必须科学部署,大力推进。从满足应用需求的角度,智慧旅游卡必须综合考虑以下几个方面:

7.2.1 智慧旅游卡的用户体系

从旅游业发展的需求来看,智慧旅游卡将是一个涉及面和应用面都十分广泛的系统工程。用户体系可用图7-7表示。

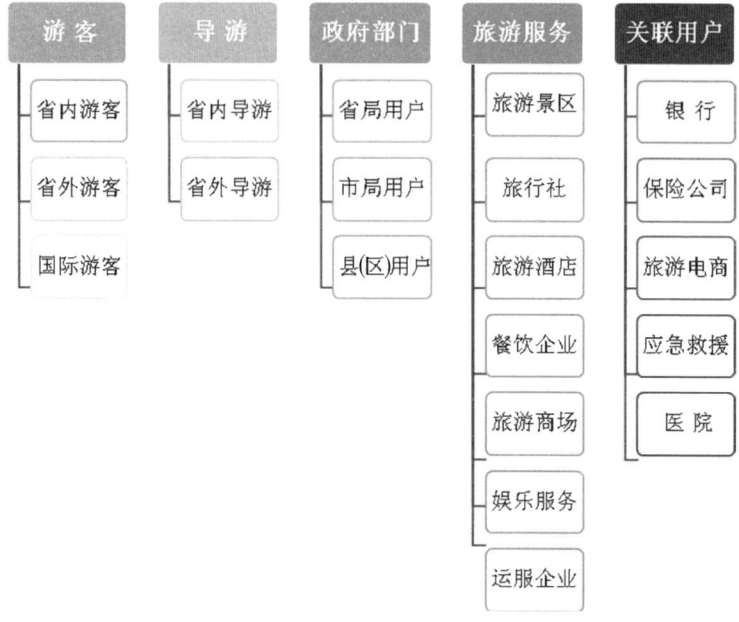

图7-7 智慧旅游卡的用户体系图

7.2.2 智慧旅游卡的持卡对象

智慧旅游卡拟设计成个人用户和机构用户两大类型。个人用户主要面向省内外游客和导游发放,机构用户面向政府旅游主管部门、旅游服务商以及关联用户等发放。在机构用户下面按需要部署个人用户,个人用户根据不同的职能获取相应的权限。项目实施第一期主要面向游客和导游,在此基础上再进一步扩展发卡和服务对象。

1. 游客对象分类

游客是智慧旅游服务卡的主要发放对象,根据游客地域的不同分成以下三种类型:

●省内游客:按全省所属各地市及其下辖的县(区)不同划分,针对不同地域的游客划分游客群,根据游客的需要提供实名制的旅游身份卡以及非记名的旅游消费卡。对出境游客要求全部申请实名制的旅游身份卡,以便管理、统计和对突发事件的处理。

●省外游客:对来自省外的国内游客,根据来源地的不同进行分类,为游客优先提供实名制的注册卡。对一些短期的游客提供非记名的旅游消费卡,为游客提供包括交通、门票、餐饮等消费便利。

●国际游客:对国际游客,根据国籍或地区的不同进行分类,提供优先注册服务的旅游卡。为国际游客提供专业化的服务,提高国际游客的满意度和忠诚度,建立长期稳定的国际游客关系管理系统,扩大旅游业的国际影响力和发展力。

2. 导游对象分类

导游是智慧旅游服务卡的重要服务对象。根据业务发展的需要,将导游分成省内导游和省外导游。对省内导游发放实名制的注册旅游卡,对省外导游推荐发放实名制旅游卡。

针对导游的智慧旅游卡要重点解决导游身份认定和便捷支付问题,为导游提供专业、高效、富有个性化和人性化的服务,同时为建设一支高素质的旅游队伍提供支撑和帮助。

7.2.3 智慧旅游卡的运行体系

智慧旅游卡是驱动全省旅游业发展的一个媒介,以形成一个新的、覆盖全行业的运行体系。

1. 运行体系框架

智慧旅游卡的运行体系涉及持卡消费主体、旅游服务商、政府旅游主管部门、银行等参与主体,各参与主体以智慧旅游云平台为依托,共同组成一个相互依赖、相互支撑的生态体系。参见图7-8。

2. 政府监管主体

全省三级旅游主管部门既是旅游业运行体系的监管和推进部门,也是智慧旅游卡项目的重要参与主体。

●省旅游局作为省智慧旅游卡项目的牵头部门,负责项目的实施和统筹协调。作为智慧旅游云平台的建设主体,承担业务运营的监管和相关制度规范的制订,全面推进智慧旅游卡的应用和发展。

●地市旅游局以智慧旅游云平台为载体,全力推进本地市智慧旅游卡的应用与发展,统筹协调本地市旅游服务企业旅游卡的应用,引导本地游客科学地使用旅游卡,使旅游卡成为推进本地市旅游发展的重要抓手。

●县(区)旅游局以智慧旅游云平台为载体,指导和督促本地旅游服务提供商和本地旅游企业使用旅游卡,协调和处理本区域内旅游卡使用的各种问题。

图7-8　智慧旅游卡运行体系框架图

3. 旅游运营主体

旅游运营主体是旅游服务的主要提供者,为游客和导游提供吃、住、行、游、购、娱六个方面的服务,也是智慧旅游卡的主要应用主体。作为智慧旅游服务卡业务的主要受理者,各旅游运营主体根据自身提供的服务,承担以下不同的职责:

●餐饮服务主体:接受游客和导游旅游卡预订,受理旅游卡或信用卡等结算,能根据客户需求提供个性化的餐饮服务,在智慧旅游云服务平台发布相关信息,并开展网上预订等业务。

●酒店服务主体:接受游客和导游旅游卡预订,受理旅游卡或信用卡等结算,能根据游客消费情况进行优惠,在智慧旅游云服务平台开展在线业务受理。

●交通服务主体:接受游客和导游刷卡消费,便于游客享受便捷的交通服务。

●景区服务主体:接受游客和导游刷卡消费,提供门票折扣优惠,在智慧旅游云服务平台提供在线预订和支付等业务受理。

●购物服务主体:利用旅游卡进行导游和游客的身份识别,支持刷卡消费,并在智慧旅游云服务平台开展在线旅游商品销售。

●娱乐服务主体:利用旅游卡预订娱乐票务,支持刷卡消费,在智慧旅游服务网开展在线票务预订。

4. 旅游配套服务主体

旅行社、旅游电子商务服务商等旅游配套服务主体既是旅游业的重要组成部分,也是支撑旅游业运行的重要市场主体。作为智慧旅游服务卡系统的主要参与者,他们承担各自的职责。

●旅行社:作为省内游客申请智慧旅游卡的主要渠道,在游客出游时为其办理旅游卡申请;组织出境游时要求游客使用旅游卡出境登记,逐步过渡到国内游统一采用旅游卡办理;支持游客采用旅游信用卡结算,记录游客出游信息;支持在智慧旅游云服务平台开展在线业务受理,为游客提供便捷的服务。

●旅游电商:利用智慧旅游卡对游客出游进行管理,记录游客消费信息;在智慧旅游云服务平台提供业务通道,为游客提供业务支持。

5. 旅游金融服务主体

银行、保险公司等是旅游金融服务体系的基本组成部分,其中银行又是智慧旅游卡资金流转的重要中介,作用和地位都十分重要。在智慧旅游卡的运营过程中,银行和保险公司各自承担以下职责:

●银行:提供借记卡和贷记卡的旅游支付;提供旅游专用贷记卡的支付优惠;提供银行账户和旅游专用电子现金账户关联;记录旅游消费积分;提供在线交易结算。

●保险公司:要求未申领智慧旅游卡的用户在办理旅游保险时办理旅游卡

(可规定办理旅游卡即可免费享受旅游保险一次);记录游客旅游保险信息;提供对持卡游客给予价格优惠的服务。

7.2.4 智慧旅游卡的发展策略

智慧旅游卡的发展和应用是智慧旅游发展的一项重大的基础性工作,对全省旅游业的发展转型和提档升级有着重要的指导意义。

1. 智慧旅游卡的发展目标

智慧旅游卡项目必须突破单纯发卡、单独盈利的狭隘思路,而应把其看作全省智慧旅游建设的一项基础性、战略性工程,是夯实智慧旅游发展根基的重要抓手。

智慧旅游卡的发展目标是要使智慧旅游卡成为:

●采集全省旅游行业基础数据的有效工具;

●构建高水平智慧旅游服务体系的节点;

●连接政府、企业和游客的纽带;

●驱动旅游产业链融合发展的媒介;

●提升旅游服务质量、增强旅游竞争力的着力点;

●政府转变职能、增强旅游管理能力和水平的重要抓手。

2. 智慧旅游卡的功能定位

智慧旅游卡作为旅游业构筑高水平智慧旅游运营体系的一个重要切入点,功能定位包括以下多个方面:

●全省旅游行业采集基础数据的工具;

●游客身份认定的标志;

●导游身份认定的标志;

●旅游精细化管理和个性化服务的对象;

●旅游消费支付的载体;

●旅游促销推广的目标;

●旅游补贴和福利发放的工具;

●游客全生命周期管理的依据;

●旅游电子商务参与主体的代表;

●旅游电子政务发展的抓手;

●旅游走向国际化发展的标志。

3. 智慧旅游卡的发展原则

作为一项促进旅游更好更快发展的重大工程,智慧旅游卡项目的实施必须坚持开放、融合、创新、智慧、共赢、可持续的发展原则。参见图7-9。

图7-9 智慧旅游卡的发展原则图

各项原则具体说明如下:

●开放:作为智慧旅游建设的一项基础性工程,必须向各类旅游运营企业、服务企业、金融机构等开放资源,形成开放合作的运营新模式;

●融合:做到餐饮、酒店、交通、景区、购物以及娱乐等各类旅游运营资源与旅行社、旅游电商以及银行、保险等各类参与主体的融合发展,形成融合、高效、适合旅游业更好更快发展的旅游生态体系;

●创新:创新发展思路,创新发展模式,创新旅游实现技术,以创新求旅游业的跨越式发展;

●智慧:以智慧旅游卡带动智慧旅游全面发展,实现旅游智慧服务、智慧商务、智慧管理、智慧政务的协调发展;

●共赢:以智慧旅游卡的应用促进各参与主体的和谐发展,实现利益共享,各方共赢;

●可持续:选用可扩展的技术体系和系统架构,采用各方互利互惠的合作模式,实现智慧旅游的可持续发展。

7.2.5 智慧旅游卡的发卡方案设计

智慧旅游卡项目的实施必须充分借鉴和吸收国内外相关的成功经验,在全面把握智慧旅游发展需求与未来发展方向的基础上,根据旅游业当前的发展实际进行方案的设计。

1. 智慧旅游卡发行的指导思想

为切实发挥智慧旅游卡在推进智慧旅游健康、快速、有序发展中的作用,必须坚持以下几个方面的指导思想:

● 以智慧旅游卡引领智慧旅游更好更快地发展;

● 充分调动银行等机构参与智慧旅游发展运营的积极性,积极发挥银行卡资源在智慧旅游卡发展中的突出作用;

● 以游客为中心,最大限度地为游客创造价值,帮助游客尽可能降低开支,减少旅游过程中的各种烦恼,让旅游变得更加轻松、便捷和美好;

● 为导游带来各种便利,帮助他们更好地利用旅游卡管理游客、安排行程、结算费用以及与各相关部门往来业务;

● 为餐饮、酒店、交通、景区、购物、娱乐以及旅行社、旅游电子商务等各类服务商开展业务提供规范的依据。

2. 智慧旅游卡的主要种类

综合考虑智慧旅游发展的业务需求,智慧旅游卡的发卡种类概括为如表7-1所示的种类。从大的范围来看,智慧旅游卡分成注册卡(实名制)和非注册卡(非实名制)两大类,前者根据是否与银行合作,分作银行合作卡和非银行合作卡;后者则均为非银行合作卡。

表 7–1 智慧旅游卡发卡方案种类设计

大类	合作方式	开发方式	种类	功能说明	优先适用对象	备注
注册卡（实名制）	银行	借记卡（储蓄卡）	旅游专用（省旅游局授权）	授权范围内优惠	省外、国外游客	新发银行卡选用IC卡，银行账户采用接触式技术，旅游电子账户采用非接触式技术
			旅游专用+旅游电子账户	增加小额便捷支付	省内游客、导游	
		贷记卡（信用卡）	普通信用卡（已发行）	正常使用	省外、国外游客	
			旅游专用（省旅游局授权）	授权范围内优惠	省内游客	
			旅游专用+旅游电子账户	增加小额便捷支付	省内导游、省内游客	
	非银行	独立开发	省内游客卡	身份识别，储值支付	省内游客	省旅游局组织开发，专门公司运营，非接触式射频卡为主
			省内导游卡		省内导游	
			省外游客卡		省外游客	
			省外导游卡		省外导游	
			国际游客卡		国际游客	
		合作开发	市民卡附属卡	附加旅游支付功能	省内城市游客	
			社保卡附属卡		省内游客	
			医保卡附属卡			
			手机卡附属卡		省内外游客	
			加油卡附属卡		省内外自驾游游客	
			交通ETC卡附属卡			
			城市公园年卡区域合作卡	升级为芯片卡	省内游客	公园年卡扩展到全省范围
		定制开发	政府、企事业单位委托开发	单位定制，储值支付	省内外单位用户	应客户的需要定制，图案由客户提供，在线提交注册资
		个人定制收藏	个人定制，储值支付		国内外个人游客	
		家庭旅游卡	家庭定制，储值支付		国内外游客	

续 表

大 类	合作方式	开发方式	种 类	功能说明	优先适用对象	备 注
非注册卡（非实名制）	非银行		情侣旅游卡	情侣定制,储值支付	国内外游客	料和支付,即可完成制作
		自行开发	旅游支付卡	储值支付	国内外游客	参照香港八达通卡
			旅游收藏卡	收藏,馈赠	国内外游客	可印制客户个性图案
			旅游促销活动卡	代门票或优惠券等	国内外游客	根据活动需要发行
		合作开发	交通、餐饮、住宿、购物等合作	优惠凭证或储值支付	国内外游客	某一行业通用,如城市交通
			旅游电商合作		国内外游客	与同程网、途牛网等共享资源
			通信运营商合作		国内外游客	旅游、通信充值卡融合
		委托开发	旅游服务商	代门票或优惠券等	国内外游客、内部员工等	按要求定制,全省统一标准
			政府、企事业单位委托开发	旅游福利券等	特定对象	可在全省旅游系统消费

7.2.6 银行合作旅游卡的开发

发行银行合作旅游卡的主要目的是充分利用银行的客户资源,共同开拓游客资源,形成新型的合作共赢关系。

1. 基于借记卡的旅游卡

借记卡是普及率最高的金融支付工具,利用借记卡拓展旅游卡业务有先天的优势。利用借记卡支持旅游卡发展主要有两种形式:

一是对省外、海外的游客所持有的借记卡通过授权的方式在省内旅游消费享受消费折扣。这类业务操作较为简单,实际效果有限。

二是与省内有影响的银行联合发行具有旅游优惠功能的借记卡,并增设小额旅游电子账户,主要对象是省内的游客和导游。

2. 基于贷记卡的旅游卡

基于贷记卡的旅游卡是与银行合作发行的旅游卡的重点,主要对象是国内外的游客和国内的导游。主要采取三种模式:

一是与相关银行合作,对已经拥有特定银行信用卡的游客,通过专门授权,在旅游行业刷卡消费享受特定的优惠和便利。

二是由旅游卡运营机构与相关银行联合发行智慧旅游联名信用卡,通过设计一系列的优惠项目和便利措施,为游客提供全面的便利和实惠。

三是在旅游卡运营机构与相关银行联合发行智慧旅游联名信用卡的卡片中嵌入旅游专用电子账户芯片,两个账户单独管理,旅游账户采用非接触式 RFID 芯片,便于在各种旅游消费中进行便捷的小额支付。

3. 与银行合作发行旅游卡的说明

根据央行制订的《关于推进金融 IC 卡应用工作的意见》的要求,2013 年 1 月 1 日开始各银行必须发行 IC 卡代替传统的磁条卡,我们必须抓住磁条卡升级换代的机会,和有关银行联合发行旅游卡,并尽可能嵌入旅游专用电子账户的功能,为持卡人消费提供方便和实惠。

与银行合作发行旅游卡必须注意以下问题:

一是与银行合作必须掌握游客的基本信息,并进入智慧旅游系统进行管理;

二是对未独立设立旅游电子账户的游客单独提供智慧旅游卡,作为旅游卡持卡用户的标志;

三是与发卡银行共同合作提供智慧旅游云服务平台的在线支付,实现旅游电子商务的电子结算。

7.2.7 非银行注册旅游卡的开发

非银行注册旅游卡的开发是智慧旅游卡的主要任务,基本的出发点是通过独立开发、合作开发和定制开发等方式,开发出完备的智慧旅游卡体系,为全面推动智慧旅游的发展提供支撑。

1. 独立开发旅游卡的设计

独立开发旅游卡是智慧旅游卡的主体,主要根据不同的游客对象和导游的类型进行开发,主要包括身份识别和储值支付两大功能。具体包括以下类型:

●省内游客卡:以全省常住居民为主要发卡对象,在游客首次出游时或游客自愿申请时发放,作为智慧旅游服务平台的基础数据进行管理,使其成为全省旅游市场开发和旅游服务的核心资源。

●省内导游卡:作为全省导游执业的基本依据,在办理导游证或进行年检时办理,做到一人一号,动态管理,成为规范全省导游管理的重要手段,并为推动全省旅游市场的发展提供支撑。

●省外游客卡:面向省外游客发放的旅游卡,一方面为省外游客建立基本数据库,另一方面为旅游资源向省外推广提供基本的潜在客源。

●省外导游卡:为外省带团的导游建立基础数据库,实现动态的管理,使其成为向省外推广旅游资源的重要目标对象。

●国际游客卡:以建立国际游客数据库为基本目标,为国际游客提供旅游的首选平台,涵盖餐饮、住宿、交通、门票、购物、娱乐等各项服务,逐步为国际游客的自助游创造条件。

2. 合作开发旅游卡的设计

合作开发旅游卡的基本出发点是充分利用各种在社会上有较大影响、能够和旅游业产生一定关联性的发卡机构进行合作,共同推出具有旅游身份认证和储值功能的复合卡,成为智慧旅游卡的重要补充。

●市民卡附属卡:以城市市民卡为依托,附加旅游卡账户,实现小额电子支付等功能,重点解决全省公共交通的便捷支付。

●社保卡附属卡:以社保卡为依托,附加旅游卡账户,开通小额电子支付功能。

● 医保卡附属卡：以医保卡为依托，附加旅游卡账户，开通小额电子支付功能。

● 手机卡附属卡：在手机卡上附载旅游卡，开通小额电子支付功能。

● 加油卡附属卡：在中石化、中石油的加油卡中附加旅游卡账户，开通小额电子支付功能，重点为省内外自驾游客户提供便利。

● 交通 ETC 卡附属卡：在省内高速公路电子通行卡（ETC 卡）中附加旅游卡账户，重点为省内自驾游客户提供便利。

● 城市公园年卡区域合作卡：与城市公园年卡关联，使城市年卡具有旅游卡的功能，升级为带 RFID 芯片的智能卡，具有城市旅游年卡和智慧旅游卡的双重功能。

3. 定制开发旅游卡的设计

定制开发注册旅游卡具有特定的功能，是智慧旅游卡的重要组成部分。具体包括以下开发类型：

● 政府、企事业单位委托开发：接受政府、企事业单位的委托，设计开发单位定制的实名制的旅游卡，为单位发放福利和旅游补贴等提供便利。

● 个人定制收藏：按个人需要定制具有收藏价值的旅游卡，可以按个人需要进行卡面设计，满足个人收藏以及馈赠等需求。

● 家庭旅游卡：按家庭需要定制旅游卡，可以根据家庭需要进行卡面设计，可让家庭成员通用，享受优惠和便利。

● 情侣旅游卡：专门为情侣客户定制，可按情侣要求进行卡面定制，可分 A 卡和 B 卡组合，双方分别持有，共同使用。

7.2.8 非注册卡的开发

非注册（非实名制）卡以储值支付为主，由发卡机构发行，主要分成自行开发、合作开发和委托开发三种类型，分别说明如下：

1. 自行开发卡的设计

自行开发卡主要包括以下类型：

● 旅游支付卡：具有储值支付功能，参照香港八达通卡开发设计，可为国内外游客在境内消费提供便利，重点解决全省的公共交通便捷支付问题。

●旅游收藏卡：开发设计具有收藏功能的旅游卡，可带小额的储值，以多品种和系列化为特色，提升收藏价值。

●旅游促销活动卡：为各类旅游促销活动设计，可代替门票或优惠券等，作为游客参与各项活动、获得相应服务的凭证。

2. 合作开发卡的设计

合作开发非注册的旅游卡有多种形式，具体包括：

●交通、餐饮、住宿、购物等合作：与全省旅游行业的各类主体运营商合作，发行各类以优惠消费为主的旅游卡，为游客带来更多实惠和方便的同时，促进相关业务的发展。

●旅游电商合作：选择与省内外有影响的旅游电子商务合作商合作，做到优势互补，资源共享。

●通信运营商合作：与主要通信运营商合作，以充值卡等方式集成双方的资源优势，促进双方业务共同发展。

3. 委托开发卡的设计

接受旅游行业服务提供商以及政府、企事业单位的委托，开发各类以储值消费为主要用途的旅游卡。主要类型有：

●旅游服务商：受餐饮、酒店、交通、景区、购物和娱乐等服务商委托，共同发行旅游卡，可取代门票、优惠券等，为旅游服务商提供促销、宣传以及支付等方面的便利。

●政府、企事业单位委托开发：接受政府、企事业单位的委托开发专用的旅游支付卡，用作旅游福利券等发放。

7.3 基于智慧旅游卡的服务平台建设

智慧旅游卡是智慧旅游体系建设的基石，依托形式多样、功能丰富、涉及面广的智慧旅游卡建设高水平的智慧旅游服务平台已成为智慧旅游建设的一项既富有挑战性又具有战略性的迫切任务。

7.3.1 基本定位

智慧旅游服务平台是以智慧旅游卡为依托，集成全省旅游行业各方资源，实现各项服务和管理职能的综合性平台,在推进从旅游大省向旅游强省发展中具有基础性、全局性和战略性的地位。

7.3.2 建设目标

通过2—3年的建设和发展,使智慧旅游服务平台成为:
- 全省智慧旅游卡服务与管理支撑平台;
- 全省旅游资源推广和促销的主要平台;
- 全省旅游行业在线票务营销平台;
- 全省旅游基础数据采集与市场监管的作业平台;
- 全省中小型旅游服务企业电子商务平台;
- 全省旅游跨部门合作的资源整合平台;
- 全省旅游电子政务实施的业务平台;
- 全国智慧旅游发展的示范平台。

7.3.3 用户体系

智慧旅游服务平台是一个集成式的业务平台,涵盖各类业务项目,用户体系组成如下:
- 游客:国际和省外游客,全省户籍居民游客;
- 导游:省内导游,外省在开展业务的导游;
- 政府旅游管理人员:省、市、县(区)三级旅游局业务管理人员;
- 餐饮管理人员:在智慧旅游服务平台开展业务的餐饮管理人员;
- 酒店管理人员:在智慧旅游服务平台开展业务的酒店管理人员;
- 交通管理人员:在智慧旅游服务平台开展业务的交通管理人员;
- 景区管理人员:在智慧旅游服务平台开展业务的景区管理人员;
- 购物管理人员:在智慧旅游服务平台开展业务的购物管理人员;
- 娱乐管理人员:在智慧旅游服务平台开展业务的娱乐管理人员;
- 旅行社管理人员:在智慧旅游服务平台开展业务的旅行社管理人员;
- 运服管理人员:在智慧旅游服务平台开展业务的运输服务管理人员;
- 银行管理人员:在智慧旅游服务平台开展业务的银行管理人员;
- 保险管理人员:在智慧旅游服务平台开展业务的保险管理人员;

●旅游电商管理人员:在智慧旅游服务平台开展业务的旅游电商管理人员;

●其他人员:在智慧旅游服务平台开展业务的其他相关人员。

7.3.4 业务功能

智慧旅游服务平台作为服务旅游业发展需要的一个综合性业务平台,具有以下业务功能:

1. 游客服务功能

作为游客之家,智慧旅游服务平台具有以下游客服务功能:

●为智慧旅游服务卡持卡游客提供平台注册和个人账户管理;

●为符合条件的游客提供智慧旅游卡在线申请支持;

●为游客提供涵盖吃、住、行、游、购、娱等各项业务的在线预订;

●为游客提供旅游行程规划;

●为游客提供咨询、评论和投诉等支持。

2. 导游服务功能

作为导游服务之家,智慧旅游服务平台具有以下导游服务功能:

●为旅游服务卡持卡导游提供平台注册和个人账户管理;

●为符合条件的导游提供智慧旅游卡的在线申请支持;

●为导游提供个人形象展示和业务推广服务;

●为导游提供在线票务预订与结算等业务;

●为导游提供行程设计与规划等服务;

●为导游提供咨询、评价和投诉等服务。

3. 旅游目的地促销功能

作为旅游目的地促销的重要阵地,智慧旅游服务平台具有以下服务功能:

●旅游促销活动的集中展示平台;

●各景点的风景展示与形象宣传;

●旅游的国际宣传和推广。

4. 旅游电子商务功能

作为支撑中小旅游企业电子商务发展的创新平台,智慧旅游服务平台具有以下旅游电子商务服务功能:

- 为全省各类酒店提供住宿预订服务,由酒店直接在平台开展业务,受理游客的网上预订,支持预订游客直接通过智慧旅游卡登记入住,免除前台注册登记手续。
- 为全省收费景区提供网上门票销售服务,支持订票游客直接凭智慧旅游卡进入景区;支持门票团体销售,为在线订票提供价格优惠;为导游等购置门票提供便捷的平台和通道,并提供更有吸引力的价格优惠。
- 为全省中小旅游餐饮企业提供网上推广和在线订餐服务,支持游客或导游直接在网上选餐,方便游客能方便、高效地享受个性化和专业化的旅游餐饮服务。
- 为全省各类旅行社提供一体化的在线业务受理平台,支持游客直接通过智慧旅游卡预订,并能直接签订旅游服务合同,完成相关旅游出行手续。
- 开设旅游商品超市,为全省从事旅游商品销售的商家提供一体化的旅游商品销售平台,提供集中展示、独立经营、统一结算的系统,并提供配套的物流支持。
- 开设旅游交通票务平台,为游客出游以及省外游客提供旅游交通票务的便利,包括机票、火车票以及租车等业务。
- 开设旅游娱乐在线展示平台,提供全省各类旅游娱乐节目的在线展示、票务预订以及互动参与等功能,为弘扬本土的文化艺术以及提升旅游的文化内涵提供支撑。
- 为专业旅游电子商务服务商提供服务平台,与同程、途牛、携程等旅游网站合作,共同开发旅游服务市场,促进旅游电子商务的发展和繁荣。平台根据需要开放游客等资源,通过合作分成等方式,共享合作的成果。

5. 旅游在线支付功能

在智慧旅游服务平台开通在线支付功能,为开展各类业务提供电子金融支持。平台提供的旅游在线支付功能如下:

- 以独立的第三方支付牌照开展在线支付业务;
- 与支付宝等合作,提供基于支付宝账户的在线支付;
- 与中国银联合作,提供基于银联的在线支付;
- 与招商银行等在线支付领域领先的银行合作,开通高水平的在线支付服务;

● 与南京银行等省内主要银行合作,开通在线支付服务;

6. 政府旅游监管与服务功能

加强对旅游行业的监管和服务是政府旅游主管部门的重要职能,智慧旅游服务平台的建设将为政府三级旅游管理部门更好地履行监管和服务职责提供强有力的支撑。智慧旅游服务平台为政府三级旅游主管部门提供以下业务功能:

● 旅游常规统计数据的定期报送;
● 企业各类旅游项目的申报和管理;
● 游客或导游在线投诉;
● 旅游应急救援在线服务;
● 12301 旅游热线和在线服务整合;
● 政府旅游节庆活动等信息的发布。

7.3.5 系统组成

智慧旅游服务平台是一个综合性的应用体系,涉及信息和资金的流动,对全省旅游业的运作将发挥基础性的支撑作用。

1. 智慧旅游服务平台的系统架构

智慧旅游服务平台作为支撑旅游全业务运营的作业平台,将承载各类业务的日常运营。该平台的系统架构可用图 7-10 表示。

2. 制度体系建设

制度体系是智慧旅游服务平台体系的基石,是保障平台健康、有序运行的前提和基础。制度体系建设的主要内容如下:

● 运营机构:必须建立既有政府依托背景又能市场化运营的实体,确保政府支持协调旅游业发展的政策得到充分实施的同时,推进智慧旅游能按市场化的要求健康、快速发展。

● 运营机制:建立健全的适合智慧旅游发展的运营机制,明确政府旅游主管部门、智慧旅游平台运营商以及各类旅游服务提供商等各方面的职责,做到优势互补、责权利明确。

● 监督管理:完善政府对旅游全行业的监督管理,重点对旅游服务质量、规范经营以及跨部门协调等方面发挥主体作用。

●保障机制:在人才、技术、资金等方面给予充分保障,满足智慧旅游的发展需要。

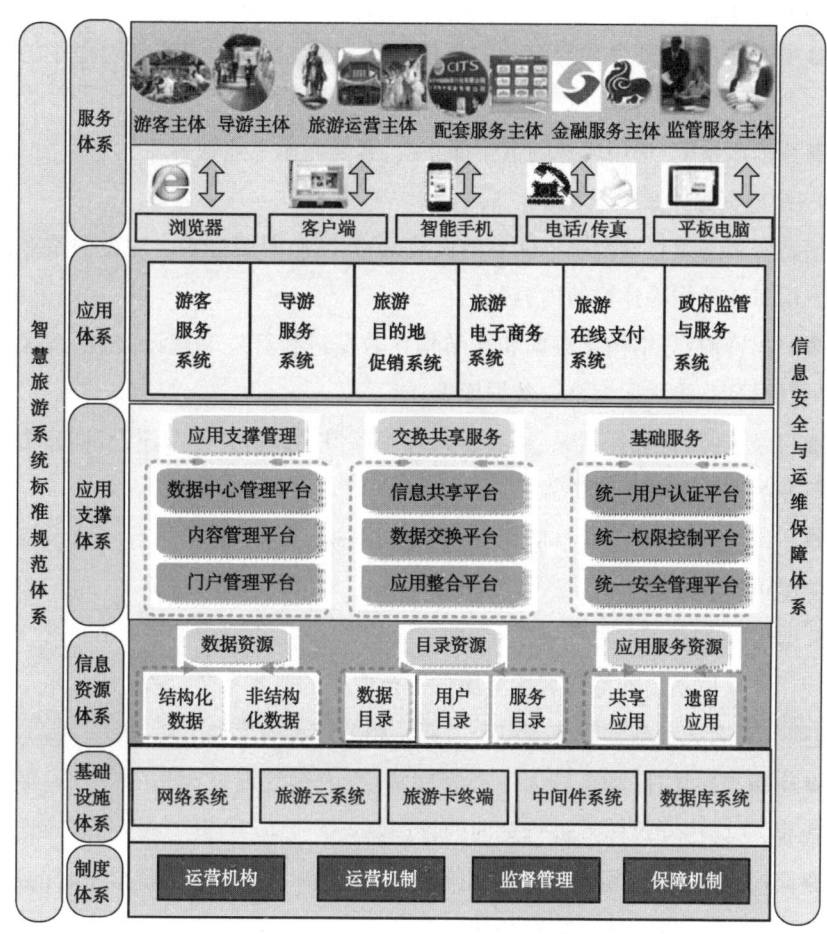

图7-10 智慧旅游服务平台的系统架构图

3. 基础设施体系

基础设施体系是智慧旅游平台运营的载体,是支撑各项智慧旅游业务运行的基础保障。基础设施体系建设包括以下内容:

●网络系统:建立和完善覆盖各旅游参与主体的网络系统,确保网络带宽和网络传输的稳定可靠。

●旅游云系统:依托智慧旅游云服务中心,构建智慧旅游云服务系统,为智慧旅游业务运营提供云计算服务支撑。

●旅游卡终端:研发和配备智慧旅游卡应用终端,不断完善相关功能,提高安全性和可靠性。

●中间件系统:开发智慧旅游中间件系统,实现多系统和多应用程序的互联互通。

●数据库系统:选用成熟的数据库系统,开发旅游专业数据库。

4. 信息资源体系

信息资源是智慧旅游服务体系的血液,是智慧旅游服务平台建设的重点内容之一。信息资源体系建设的内容包括:

●数据资源:分结构化数据和非结构化数据进行开发和建设,包括游客数据库、导游数据库、旅游运营企业数据库等。

●目录资源:分数据目录、用户目录和服务目录进行开发和建设,构建覆盖旅游全行业的旅游信息目录资源。

●应用服务资源:分共享应用和遗留应用进行开发,确保原有应用系统和数据资源的可持续发展。

5. 应用支撑体系

应用支撑体系是支撑智慧旅游服务平台应用的基本条件,它包括应用支撑管理、交换共享服务和基础服务等三个方面。相关建设内容如下:

●应用支撑管理:涵盖数据中心管理平台、内容管理平台和门户管理平台等建设内容,对应用支撑体系进行全面的管理。

●交换共享服务:涵盖信息共享平台、数据交换平台和应用整合平台的建设,实现跨部门、跨系统的信息交换和共享。

●基础服务:为智慧旅游服务平台提供统一的基础服务,包括统一用户认证平台、统一权限控制平台和统一安全管理平台。

6. 应用体系

应用体系是智慧旅游服务平台建设的灵魂,是平台实现各种业务功能的关键所在。应用体系建设的内容如下:

●游客服务系统:按不同的游客对象提供个性化、专业化和多样化的服务,为进入的游客提供一站式的游客服务。

●导游服务系统:为省内外导游提供一站式的管理和服务支持,包括日常管理和各类业务支持。

●旅游目的地促销系统:为全省各地市、各县(区)以及各景区提供统一、功能丰富和风格一致的权威的旅游促销推广平台。

●旅游电子商务系统:为全省各类旅游服务企业提供一体化的电子商务平台,重点为中小旅行社和酒店等开辟新的业务渠道。

●旅游在线支付系统:开通在线支付系统,为智慧旅游服务平台开展各类业务提供资金流转的支持。

●政府监管与服务系统:为政府提供对旅游行业进行监管与服务的平台,省、市、县三级各职能部门能通过平台实现信息报送、投诉、求援以及咨询等相关业务,并与12301公共服务热线实现有机整合。

7. 服务体系

服务体系是智慧旅游服务平台价值实现的基本保证,它通过各类电脑设备、智能通信终端以及电话、传真等方式为各类服务对象开展各种业务提供全面的支持。相关的建设内容如下:

●提供全方位的应用接入:智慧旅游服务平台需要开发包括台式电脑、笔记本电脑、智能手机、平板电脑以及电话传真等各类终端设备的应用系统,特别是基于移动互联网的各种应用,必须予以重点开发。需要融合基于Windows、Android以及iOS的各种应用,确保各类主流终端设备均能得到无缝的接入。

●为各类参与主体提供支持:针对游客主体、导游主体、旅游运营主体、配套服务主体、金融服务主体以及监管服务主体等提供针对性和专业化的服务,构筑旅游智慧服务的新模式,为智慧旅游服务的各类参与主体创造最大价值。

8. 标准规范体系

标准规范的缺失是当今我国旅游信息化发展的主要障碍之一,必须在国内创新性地完善相应的智慧旅游标准体系。智慧旅游服务平台建设和运营需要制订的标准规范体系如下:

●省、市、县(区)三级旅游局智慧旅游服务平台管理规范;

●智慧旅游服务平台游客服务与管理规范体系;

●智慧旅游服务平台导游服务与管理规范体系;

●智慧旅游服务平台旅游企业信息发布规范;

● 智慧旅游服务平台旅游电子商务交易规范；

● 智慧旅游服务平台在线支付管理规范；

● 智慧旅游服务平台 12301 管理规范。

9. 信息安全与运维保障体系

信息安全和运维保障是智慧旅游服务平台发展的重要保障,必须作为一项常态性的任务予以落实。信息安全既要重视技术手段的应用又要强化管理,要做到双管齐下、疏而不漏;运维保障要从加强资金和人员等方面的保障入手,使智慧旅游真正能实现可持续发展。智慧旅游服务平台信息安全与运维保障体系的建设内容包括:

● 开发完成智慧旅游服务平台信息安全与运维保障管理系统,为平台管理人员提供作业便利;

● 制订《智慧旅游信息安全管理规范》；

● 制订《智慧旅游服务平台运维保障管理办法》；

● 按年度编制智慧旅游服务平台运维管理预算。

7.4　本章小结

发展智慧旅游的根本目的是要为游客提供更加专业和贴心的服务,进一步提升旅游管理水平和运营效率。针对游客以及其他各类旅游参与者进行个性化、专业化和动态化的管理,是智慧旅游取得预期成效的重要条件。利用智慧旅游卡进行科学有效的管理,是实现智慧旅游发展目标的重要举措。

从本质上看,智慧旅游卡是对持卡人进行身份识别的一种手段,目的是要对持卡人进行"一对一"的管理,并提供更具针对性的服务。因此,智慧旅游卡的实际成效并不在于发哪种卡或者在数量上取得了怎样的规模,关键在于有没有通过有效的身份管理真正让游客感到更多的便捷和实惠,以及让导游、景区工作人员和驾驶员等真正得到了方便。

智慧旅游卡的发放和运营是一个复杂的系统工程,需要充分整合各方的资源并调动相关参与者的积极性,只有形成互惠互利、利益共享、风险共担的合作机制,才能取得理想的成效。

第 8 章

江苏智慧旅游发展状况

江苏是世界闻名的旅游目的地,也是全国智慧旅游建设的先行军,经过数年的努力,在智慧旅游建设方面已取得了可喜的成绩,为旅游强省的建设奠定了重要的基础。江苏共有南京、苏州、无锡等七个城市入选全国第一批智慧旅游试点城市,是全国试点城市最多的省份。在省旅游局的部署下,全省各试点从各地自身实际出发,掀起了智慧旅游的建设高潮,走出了一条有特色、有成效的智慧旅游发展道路。本章以江苏省各市智慧旅游发展为对象,对全省智慧旅游的发展作出系统分析。

8.1 南京市智慧旅游发展

作为国家首批智慧旅游示范城市,南京市是国内最早启动智慧旅游建设的城市之一。从 2011 年启动建设以来,南京市在智慧旅游建设方面取得了较为显著的成效。

8.1.1 发展部署

早在 2011 年,南京市就成立了专门的工作领导小组,召开了全市智慧旅游建设启动仪式,编制完成了总体规划、三年行动计划,并成立了由通信运营商、市民卡公司、旅游专业网站、旅游企业等组成的智慧旅游联盟,按照合作共赢、资源互换等原则开展项目建设。

南京智慧旅游建设的基本思路是按照"政府主导、多方参与、市场化运作"的原则,整合各方优势资源,着重围绕基于游客的智能服务和基于政府的智能管理两条主线进行规划建设,实现以游客互动体验为重点完善城市旅游功能,以行业信息管理为重点提升行业管理效率,以资源整合开发为重点打造新型文化旅游产品,为旅游产品拓展更加广阔的市场化空间,为推动旅游产业转型发展提供信息化支撑。南京市智慧旅游建设第一阶段的重点项目主要包括以下几方面:

● 智慧旅游中央管理平台——全市 GIS 数据库及旅游资源数据库,准确直观了解主要景区实时画面、车船人流等动态信息。

● "南京游客助手"手机客户端——集成全市旅游资讯,帮助游客随时随地查询信息和预订服务。

● 智慧景区建设试点——启动玄武湖公园和红山森林动物园智慧景区建设,通过智能手机、体验触摸屏及平板电脑等终端,实现智能化自助导览、导游、导航及餐饮、娱乐等商务服务,以及客流统计、车船调度、环境监测等智能管理。

● 新型游客体验终端——在高星级酒店、景区及旅游咨询服务中心投放一批与市旅游园林局官方网站和微博实时互动的游客体验终端,动态播报旅游相关讯息。

● 乡村旅游营销平台——整合各网络运营商网站、移动终端等媒介,为乡村旅游企业免费宣传营销,向游客提供各种乡村旅游产品。

● 旅游执法 e 通——通过移动通信网络和管理数据库,使管理人员通过智能手机实现旅游执法的信息现场查询及数据的现场采集。

8.1.2 智慧旅游公共服务体系建设

智慧旅游公共服务体系建设是智慧旅游发展的重点内容,南京市利用手机客户端、多媒体触摸屏、城市旅游网络环境、实体咨询中心和网站集群等平台,为游客提供高水平的公共服务。具体的做法包括以下三个方面:

1. 优化咨询网络布点

为完善交通枢纽站点的旅游咨询服务功能,全面展示城市旅游形象,2014 年青奥会期间南京市建成了南京禄口国际机场、南京南站及青奥村 3 处"江苏·南京旅游咨询中心",共有 31 个咨询服务点纳入全省咨询中心建设体系。全市各"咨询中心"承担起中英文双语咨询服务,为中外游客提供最精准、快捷的信息服务,2014 年全年共接待中外咨询者超过百万人次,资料投放量达到 150 万份。

2. 拓展信息服务渠道

南京市不断扩大旅游触摸屏投放范围,并通过终端联网实现远程管理,与南京旅游网站和官方微信进行实时互动,平均月点击量100万次以上。与此同时,市旅游局优化旅游官网集群,形成了以政务网、资讯网、质监网、英文网为主体,以信息发布、投诉处理、在线咨询、政务公开为核心的南京旅游网站群。在此基础上,还与CNN合作,在海外架设南京旅游微网站进行形象宣传。此外,南京市还完善了南京游客助手中英文版,丰富了自助语音导览系统,方便游客快速、准确地查找相关信息。

3. 提升旅游网络环境

南京市与运营商进行合作,大力推进全市各大景区、酒店和客流集中区域的4G和Wi-Fi网络覆盖工作,青奥会前,全市26家"青奥会"接待酒店、15家4A级以上景区的游客集中区域和全市6000余辆公交车、50多条游船,都已实现无线网络覆盖,为前来参加青奥会的嘉宾和运动员带来了畅通的网络体验。

8.1.3 智慧旅游数据运行监测中心建设

南京市在智慧旅游中央管理平台一期建设的基础上,开发建设了旅游数据运行监测中心,利用大数据分析为旅游发展提供支持。具体做法如下:

一是充分整合行业外部资源。在综合调研、分析论证的基础上,整合景区前期Wi-Fi建设资源、运营商基站资源、4G网络资源,在中央管理平台中引入了移动运营商成熟的客流数据资源、视频监控资源,同时,积极推进与智慧南京大平台的数据对接,整合交通、住宿等相关涉旅资源,提高数据平台的建设和运营效率,实现了资源的二次开发和深度利用。

二是全面打通行业内部资源。所有新建项目均以智慧旅游中央管理平台数据对接为前提,由信息中心扎口牵头给予技术保障,整合了景区、旅行社、星级饭店、导游员、旅游车辆等基础数据系统,并积极推进旅游车辆实时监控导入、旅行社电子合同备案系统导入等项目,确保各类数据的整合利用,发挥大数据价值。目前已将全市4A级以上景区、重点商圈和交通枢纽的运营商数据和视频数据导入大平台,实现对客流数据的实时采集和分类处理。

8.1.4 乡村旅游网络服务平台建设

南京市结合乡村游、自驾游、周末游迅速兴起的市场变化,充分发挥新媒体的营销推广、信息服务的优势,建设乡村旅游网络服务平台,引导各区以特色乡村旅游服务为重点,建设网络服务、宣传、互动平台,在为市民和游客的出游实现导游、导航等功能的同时帮助乡村旅游企业、农家乐扩大了宣传,提高了收入。

8.2 无锡市智慧旅游发展

无锡是国内外著名的旅游目的地,在智慧旅游建设方面,一直走在江苏乃至全国的前面,近些年取得了不小的进展。

8.2.1 发展概况

无锡自2011年起加入江苏省"智慧旅游联盟",按照中央关于建设旅游与现代服务城要求,发挥物联网和互联网"两网"优势,提出"感知中国中心"理念,并制订了智慧旅游示范方案,明确将提升旅游服务水平、创新旅游营销手段、优化旅游管理模式、增强旅游核心竞争力作为推进智慧旅游建设的主要目标。

近年来,无锡市智慧旅游建设驶入了快车道,先后建设了手机客户端、一站式服务平台、乡村旅游、网营销平台、数据处理中心、客源分析系统、酒店星级评定系统、触摸屏系统、无锡旅游 APP 群、二维码投放、最美目的地建设以及百度城市百科等一系列项目,不少项目已在智慧旅游的实际应用中发挥出重要的作用。

8.2.2 智慧营销体系构建

无锡智慧旅游建设将智慧营销体系的建设作为重点,取得了良好的成效,具体的做法包括以下几个方面:

1. 与专业网络媒体的合作

无锡市通过多种渠道和方式与专业网络媒体开展合作:

●蚂蜂窝:休闲旅游游记征集制作与推广。在 2014 年,无锡市旅游局通过在蚂蜂窝网站定制"排队去无锡"线上 SNS 互动活动,引发话题,制造用户参与意向,1万多名网友积极参与,互动量大,无锡休闲旅游口碑暴增;通过攻略植入,无锡目的地下的攻略下载总量全年突破68万;通过定制游记制造无锡休闲度假氛围,新增游记210篇,浏览量超过200万次,取得良好的推广效果。专题活动聚焦、攻略定向推广、游记口碑发酵、社会化媒体分享,使得无锡休闲度假旅游影响力进一步扩大。

●百度:推广智慧旅游成果。通过对无锡旅游宣传视频、无锡一站式服务平台、无锡旅游手机 APP 群、无锡游记、无锡攻略、四季线路、无锡美景等无锡旅游资源进行全方位的推广,让更多的游客加深对无锡之美的了解,吸引游客来无锡实地体验无锡之美。

●Tripadvisor:无锡旅游海外推广。和国际上最大的旅游网络社区 Tripadvisor 合作,通过对在 Tripadvisor 上浏览江苏、上海、北京、广东、浙江等地区的境外游客,进行无锡旅游图片广告的精准定向投放,吸引更多的海外游客关注无锡旅游英文网站。

●360 搜索:重点旅游片区宣传。通过 360 搜索引擎对无锡重点旅游休闲片区进行了广泛的宣传和推广,增强了无锡重点旅游休闲片区的互联网曝光度,提升了城市知名度和美誉度。

2. 自媒体营销体系建设

在自媒体营销建设方面,无锡市重点开展了两个方面的工作:

●官方微博运营:通过运营,打造以微博为新型社会化管理的宣传平台,进一步宣传无锡旅游的形象。该微博先后获得"2013 年全市市级机关微博第一名"、"2013 年度江苏十大旅游微博第 2 名"、"2014 金足迹全国十大影响力市级旅游局官方微博"等荣誉。

●官方微信运营:先后建设"无锡市旅游局"微信订阅号和"微游无锡"微信服务号两个微信平台,取得了较好的宣传和推广效果。

8.2.3 智慧旅游数据处理平台建设

无锡智慧旅游数据平台主要包括旅游数据生产平台、旅游数据应用平台两部分,旅游数据生产平台包括共享交换平台、数据管理平台和舆情服务平台,旅游数据应用平台包括旅游服务数据开放平台、旅游信息资产管理和服务平台,并基于 GIS 平台对旅游资源等基础信息库进行数据展示。

无锡智慧旅游数据生产平台的具体建设内容如下:

●旅游企业数据共享交换平台:实现与旅行社、酒店、景区信息化系统的共享与对接服务,完成旅游团队信息采集和游客反馈信息采集工作。

●无锡大数据中心数据共享交换平台:完成和智慧城市大数据中心的数据共享与对接工作,实现交通、公安、环保等和旅游相关信息的共享和应用工作。

●游客行为分析系统:抓取来无锡的游客的来源地、年龄、喜爱的景区类型、酒店类型等信息,并对该类信息进行分析,为旅游决策提供数据支撑。

●网络信息采集:完成和全国各大旅游电商平台的数据对接和分析工作,提供节假日来无锡的游客预测分析报告,预判游客高峰的到来。

8.2.4 手机智能导览分析系统建设

为更好地对外地游客提供专业化和个性化的服务,无锡市旅游局组织开发了手机智能导航分析系统。该系统的主要功能是把数据处理中心和游客相关的实用数据(景区舒适度指数、各酒店空余客房情况等)推送出去,为游客提供智能化的伴随旅游服务(自驾导航、智能公交、在线预订),为游客提供全面、准确和及时的旅游信息。

8.3 徐州市智慧旅游建设

徐州市把智慧旅游作为推动旅游产业转型发展的重要战略支撑载体,抢抓机遇,乘势而上,开启了智慧旅游的建设步伐。

8.3.1 总体布局

徐州市按照游览智慧化、管理智能化、信息集成化、服务人性化的发展思路,以智慧旅游项目建设为抓手,以全面提升徐州旅游信息化水平为目标,重点围绕"网上游徐州、掌上游徐州、屏上游徐州、图上游徐州、码上游徐州"等功能开发和系统集成,重点建设一个平台和三大应用:一平台是指智慧旅游基础支撑平台,三大应用即智慧旅游公众服务体系、智慧旅游宣传推广体系和指挥运营中心建设。

徐州市发展智慧旅游的主要目标是:通过全面推进徐州智慧旅游建设,完善旅游信息化基础设施,提升旅游公众信息服务能力,优化游客全程旅游体验,健全旅游行业管理系统,提高全行业旅游网络营销和旅游电子商务水平,实现游客借助一个网站群、一部手机、一张旅游电子地图便可畅游徐州,努力为游客提供一站式、全方位、个性化旅游信息服务。

8.3.2 建设内容

徐州市智慧旅游的建设内容主要包括以下几个方面：

●建设徐州旅游网络平台，系统完善"网上游徐州"。重点做好新建徐州旅游信息网、徐州旅游政务网升级、徐州旅游外文网建设工作，完成网站页面设计、数据传输、信息发布等工作。

●精细化开发手机客户端应用，有效支撑"掌上游徐州"。通过开发移动端应用使游客可以随时随地通过自己的移动通信设备，获取智慧旅游项目中的各项在线服务，查询所需的各类信息，实现各种定制化服务，让徐州旅游无处不在。

●制作触摸屏查询系统，全方位展示"屏上游徐州"。计划在全市范围内选取50个点位建设互动触摸屏查询系统，从而实现"屏上游徐州"。

●设计旅游电子地图，努力实现"图上游徐州"。在图上加载徐州市重点景区、各类旅游元素图层，让游客通过地图导航了解徐州、知晓文化、安排出行、轻松游玩。

●做好智慧旅游平台推广，方便游客"码上游徐州"。制作景区二维码展示墙并放置到旅客集中的地方，为游客寻找徐州旅游信息提供方便。

8.4 常州市智慧旅游发展

"龙城"——常州有着丰富的旅游资源优势，在国内外都有较高的知名度。在智慧旅游建设方面，常州市开展了多方面的探索，取得了较大的进展。

8.4.1 智慧旅游公共服务平台的建设

作为智慧旅游建设的基础性工程，常州市对智慧旅游公共服务平台的建设作了全面的部署。2013年6月，智慧旅游公共服务平台一期项目正式上线运行，其中包括一期产业数据库、常州旅游网以及智能手机客户端。该项目建设采用市场化运作模式，较好地发挥了企业参与智慧旅游建设的积极性，解决了机关网站建设的资金问题，另外，由于网站具有电商功能，产生的效益归合作企业所有，机关不参与商业运作,让参与方有相应的收益回报。常州市旅游局在项目建成后投入了较多的资金对常州旅游网、"乐游常州"手机客户端等进行了宣传推广,取得了较好的效果。

常州旅游网在改版后分为政务网与资讯网两大板块,政务网主要承担政务信息的发布、电子化办公以及旅游企业的行业管理等职能;资讯网则发挥公共服务职能,既为游客提供丰富的旅游资讯和在常州的旅游指南,又为旅游企业搭建宣传推广以及营销的平台。网站将"吃、住、行、游、购、娱"旅游六大元素包罗其中,游客不仅可以图文并茂地了解到常州各大景区(点)以及乡村旅游点的情况,还可以查询到常州各类酒店、餐饮、购物点的信息以及交通信息,同时网站还会及时发布丰富的旅游资讯,包括各类节庆活动、景区(点)优惠活动、在常举办的演出信息、游客的旅游攻略等。此外,网站还开通了在线客服和客服电话,网民可以直接进行问题咨询。在旅游攻略版块,如果网民进行了网站用户注册,就可以自行发布旅游攻略,与更多的游客分享。常州旅游资讯网还初步具备了电子商务功能,市民和游客可以购买常州本地旅游线路产品、部分景区(点)的门票,预订酒店客房,团购美食以及娱乐产品。对于旅游企业而言则多了一个免费入驻的营销平台。网站还提供了乡村旅游营销平台,为众多不具备独立开展电子商务的中小型旅游企业提供了一个扩展业务的渠道。龙潭湖农业生态园、翠谷庄园、南山花园、蓓茗山庄、大石山旅游农庄、和平生态园、久红农业生态观光园、江南孔雀园等一批星级乡村旅游点已入驻平台。

常州智慧旅游公共服务平台一期项目还开发了"乐游常州"智能手机客户端,可以帮助游客解决"到常州怎么玩、怎么玩更精彩、怎么玩更实惠"等问题。通过手机客户端基于海量的旅游数据以地图为载体,应用多界面和自定义多元素搜索,实现了查询、预订、支付、点评、分享一站式服务,满足了游客个性化、碎片化的需求,为游客在吃、住、行、游、购、娱每个旅游消费环节中都提供了便利。

常州智慧旅游公共服务平台二期项目建设内容包括手机APP、智慧旅游微信平台、智慧旅游网上商城、酒店会员管理系统等,项目建成后,将成为支撑常州市旅游业发展的重要平台。

8.4.2 常州市智慧旅游产业运行管理平台建设

常州市智慧旅游产业运行管理平台旨在为全市旅游行业提供高水平的管理

和服务,该项目的建设目标包括:

● 通过实现智慧旅游改善常州整体旅游环境和旅游品质,提升游客全程旅游体验。

● 提高信息技术在旅游业应用的广度和深度,提高旅游公共服务水平和旅游行业管理效能,推动旅游企业信息化和电子商务发展。

● 促进基于新技术的旅游产业创新和基于新媒体的旅游营销创新,实现旅游行业"智慧服务"、"智慧管理"和"智慧营销"的快速发展。

该项目充分运用物联网、云计算、智能数据挖掘、新一代通信网络等技术,整合并开发激活常州旅游"吃、住、行、游、购、娱"等要素资源,以融合通信与信息技术为基础,以服务游客互动体验为中心,以一体化的行业信息管理为保障,通过在旅游体验、行业管理、智能景区、电子商务等方面的应用,以全新的旅游形态服务于公众、企业、政府,激发产业创新、促进产业升级。项目建设利用新一代信息技术对旅游的相关要素进行整合,为广大游客提供智慧化的旅游服务,为管理部门提供智慧化的管理手段,为常州旅游提供智慧化的营销平台和广阔的客源市场。

8.4.3 智慧旅游专项系统建设

为进一步推进智慧旅游的健康、快速发展,常州市旅游局还建设了智慧旅游假日指挥系统以及游客信息采集与分析平台两大专项系统项目。

常州市智慧旅游假日指挥系统包括:

● 景区视频整合平台:实现全市主要景点的视频监控资源的汇集和集中展示。

● 指挥管理中心系统:建设全市智慧旅游指挥管理系统,加强对旅游行业的管理、调度和指挥。

● 多媒体信息发布系统:利用多种渠道和平台,实现全市旅游信息的多媒体发布。

游客信息采集与分析平台包括:

● 旅游团队信息采集平台:对旅游团队的信息进行信息化的采集与管理。

● 游客反馈信息采集平台:对游客所反馈的信息进行信息化的采集和管理。

● 基于 Wi-Fi 热点的游客信息采集平台:利用 Wi-Fi 热点对游客信息进行动

态的采集和管理。

●游客信息分析平台:利用游客大数据,对游客信息进行全面的分析和管理。

●智慧旅游云数据资源中心:建设全市智慧旅游云数据中心,为游客提供更加精准的服务。

●数据交换和共享集成平台:实现全市政府部门之间旅游相关业务数据的交换和共享。

8.4.4 旅游电子商务系统建设

常州市旅游局积极探索旅游电子商务系统的建设,利用市局平台实现了以下业务功能:

1. 酒店预定

酒店预定具体功能如下:

●前台直客页面:以实时的房价和限额直观地显示在酒店预定界面供直客查询预定。

●后台房源提供页面:开放给房源提供方,由其实时提交房源信息、限额。

●后台预定部操作页面:为酒店预定部提供一个高效、标准化的操作流程。

●内部数据处理流转:即时处理预定客房信息,自动处理订单的修改退定等程序。

●支付系统:支付手段分为前台现付、支付宝、网银,根据酒店淡季、旺季实行提前预付。

2. 景点门票预订

景点门票预订具体功能如下:

●前台直客页面:以门票种类和实时网络折扣价直观地显示在景点主页的预订界面供游客查询预订。

●后台景区验证页面:二维码和一维码结合的统一验证后台。

3. 旅游线路

前台直客页面:选择包含门票、酒店、美食等各种条件的组合线路,一步到位。

4. DIY 线路

前台直客页面:展现各种门票、酒店、美食、娱乐、购物等产品,游客根据自己的需求,自由添加购物车,组合线路进行预订。

5. 团　购

前台直客页面:精选吃喝玩乐高折扣产品,通过分类筛选、区域筛选,查找到所需团购,在线下单,到店消费。

6. 定制游(C2B模式)

前台直客页面:游客在线提交定制需求,根据需求将行程一对一量身定制,在线完成定制线路的预订,满足游客个性化需求。

8.5　苏州市智慧旅游发展

苏州市有着得天独厚的旅游资源优势,是中外游客十分向往的旅游目的地。在智慧旅游建设方面,苏州市紧密结合自身实际,专门编制了智慧旅游的行动计划,开展了多角度的探索,取得了卓有成效的进展。

8.5.1　智慧旅游基础信息资源标准规范及数据库建设

智慧旅游基础信息资源标准规范和数据库的建设是苏州智慧旅游建设的基础性工程,该项目的建设目标包括:

● 建立旅游地方标准规范,理顺数据管理机制。

● 建立旅游基础资源信息库,统一数据标准,形成全市旅游数据的统一。

● 建立旅游信息的采集平台和信息服务平台,保障数据统一标准。

● 建立诚信旅游服务体系,树立苏州旅游品牌形象。

● 加快旅游信息化建设,促进智慧旅游建设步伐。

● 推动苏州市旅游产业良性快速发展。

该项目的建设成效主要体现在以下几个方面:

● 依照国家旅游数据分类和信息标准规范,制定了苏州市地方标准规范。

● 结合苏州特色,体现苏州文化旅游的特点,形成了具备苏州特色的地方标准规范。

● 按照规范研究开发了数据库结构设计、数据交换规范、数据备份与安全管理、信息采集和维护方案。

● 制定了信息表现方式和地理数据采集、加工、导入基础信息库的过程,协调地方资源进行旅游信息的采集,丰富旅游信息应用。

● 完成了相关系统的安装、调试、运行维护、咨询等内容。

8.5.2 苏州旅游宣传信息资源库建设

"苏州旅游宣传信息资源库"是根据苏州旅游业务发展需要,结合市局相关部门、媒体、上级部门、公众对宣传信息的要求而建立的一个使用便捷、流程规范、内容更新快的资源共享库。该库的架构和建设工作,不仅率先在政府服务部门中打通了以信息流为桥梁,实现了对内(对全市旅游系统)和对外(面向游客和媒体)服务功能的全面整合,也以信息自动化手段,进一步提高了苏州旅游信息的及时性、针对性,实现了全系统宣传信息"一次上报、科学分类、便捷查询、自动监督",使苏州旅游宣传信息等服务更贴近市场和各类受众的需要。

8.5.3 苏州旅游漫游卡建设

苏州旅游"漫游卡"是面向散客发行的旅游充值消费卡,是国内首张涵盖交通、景区、酒店、餐饮、娱乐等多环节的充值卡,为游客营造便捷的支付环境,拉动旅游消费市场,是苏州智慧旅游的一张名片。

同时,为了配合该卡的发行和使用,苏州旅游局在官方网站、旅游局的官方微信和姑苏 Style 微信公众号上也设置了漫游卡的板块,而且该卡还可以在淘宝网、同程网上进行网购。

8.5.4 智慧旅游微信和 APP 的开发

为了提升游客体验服务水平,苏州市旅游局推出了官方微信,每天向关注用户推送一次信息,涵盖最新的苏州旅游最新信息、旅游线路推荐以及各种互动活动等,并且不断根据用户体验进行版式及内容调整。

为了给自助游客提供深度服务,以古城旅游示范区为起点,苏州市旅游局还开发了姑苏 style 微信公众号和同名的 APP,其主要功能包括景区导游、旅游推荐、当季重要旅游资讯,实现了在线预定和支付功能,形成了一个完整的从线上的商品订购支付到线下消费的闭环,大大提升了游客的旅游体验。随着移动客户端的发展以及游客消费模式的转变,该应用和配套微信完善了旅游服务体系,做到了服务的全面覆盖,也为今后定量衡量旅游产业在经济中的作用提供了数据支撑。

8.6 南通市智慧旅游建设

南通市作为国家智慧旅游试点城市之一,近年来在智慧旅游城市建设中从实际出发,开展了不少有益的探索,积累了一些发展经验。

8.6.1 总体部署

南通市智慧旅游工作开展比较早,在该市智慧城市建设整体部署下,该市明确了智慧旅游建设以推动旅游产业电子商务为目标的建设方案。整个项目拟建设"一个数据中心、四个应用系统",即:搭建用以支撑多元渠道的综合数据中心,建设智慧旅游电子商务智能化系统、公共旅游信息咨询与服务等应用系统、智慧景区信息系统、旅游行业管理等应用系统。

8.6.2 建设计划

南通市智慧旅游的建设计划分成以下四个步骤:

1. 搭建智慧旅游公共服务平台

结合智慧城市的顶层设计要求,打造一个综合型的公共服务网站、手机 APP 客户端、微信公众服务平台等多维度一体的智慧旅游公共服务平台,并预留对接智慧城市顶层设计的接口。

2. 采集旅游行业相关数据

南通市旅游企业数量较多,但体量普遍较小,数据采集工作面广量大,且是一个动态的需要不断充实、完善、更新的过程。针对这一情况,南通市旅游局先期展开并逐步形成政企联动、多方参与的良好局面,使旅游行业的相关数据汇集工作得以顺利展开。

3. 建设电子商务平台

构建南通智慧旅游电子商务平台,打通酒店、景区、旅游商品与旅游 OTA(在线旅游电子商务网站)的互联,将南通市旅游资源包装后的旅游产品组合放到各旅游 OTA 上销售,构建旅游直通渠道,打造旅游 O2O(线上订购到线下服务,让互联网成为线下交易的前台)服务及消费环境。

4. 提升旅游行业单位的信息化水平

着力推进行业管理及旅游相关企业信息化的改造提升，逐步运用信息化技术及各旅游企事业单位的现有平台和信息共享，做好智慧管理与服务工作。与智慧城市工作同步，运用大数据及云技术，逐步实现跨行业的数据、信息、系统共享。

8.7 连云港市智慧旅游建设

拥有独特山海旅游资源的连云港市近年来紧紧围绕加快建设"山海相拥知名旅游城市"的目标，大力开展智慧旅游建设，积极推进信息化与旅游业的融合发展，取得了一定的发展成效。

8.7.1 智慧旅游公共信息服务平台建设

公共信息服务平台即是智慧旅游为游客提供的各项旅游服务的门户和窗口，连云港市以"四网一库"（旅游政务网、旅游信息网、旅游年票网、OA办公网和旅游综合数据库）建设为契机，构建全市旅游信息化网络，形成了功能较为完善的智慧旅游公共信息平台。与此同时，连云港市强化手机短信公益服务，利用公益短信平台为广大游客及时提供旅游资讯、安全提醒等个性化服务，受到游客的好评。此外，市旅游局还加强"微体验旅游"互动开发运用，开通并完善了旅游政务微博、微信等新媒体的运用与管理，依托其快速的市场传播与服务功能，组织开展了"美丽港城随手拍微博摄影大赛"等活动，并在微博开设专题，推介宣传连云港市优质旅游资源、旅游线路，实现了在重大旅游节庆活动，推介活动，国庆黄金周微博直播互动，赢得了较好的口碑，积累了较高的人气。

8.7.2 旅游年票一卡通建设

连云港市持有旅游年票的市民在一年有效期内可以不限次游览市内各主要景区，并可在特约商户享受景区门票、餐饮、住宿、娱乐等签约用户的优惠服务，初步实现一卡在手，优惠多多，畅快旅游。下一步，连云港市将继续扩大旅游年票景区涵盖范围，增加特约商户数量，深化与交通、农家乐、旅游项目、酒店住宿、餐馆等合作力度，进一步完善管理运营体系，为广大市民提供更多更好的服务。

8.7.3 智慧营销实践

连云港市旅游局通过两个渠道开展智慧营销的实践探索：

1. 运用官方网站、微博、微信等媒体宣传

积极发挥局官方网站宣传作用，及时更新网站内容，开展了连云港旅游美食节、连云港之夏等专题报道。运用官方网站、微博、微信发布吃、住、行、游、购、娱多方面信息，并对官方微信进行了功能升级，更好地满足游客的信息需要。

2. 加强与知名网络媒体的宣传合作

连云港旅游局与新浪网合作开展了"让红包飞"、"揽山观海丝路夏之约"网络宣传活动，通过线上、线下宣传互动，宣传全市旅游资源。2014 年创新开展了连云港—宝鸡"交换夏天"网络宣传活动，活动期间，微博话题"连云港宝鸡夏之约"，阅读量达 562 万次，话题讨论量达 2500 余条，此外，"连云港旅游线路定制"、"最佳旅游线路投票"等线上活动吸引了万余人参加，取得良好的宣传效果。

8.7.4 智慧旅游基础数据库建设

数据库是智慧旅游的核心，是旅游公共服务门户、政务门户和各种信息应用服务、旅游电子商务系统的基础资源。连云港旅游局通过建设智慧旅游基础数据库逐步实现了全市旅游业领域各类数据的集中采集、分类存储、综合分析、智能调用、优选推送，形成了连云港全市智慧旅游统一的数据规范和数据标准、统一的数据采集与交换平台、统一的数据管理中心和综合统计分析中心，为智慧旅游的健康、快速发展奠定了坚实的基础。

8.8 淮安市智慧旅游建设

淮安是苏北重要的中心城市，有着丰富的各类旅游资源。数年来，淮安市在智慧旅游建设方面作了不少有益的探索，取得了一些有价值的成果。

8.8.1 全市旅游电子触摸屏建设

淮安市旅游局出资 24 万元，在全市高星级酒店、4A 级景区、重点旅行社、集

散中心、机场和火车站等地投放电子触摸屏,实现远程更新。该项目实施的主要目的是宣传淮安市旅游资源,方便外地游客查询。

8.8.2 旅游综合展示厅建设

淮安市旅游局与移动公司合作,建成了淮安旅游信息化体验中心,游客、旅游企业可在体验中心实地感受景区导览、景区客源分析、智能语音导览、景区综合信息平台、游客助手、导游通、酒店信息化等智慧系统带来的方便和快捷。

8.8.3 旅游特色产品网上商城

淮安市旅游局与相关有实力的旅游企业或者网络企业合作,利用互联网展示淮安旅游产品、本地名优产品,建立旅游物流的专用通道,让旅游更好地推动经济的发展。网上商城的建设不但可以使游客在旅游过程中购买淮安的特色商品,还可以为游客提供异地物流配送服务,为游客购买淮安当地的特色产品提供了极大的方便。

8.8.4 旅游地接团队统计系统建设

为了配合淮安市出台的旅游奖励办法,解决团队相关信息的统计、审核较难等问题,淮安市旅游局研发了专业的统计软件,为市外组团社、本地地接社、其他单位和散客等第三方提供便捷的入口,相关的用户通过系统上传旅游过程中的相关凭证,便于旅游管理部门审核,以便得到准确的旅游统计信息,确定奖励的额度,提高相关旅游企业组团的积极性。

8.8.5 景区客流统计及监控系统建设

淮安市旅游局与通信运营商合作,开发建设了景区客流统计及监控系统。该系统利用移动手机信号,实现对全市重点景区人流信息的统计,对特定时间,特定地区来淮安市游览的游客的旅游行为进行统计,形成统计报表,进行数据分析,为旅游宣传促销提供依据。通过对景区客流进行实时监控,为节假日景区人流调度指挥提供依据。

8.9 盐城市智慧旅游建设

盐城市作为苏北沿海城市,有自身独特的旅游资源优势。在智慧旅游发展方面,盐城市结合自身实际,开展了多方面的探索。

8.9.1 游客助手系统建设

由盐城市旅游局与盐城电信联合开发的智慧旅游手机客户端软件——游客助手系统为游客提供了全方位的服务,该系统包含安卓、IOS(苹果)等版本,实现了多屏融合,游客可通过手机、平板电脑等各类终端进行使用,充分展现了"游客体验至上"的服务理念。同时,为方便游客结合 3G,4G 网络通过客户端实现快速查询、视频查看、手机购物、宾馆预订等大数据量应用,该系统还采用了固网和天翼网络双重保险传输,游客可免费使用智慧旅游手机客户端软件、多媒体触摸屏系统及门户网站。

该系统整合了全市分散的景点、住宿、餐饮、购物、休闲娱乐等旅游资源,设置了盐城印象、旅游资讯、景点荟萃、美食分享、宾馆住宿、交通指南、快乐购物、娱乐休闲以及个性服务九大模块和影像盐城等 36 个二级、三级菜单,涵盖了吃、住、行、游、购、娱旅游六大要素的海量信息,内容全面丰富。同时为方便外地游客实时查询,对交通、旅游百科、天气预报等相关数据进行了深度挖掘和智慧分析。

8.9.2 智慧旅游触摸屏系统

为方便游客随时随地获得旅游服务信息支持,盐城市在市行政中心大楼、民航站、江苏国家级珍禽自然保护区、江苏大丰麋鹿国家自然保护区、大纵湖旅游度假区、中国海盐博物馆、驿都金陵大酒店、水城度假酒店、盐城迎宾馆等重点景区以及星级旅游饭店、公共场所的显著位置都设立了触摸屏系统。这一系统不但极大地方便了广大市民及游客朋友便捷查询和了解盐城旅游,还有效提升了盐城的城市旅游形象,进而全面提高了盐城旅游品牌知名度和美誉度。

8.9.3 智慧旅游信息资源共享

盐城市在全市范围内努力做到智慧旅游信息资源的共享,具体的措施包括:

一、消除盲点,对全市旅游信息化现状开展调查、旅游网站进行备案,消除个别旅游企业有条件但没建网站,有网站维护更新不及时的现象;二、督促旅游单位开展网络营销,实现"咨询、消费、管理"一站式在线服务。力争将旅行社、旅游饭店、景区门票网上销售达到企业总业务量的40%、60%和15%以上;三、通过座谈、网络友情链接等加强旅游委员会成员单位、旅游企业间交流互动,形成信息资源共享局面。

8.9.4 智慧营销应用

为拓展全市旅游宣传网络,加快盐城旅游网与市外旅游城市旅游网和途牛旅游网、同程旅游网、新浪网等商业网的紧密合作和链接,建立起了系统健全完整、内容丰富的旅游信息数据库。市旅游局开设了官方微信——微游盐城,发布美丽盐城旅游动态、旅游线路、活动以及人文典故、形象视频等,图文并茂地宣传推广盐城旅游。此外,还设立了二维码在户外广告牌及各宣传品上广泛推广。积极推动全行业人员成为"形象代言人"和"新闻发言人",通过微博、博客、微信等以信息发布、图片展示、消息推送形式进行"事件营销"、"节庆营销"、"话题营销"推广盐城旅游。

8.10 扬州市智慧旅游建设

扬州市是国内外都有很高知名度的旅游城市,在智慧旅游城市发展方面,扬州市结合自身发展需求,进行了多方面的探索,取得了理想的发展效果。

8.10.1 智慧旅游推广宣传体系建设

扬州市利用多种渠道和方式建立智慧旅游推广宣传体系,具体表现如下:
1. 国际版旅游服务网站建设

为了让更多的外国游客了解扬州旅游,特别是针对客源市场加大扬州旅游宣传力度,扬州市旅游局专门开发了国际版旅游服务网站,分别包括英文、日文、韩文版等扬州旅游网站,为国际游客提供了一个全面了解扬州旅游的平台。网站为世界各地游客打造了吃、住、行、游、购、娱一站式的资讯服务平台,是宣传和推介扬州旅游的重要载体,也是扬州智慧旅游发展的有机组成部分。

2. LED 大屏建设

扬州市在南绕城高速出口、文昌阁商业区等核心区域设立了 LED 大屏,利用光纤传输信号,每天不间断地播放有关扬州城市形象、扬州旅游景点等图片及视频,这些都是对外展示扬州形象的重要媒介。

3. 旅游数字海报机建设

扬州市在遍布于旅游景点、扬州机场、火车站、汽车站、星级饭店、特色民居客栈等游客集中区域的扬州旅游咨询点中配备了数字海报机,滚动播报扬州近期的旅游活动和资讯信息,为游客提供全天候、全方位的旅游信息资讯。

4. 官方微博以及微信公众平台建设

扬州市旅游局搭建的官方微博以及微信公众平台进一步丰富拓展了宣传推介扬州的渠道,通过不断开展丰富多彩的微活动,产生了良好的效果和较大的影响。

8.10.2　智慧服务体系建设

扬州市智慧服务体系的建设,取得了以下多方面的成果:

1. 实现了刷金融 IC 卡游园

扬州市旅游局联合人民银行扬州市中心支行、"蜀冈—瘦西湖"风景名胜区管委会,推进普惠金融服务的平台化战略,以"蜀冈—瘦西湖风景名胜区"为典型示范,全国首创了刷金融 IC 卡进旅游景区的应用模式。目前,扬州瘦西湖、大明寺等多景区入口均已开设金融 IC 卡通道,游客可通过刷金融 IC 卡实现快捷支付游园。

2. 推出了扬州旅游休闲卡

扬州旅游休闲卡是专门针对游客定制的一种旅游消费优惠卡,采用 IC 卡和智能旅游腕表两种类型,智能旅游腕表除了兼具 IC 卡的旅游消费功能外,还具备景点语音讲解、图说扬州、影像扬州、运动计步、高清拍照、移动存储等特色功能,使游客在尽享优惠的同时,体验智慧旅游带来的乐趣。

3. 开发完成了"寻美扬州"APP 软件

这款免费的 APP 软件整合了扬州"吃、住、行、游、购、娱"各方面的旅游资讯,像是一部扬州旅游的移动百科全书,分为寻美扬州、向导、周边和活动四个模块,全方位、多角度地展现了扬州旅游的资讯信息。

4. 建设完成了景点智能语音讲解系统

景点智能语音讲解系统分为两种模式,一是点播式,游客只要下载"寻美扬州"APP即可点播景区内各景点的语音讲解,现已开发中文、英文、扬州方言三个版本;二是智能播报式,游客只要关注扬州旅游局官方微信,即可免费享受"走到哪讲到哪"的智能服务,现已覆盖扬州瘦西湖、大明寺、个园、何园、茱萸湾等主要景区。

5. 实现了主要景区以及旅游巴士的 Wi-Fi 覆盖

现扬州瘦西湖、个园、何园、茱萸湾等景区以及旅游巴士已实现了 Wi-Fi 覆盖,游客进园或乘坐旅游巴士即可享受到免费 Wi-Fi 服务。

6. 联合建成了扬州智能交通系统

扬州智能交通系统包括公交车智能管理系统以及公共自行车租赁系统。运用公交车智能管理系统,游客在扬州主干道站台候车时即可通过电子站牌,实时了解该站台关联的各条线路下一班公交车辆的到站时间、站次信息和即将到站车辆的拥挤程度。公共自行车租赁系统已设立站点 300 多个,投入公共自行车 10000 辆,范围覆盖扬州的主要景区,为游客低碳环保出游提供了便利。

8.10.3 智慧管理体系建设

扬州市智慧管理体系的建设主要包括以下内容:

1. 建设完成了扬州景点客流统计分析系统

该系统通过在扬州主要景点出入口安装摄像头,借助人脸、肩部识别技术及人员走向的分析,自动统计出各景点的进园人数、出园人数及在园人数,随时掌控扬州各大景点的客流状态,既有利于旅游部门和旅游景区实现科学管理,也便于游客对扬州旅游状态"一手掌握",实现错峰入园。

2. 开发完成了游客招徕奖励与申报和住宿游客统计分析系统

通过对接公安部门,实现了对来扬州住宿游客的有效统计分析。此外,扬州市旅游局还根据《扬州市游客招徕和旅游企业品牌建设引导资金使用细则》定制开发了游客招徕奖励与申报系统,有效实现了对旅行社接待团队情况进行监督和管理。

3. 建成了智能化假日旅游指挥中心

扬州假日旅游指挥中心,采用多部门联动形式,在假日期间为游客发布游览舒适度指数,提供智能、便捷的旅游导览服务。一是根据视频监控系统中的客流状态绘制交通路况指示图并在"寻美扬州"APP播报中实时发布;二是通过官方微博、微信公共平台等媒介在第一时间同步向游客发布景点客流统计分析系统中的客流数据;三是联合广播电台,通过扬州新闻频道、交通频道、生活频道等整点播报景点舒适度指数及交通路况信息。

8.10.4 视频监控系统建设

扬州根据智慧旅游的发展需要,建成了高标准的视频监控系统。该系统分为景点视频监控系统和交通路况视频监控系统:景点视频监控系统集成了扬州主要景点进出口、园内要道、园内重要景点等区域的视频监控,实现了假日旅游指挥中心与扬州各大景点的联动,足不出户,便可随时掌握各景点主要区域的实时情况;交通路况视频监控系统集成了扬州重点路段及景区周边路段的路况视频,实现了对景区周边及城市主要路段的实时监控,内外结合,为游客提供了全方位的客流和路况信息,让游客出行更加方便快捷。

8.10.5 扬州旅游"一站式"电子商务平台建设

2012年,扬州市旅游营销中心打造了全国首个区域性"O2O"旅游电子商务平台,并荣获"智慧旅游城市创新奖"。这一平台整合了全国购票平台,做到了"一台机器刷码入园",来扬州的游客可通过手机、平板电脑等智能移动终端,随时随地享受相应服务,并与平台上的其他游客分享自己的消费体验。而为了确保扬州旅游电子商务平台能够在最短的时间获取尽可能丰富的资源,还与同程旅游网、去哪儿网、驴妈妈旅游网、携程网、乐途旅游网、途牛旅游网等主要在线旅游企业开展战略合作。

8.11 镇江市智慧旅游发展

镇江是我国提出智慧旅游概念较早的地区之一,对促进我国智慧旅游的发展起到了积极而又重要的作用。近年来,镇江市以从自身旅游资源的实际出发,走上了智慧旅游发展的快车道,已取得了一定的突破。

8.11.1　智慧旅游公共服务平台建设

镇江市从实体平台和虚拟平台两个方面完成了智慧旅游公共服务平台的建设,为智慧旅游发展提供了相应的支撑平台。

1. 智慧旅游公共服务实体平台建设

镇江市智慧旅游公共服务实体平台的建设主要包括以下内容:

●智慧旅游咨询服务中心建设:完成江苏旅游咨询镇江站(镇江旅游咨询服务中心)基础建设及网络布设,设置嵌入式大屏海报机、开通4001512301旅游咨询电话、可推送镇江智慧旅游微信等项目。

●智慧旅游调度中心建设:建设控制中心大屏及应用系统,在全市12个重点旅游节点安装360度全球眼,实现与控制中心的视屏传输,对于动态掌握景区实时状况及旅游旺季客流疏导提供技术支撑。与此同时,还实现了旅游大巴定位系统及旅游客情实时统计分析系统的建设。

●智慧旅游形象宣传:在镇江万达广场、高速公路镇江出口电子屏显示"镇江,一个美得让您吃醋的地方"形象宣传,在全市280个公交站点数字屏显示镇江旅游宣传语;在高铁沿线和全市主要交通入口、旅游集散地、客流集中区域,统一全市形象宣传口号,加大"镇江,一个美得让您吃醋的地方"的推广;与高铁合作,推出"乘着高铁去旅行"镇江旅游形象片并在全国400多台列车播放。

2. 建成智慧旅游虚拟平台

开发完成了镇江智慧旅游官方微信、推出"马上游"镇江平台,推出智慧旅游吃货地图、E游镇江手机APP等虚拟平台,为游客更好地参与镇江旅游提供在线服务。与此同时,还与携程旅游网、驴妈妈旅游网、淘宝网等门户网站合作,应用信息化手段整合产品、推介城市、宣传旅游。

8.11.2　智慧营销平台建设

镇江市通过与腾讯网、淘宝网等知名旅游线上服务商的深度合作,大力开展智慧营销,尤其是淘宝镇江旅游旗舰店等营销平台已成为镇江旅游推介的重要渠道。有效推进镇江旅游产品电子化应用,实现镇江旅游产品的线上、线下交易。

8.11.3 智慧旅游行业管理平台建设

镇江市在城市主要交通醒目位置、主要风景名胜区、主要合作经营商户,统一国家智慧旅游城市标识,树立起了良好的国家智慧旅游城市的形象。与此同时,大力推进办公自动化(OA)系统、客情实时统计分析系统、旅游企业管理系统、企业电子认证系统等建设,推动旅游经营单位的智慧化管理和运营。

8.12 泰州市智慧旅游建设

泰州市把加快智慧旅游城市建设作为推进旅游业转型升级、融合发展的重要任务,结合自身的发展条件和资源优势,开展了智慧旅游的项目建设,取得了较好的发展成效。

8.12.1 智慧旅游信息咨询服务体系建设

泰州市旅游局在全市各旅游景区、星级饭店和部分社会公共场所派发了60台"泰州旅游点点通"触摸屏,构建以泰州市旅游集散中心、凤城河旅游咨询服务中心、溱湖旅游咨询服务中心"三平台一体"为主,以全市旅游景区(点)、星级饭店和商场等部分公共场所为辅的旅游咨询服务体系。开通了泰州旅游咨询热线——86231336,并与中国移动、泰州电信等部门合作,开通中国移动12580旅游热线、中国电信118114旅游百事通等旅游咨询服务热线,拨打即可查询泰州及全国各类旅游资讯。

8.12.2 智慧旅游手机终端软件开发

"自游泰州"APP以官方主题旅游攻略的形式,重点展示了泰州旅游的精华产品,既能让游客迅速全面了解泰州,又能让本地市民发现城市不一样的美。"自游泰州"APP实现了带语音讲解的景区电子导游功能,进入景区后,会自动定位用户位置,提供文字和语音讲解。同时,该系统还接入了同程旅游网、携程旅游网等第三方平台,集中展示了各大OTA在售泰州旅游产品,用户可直接在APP内完成门票购买、酒店预订等相关操作。除了上述功能,"自游泰州"APP还包含了精选景点、吃喝玩乐推荐以及最新鲜的旅游活动和资讯,为游客打造一站式的服务。

8.12.3　泰州旅游微信官方平台建设

泰州旅游微信平台除了包含信息推送等传统功能,还以轻量化网页的形式,集成了"自游泰州"APP的大部分内容和新版泰州市民旅游休闲卡服务手册。微信平台无须提前下载,关注后即可直接阅读泰州旅游精品主题攻略,浏览景区、酒店、饭店等POI信息并预订,还可以直接使用景区电子导游。同时,微信平台还专门开设了"年卡"栏目,用"办卡攻略"、"一卡通关"、"玩转年卡"、"年卡问答"四个子栏目介绍了新版旅游卡的详细信息,让用户通过手机就能全方位地了解旅游卡的相关情况。

8.12.4　泰州市民旅游休闲卡应用

新版泰州市民旅游休闲卡在旧版旅游年卡的基础上,增加了溱湖旅游景区相关景点,覆盖范围扩大到13个景区(点)。同时采用与中国银行泰州分行联合发行的形式,利用中行的网点、宣传等资源,使广大市民享受更为实惠、便利的服务。

8.13　宿迁市智慧旅游建设

宿迁市是全省较为年轻的设区市,旅游业已日益成为当地的重要产业。近年来,宿迁市在智慧旅游建设方面坚持"旅游信息化服务于旅游大发展"的原则,按照目标化、制度化、规范化的思路,取得了较为显著的成效。

8.13.1　客流监控系统建设

客流监控系统能够实时统计出全市各景点进园人数、出园人数,从而计算出实时在园人数,并可累计统计出当天、当月、全年的景区入园人数、出园人数。一期建设中纳入该系统的景点有项王故里景区、雪枫公园、湖滨公园、湖滨浴场、马陵公园、中国水城欢乐岛、三台山森林公园、杨树博物馆、洪泽湖湿地公园和乾隆行宫10个旅游景点。二期工程项目包括客流统计系统和景区监控系统,增加了3个客流统计摄像头,对纳入统计的景区客流变化进行统计分析,掌握游客入园趋势;15个景区安装景区实时画面摄像头,通过在景区关键部位安装摄像机,在景区发生突发事件的情况下,指挥中心迅速通知景区有关人员,启动应急预案。

8.13.2 游客自助体验终端和旅游资讯网建设

宿迁市已在星辰国际酒店、威尼斯假日大酒店、国际饭店、宿迁汽车客运站、全聚德烤鸭店、项王故里景区和便民方舟7个游客密集地点设置了8台游客自助体验终端,实现全市吃、住、行、游、购、娱等旅游信息查询功能,方便游客自主安排行程。

为了更好地满足业务需求,宿迁市旅游局将原来的宿迁旅游网分成宿迁旅游资讯网和宿迁旅游政务网,宿迁旅游资讯网主要为广大游客提供旅游信息查询,为市旅游局和旅游企事业单位开展网络自媒体营销搭建平台;宿迁旅游政务网主要用于旅游部门的政务信息公开,为广大市民提供方便快捷的网上政务服务,如旅游投诉咨询、旅行社地接奖励申报、导游年审培训、导游资格证考试报名等业务均可以在旅游政务网在线办理。

8.13.3 118114-44旅游资讯网平台建设

118114-44旅游资讯网平台借助118114丰富的信息资源及服务功能,整合118114现有的旅游信息服务及订餐、订房、订票等商务活动,增加旅游投诉处理,完善旅游咨询知识库,建成旅游信息咨询、旅游产品预订、游客投诉处理等功能完整的旅游服务热线,为游客提供准确、贴心的服务。

8.13.4 地接团队统计系统

地接团队统计系统实现了地接团队奖励的网上申报、审核、确认工作,为市外旅行社和旅游中介商组织团队来宿迁旅游实施奖励提供依据。

8.13.5 宿迁旅游电子商务平台建设

宿迁旅游电子商务平台立足"吃、住、行、游、购、娱"旅游服务六要素,以在国内知名电子商务平台开设宿迁旅游网店的形式,实现主要景区门票、饭店客房、旅游商品的在线预订、支付功能,方便散客提前做好线路规划。该平台与携程旅游网、溜溜地球等电商平台开展战略合作,增加商务服务功能,建成旅行社交易平台,致力打造成为宿迁最大的旅行社联盟服务平台和最大的"吃、住、行、游、购、娱"服务平台。

8.13.6 办公 OA 和执法 e 通系统建设

办公 OA 是行政办公类软件,主要包括公文管理、行政申请及审批、邮件管理、通知公告等功能,便于旅游局工作人员文件共享、信息交流,提高了行政办事效率、简化了行政办事流程;执法 e 通主要包括工单处理、问题上报、照片上传、信息互动、考勤管理等功能,便于发现问题及时取证,促进了依法行政工作的正规化、科学化、信息化。

8.14 本章小结

江苏既有着国内领先的经济实力,又有着得天独厚的旅游资源,具备建设"旅游强省"和"世界一流旅游目的地"的先天条件。智慧旅游作为建设旅游强省和世界一流旅游目的地的重要抓手,已成为当前和今后较长时期内江苏旅游业发展的战略性任务。

从目前发展情况来看,全省各地已充分认识到加快智慧旅游建设的重大意义,并采取了各种得力的措施,取得了不同程度的进展。但总体来说,全省智慧旅游的发展还基本处在初级阶段,跟江苏旅游业发展的宏伟目标相比尚存在着较大的差距,尤其是一些基础比较薄弱、起步又比较晚的地区,差距更为明显,需要花大力气尽力赶上。

各地发展智慧旅游,既要根据全省的统一部署有计划有步骤地推进,又要从实际出发,在"规定动作"之外,加大"自选动作"力度,真正做到发展有序、特色鲜明、成效显著、影响深远,全面开创全省智慧旅游发展欣欣向荣的新局面。

第9章

江苏智慧旅游发展典型案例

江苏作为全国智慧旅游的发源地,是我国最早开展智慧旅游建设布局的省份之一。经过多年的快速发展,江苏智慧旅游的建设已取得了不小的进展,并出现了一些有代表性的项目,形成了不少可资借鉴的经验。本章选取近年来江苏智慧旅游建设成效较为明显的若干案例,希望能通过系统的分析,为读者带来更多的启发和思考,为推进江苏乃至全国智慧旅游健康、快速和可持续的发展提供参考和指导。

9.1 茅山智慧景区建设与发展案例

茅山地处南京东郊的句容市,是我国道教正一派的上清宗坛所在地,九霄万福宫雄踞大茅峰顶,元符万宁宫拥有最大的老子青铜像,自古就有"第一福地,第八洞天"之称。茅山是著名的抗日根据地,新四军纪念馆和苏南抗战胜利纪念碑是茅山风景区的重要组成部分。茅山自然景观独特秀丽,有九峰、十九泉、二十六洞、二十八池之胜景。

9.1.1 建设背景

茅山风景区自1986年被江苏省人民政府批准为省甲级风景名胜区以来,经过多年的建设与开发,取得了显著的经济与社会效益。2001年,茅山风景区被国家旅游局评定为国家4A级旅游区,新四军纪念馆被中共中央宣传部定为"全国爱国主义教育示范基地",2005年3月被评为"全国百家红色旅游经典景区",入选

"全国30条红色旅游精品线路"之列。2009年9月被批准为"江苏省首批自驾游基地示范点"。2009年6月正式提出创建国家5A级旅游景区;2009年,茅山风景区被联合国开发署和世界宗教与环境保护联盟授予生态保护突出贡献奖;2010年1月,被国际休闲产业协会授予"2009年度国际最佳休闲养生基地";2010年4月被列入"江苏省首批生态旅游示范区创建试点单位"名录,一并获得了国家级生态镇、江苏省服务名牌、江苏省服务质量奖等荣誉称号,2014年,又成功晋级国家5A级旅游区。

目前,茅山风景区已形成了以九霄万福宫、元符万宁宫、老子神像、喜客泉、华阳洞、仙人洞、德佑观、仁佑观、新四军纪念馆、苏南抗战胜利纪念碑等为主体的旅游群系,年接待香客、游客超过100万人次。茅山以其独特的形式享誉海内外:苏南抗战胜利纪念碑的"碑前放鞭炮,空中响军号"这一奇特现象堪称"世界一绝",已被列为江苏省精品景点之一;高99尺、重106吨、由226块青铜板焊接而成的露天老子神像已入选"大世界基尼斯纪录",更为神奇的是老子神像手上自然天成的蜂窝,直径可达3尺多,恰似老子手上戴的戒指,更像老子把仙丹洒向人间;热情好客的喜客泉,以其特有的三怪,使人流连忘返;具有灵石的华阳洞必将向人们展示出更多的神奇。

近年来,茅山风景区坚持"体现特色,培育精品,合理开发,永续利用"的指导思想,旅游业发展迅猛,旅游业带动相关产业发展成效明显,以资源合理开发和利用再造景区发展的优势,以环境综合整治和建设拉动旅游产业经济发展,推进景区旅游服务质量和旅游管理水平再上新台阶,进一步提升了茅山的知名度和美誉度,打造了社会效益、经济效益和环境效益"三赢"局面,特别是2008年以来,在句容市委、市政府的领导下,茅山风景区作为句容市南部旅游板块的龙头,按照"建设国内一流风景名胜区和长三角一流旅游目的地,创建国家5A级旅游区"的总体要求,以国家5A旅游区创建为抓手,全力推动茅山风景区的科学发展、跨越发展,景区面貌焕然巨变,旅游主要指标大幅攀升,管理水平规范有序,茅山的旅游品牌价值日益彰显,旅游从业人数(含餐饮、客房服务人员)达2600多人。在茅山旅游发展的同时,也带动了周边老区百姓利用山区丘陵环境优势,发展特色农业、生态农业和休闲农业,形成了以茅山为中心的农家乐旅游消费区域。

9.1.2　建设框架

茅山风景区智慧景区建设坚持以游客为中心,不断完善景区信息化基础建设,重视旅游信息标准化和数据支撑,打造智慧的景区管理、智慧的景区服务和智慧的景区营销三大体系。

图9-1是茅山风景区智慧景区建设总体架构：

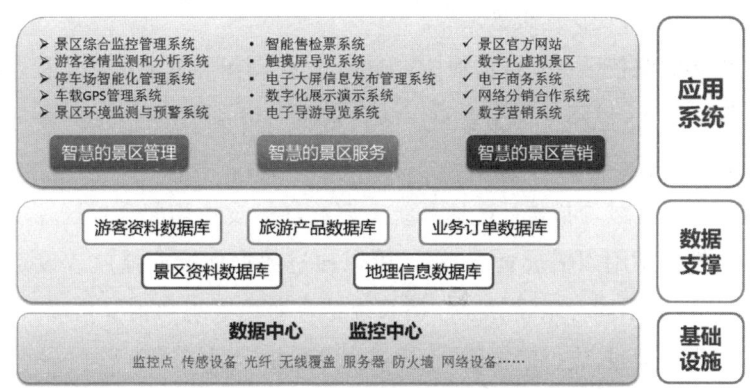

图9-1 茅山智慧景区建设框架图

9.1.3 茅山智慧景区管理

茅山智慧景区管理的建设具体包括以下内容：

1. 景区综合监控管理系统

茅山风景区经过多年的建设,已经形成了主要区域的监控点覆盖,建成两大监控中心,有效地保护了旅游资源,维护了景区稳定。监控探头主要安装地点包括游客中心停车场、游客中心内部、顶宫景区广场、老虎岗、印宫景区广场、华阳洞景区广场、喜客泉景区广场、牌坊、新四军纪念馆、红绿灯十字路口、旅游专线景区入口等。景区还设有8个防火哨,值班制度严格,确保及时发现各种情况,向上级领导汇报。近两年来,景区加强安全管理,又先后投入了200万元,逐步实现了监控网络的安防覆盖,大大降低了人工管理的成本。茅山风景区监控中心有两处,分别是位于主景区游客中心的指挥控制中心和位于茅山风景区派出所内的安防监控中心。

指挥控制中心配备专职技术人员在主控室内,通过多台监控主机和由14台监控显示器组成的监控屏幕墙,24小时不间断对景区内的动态、治安防范重点部位、交通要道口进行多方位监控,能实时监测景区范围内的游客动态、道路交通情况,及时发现治安隐患和灾情隐患。

安防监控中心建于2007年,采用国内较为先进的科技手段及进口设备组装,包括多台监控主机、20台监控显示器和一个LED数字大屏,在夜间、雨雪天气、浓雾天气等情况下均能正常监控,集监视、报警、摄像为一体。安防监控中心和景区派出所直接对接,实现快速报警出警。

景区内多数监控设备具备远程传输功能,监控图像和视频可以远程存储在数据中心的服务器上,供随时调用查看。结合景区对讲系统,可以随时呼叫现场工作人员,对相关情况及时处理。

景区在主要区域均布置了广播系统。多数音箱设备均配合景区环境进行美化。广播系统日常用以播放背景音乐,可以通过数据库选曲播放或设定播放规则,支持不同区域不同音乐设置。广播系统结合监控系统和预警系统,可以快速插播通知和预警信号,支持广播讲话、插播全部或指定区域通知。

2. 游客客情监测和分析系统

2011年底,在镇江市旅游局的组织下,茅山风景区与中国移动公司加强合作,联合开展智慧旅游工程项目"游客客情实时统计分析及无线基站监测系统"建设,该系统通过对景区内的中国移动用户进行监控,分析客源地及其他项目,掌握了游客构成情况(客源地、各景点游览时间等),为景区基础设施建设、景区发展方向、营销分级市场确立提供真实的统计数据。

在设置客源监控分析系统的同时,景区还在九霄宫入口处等核心景点配套了人脸识别设备,可以准确记录进出游客,并对游客的活动情况进行分析。

3. 停车场智能化管理系统

停车场智能化管理系统是票务系统的一个延续,景区引入的停车场管理系统可以与票务系统对接,实现景区门票一票通,也是对景区物联网的一次扩容和升级。

停车场智能化管理系统是经过不断优化并结合国内外停车场具体需求而设计的高效智能、快捷精确、科学经济的停车场管理系统,它主要包括出入口通道管理系统和场内管理两大部分,可以高效地管理车辆的通行权限、通行安全及效率、停车收费、信息发布、报警处理与联动等。

4. 车载GPS管理系统

2011年投入建设景区观光车的车载GPS管理系统工程建设,景区内所有观光车都装配了该设备,实现了景区车辆的呼叫、车速管理、违章记录、位置监控等功能,便于控制景区内车辆速度,方便管理人员对车辆的调度。

车载 GPS 管理系统可实现对车辆的定位追踪,所记录的参数包括车速、位置、行驶方向、报警状态,并可同时对多车追踪比较,对车辆运行轨迹进行记录与回放,轨迹可保存 12 个月以上,用以检查车辆的行驶轨迹、加油站、过路费信息。

该系统紧急报警和自动拍照,驾驶员按下紧急报警按钮后中心会收到声光报警,手动报警后可自动对现场进行拍照取证,上传到中心。中心发送电话号码给驾驶员,可实时对车内声音进行监听,可对监听内容录音取证。

该系统还支持远程断油断电,中心根据实际情况下发命令使车辆发动机立即熄火,中心下发远程指令可恢复车辆正常,解除锁车。平台在客户端的电子地图上可以设置一个指定的监控区域,车辆驶出此区域可主动向中心报警,从而实现重点监控。

5. 景区环境监测与预警系统

景区和气象与环境部门合作,完成了气象与环境监测系统的建设,在景区中设立了多个监测点,对大气、水、森林、地质等实用信息进行收集、分析和传播,有效、科学地研究生态环境。景区还建立了森林火险、地震、泥石流、病虫害等灾害监测系统,并在此基础上,为景区保护、科研开发提供科学决策依据。

9.1.4　茅山智慧景区服务

茅山智慧景区服务系统主要包括以下建设内容:

1. 智能售检票系统

智能售检票系统是景区正在实施的重点项目,也是景区物联网的核心系统。景区投入 70 余万元,设计制作完成了茅山风景区票务管理软件;投入 100 万元,完成了电子门禁系统工程,进一步规范了景区票务流程,使景区的票务更便于管理、统计、分析与监控;完成了茅山风景区电子导览系统。

茅山风景区票务管理系统是以与景区实际业务流程相适应的综合票务管理系统软件为核心,以射频卡门票或二维码门票为基础,以读卡器、电子门禁为辅助管理手段,通过集中式决策系统和覆盖景区的局域网与互联网的对接。系统可以实现对票据流通过程的精确控制;对系统用户行为,包括定价、售票、营销、管理等的有效控制。满足领导实时查询、整理数据和辅助决策等需求。

茅山风景区票务管理情况相对复杂,门票和各类票据种类多,包括景区门票、乘车票、停车票、接待单等;门票定价细,既有针对不同人群的区别定价,又有针对旅行社的区别定价;而财务管理要求每张票据的状态时刻可追溯,力求资金回笼的零漏洞。茅山风景区智能售检票系统规范了票务管理的流程,从系统角度保证了营销定价、领导审批和售票管理的独立,实现了票据入库、发放、出售、核销的程序化,同时电子票的使用,可以实现检票过程的自动化。

经过一年多精心的设计、开发与严格的测试、培训,景区的智能售检票系统第一个版本已经成功部署,并经现场投入验证。该软件的1.0版已取得国家软件著作权证书,并被授予江苏省软件产品证书。目前,景区正在升级软件,主要针对二维码门票,将之前设计的基于射频卡门票的方案调整为成本更为低廉的二维码门票方案,并于2011年11月完成软件系统的开发、测试、培训与设备的升级。

作为智能售检票系统的重要组成部分,景区在游客中心部署了游客自助检票通道。

2. 触摸屏导览系统

茅山风景区游客中心于大厅内设置了电脑触摸屏,游客通过电脑触摸屏,可以系统地了解茅山风景区各景点的概况,内容详尽丰富,介绍涵盖了各景点简介、设施和服务,包括吃、住、行、游、娱、购等各要素。游客可以通过多媒体信息事先对茅山风景区有个整体了解,从而可以进行有针对性的游玩。

3. 电子大屏信息发布管理系统

景区面向游客的信息发布有着非常重要的作用,为扩展信息发布渠道,景区先后投入了上百万元,建立了以触摸屏、户外LED大屏和窗口LED相结合的信息发布与显示系统,通过多渠道的信息发布,让游客更多地了解景区实时动态,感受景区的贴心服务。

基于统一的信息发布和管理,实现对各类屏幕的发布信息的远程管理和维护。部分信息屏和其他系统对接,信息自动更新。

4. 数字化展示演示系统

茅山风景区游客中心的影视播放系统不间断地播放景区风光宣传片和与景区有关的纪录片,游客通过宣传片可以充分领略景区生态自然的美景和丰富多彩的节庆活动和民俗风情。影视播放系统不仅可以管理游客中心影视播放厅的节目内容,还和大屏幕信息发布管理系统对接,实现在室外大屏幕上播放视频内容。

茅山风景区内茅山新四军纪念馆用声、光、电、多媒体等高科技手段,再现了陈毅、粟裕、谭震林等老一辈无产阶级革命家的彪炳业绩和光辉形象,模拟了当年新四军和苏南人民浴血奋战的悲壮场面。纪念馆通过引入计算机软件对实物、资料、图片等实施数字化、动态化和规范化管理,这必将大大提升纪念馆对文物保护、管理和研究利用的有效性。

5. 电子导游导览系统

景区 2011 年开始电子导游导览系统的建设。电子导游导览设备外形流畅精巧,便于携带和操作,采用图、文、声、像全方位多媒体技术,超大屏幕的图像信息显示,让游客在游览的同时欣赏到高品质的视频影音资料,支持地图导览和定位功能,设备采用多种播放形式,支持普通话、英语、日语、粤语和闽南语等多语种选择。

真彩液晶显示屏,支持语音、图片、视频的个性化组合。具有地图导览及定位功能,方便游客随时了解所处位置。

超大的液晶显示屏,能更好地将展馆的精品文物、视频等资料以影音同步的形式展示给参观者,让参观者能更全面、更深刻地了解藏品背后的故事,了解展馆。

支持语言讲解、视频图像、图片和语音组合三种不同播放模式。除语音讲解之外,还可将景区的相关背景故事等以影音同步的形式展示给观众,让游客能了解更多景点背后的故事。相关文字资料可通过电子书的形式供游客查看参考。

在播放过程中具备快进快退、暂停、停止功能,更加人性化。屏幕可同步显示正在播放的景点名称和讲解词。具有录音功能,可及时收集游客反馈意见。

电子导游导览设备采用自动接收与数字点播相结合的方式。在主要景点架设发射器,游客进入信号范围即自动播放对应景点内容,普通景点和陈列品处可选用手动点播方式。

单机支持普通话、英语、日语、粤语和闽南语等多语种选择,一键式语种切换。采用先进的语音压缩技术,音质可达到高保真效果。播放声音清晰,游客长时间参观、收听不会感到疲乏。

配备语音写入系统,采用 USB 接口下传数据,馆内工作人员能随时自行录入、修改、添加讲解内容。

9.1.5 茅山智慧景区营销

茅山智慧景区营销具体包括以下建设内容：

1. 景区官方网站

茅山风景区在2001年就委托专业的网络公司制作了网站,开始通过互联网宣传茅山旅游。2001年至2006年间,为适应茅山风景区旅游业的大发展,先后进行过几次大的改版。2009年,为配合国家5A级旅游区的创建工作和景区长远发展,按照高标准、高要求和国际化水平进行网站的重新定位与制作,并在近几年多次与网络运营商协调合作,不断升级,提升网站质量。茅山风景区官方网站支持中文、英文、日文、韩文四种语言版本,每种外语语种网站都有茅山风景区的完整资料,以满足海外游客的需求。茅山风景区官方网站集旅游指南、多媒体展示、电子商务和游客互动功能为一体,设计风格特色鲜明,兼顾道教文化的精深、革命圣地特色和茅山的秀丽风景。网站突出吃、住、行、娱、购、游,并提供景区所在地的天气资讯,以方便游客全面了解景区相关配套设施和服务机构。网站提供电子商务功能,主要用于推广和销售茅山的特色旅游纪念品。电子商务支持用户通过网银和支付宝平台完成订单的支付,同时需要网站相关管理人员及时处理游客订单,提供完整的电子商务服务。网站在论坛上以茅山游记的形式为景区游客间营造一个互动、交流的平台,同时也方便广大游客针对景区发展和需要改进之处,建言献策。

茅山游记可以汇聚茅山游客,通过老游客发布的信息和游客间的互动,让茅山游客群体自成一个团体,以吸引新游客,弘扬茅山文化。同时,论坛也可监控茅山风景区服务质量,有助于提升景区服务质量。

2. 数字化虚拟景区

茅山风景区官方网站和触摸屏导览系统均集成了数字化虚拟景区功能,实现虚拟游览功能。虚拟景区以模拟真实景区地图的方式展示景点和交通路线,支持缩放功能,点击某个景点可以图文和视频相结合的多媒体形式查看,提供线路导航提示,帮助游客设计游览线路。

3. 电子商务系统

茅山风景区电子商务系统是以景区为中心整合旅游资源,实现门票、酒店、旅游特产等在线预订,为游客提供全方位高质量的个性化旅游预订服务。系统可根据不同产品设定不同描述参数,支持多种价格方案;支持在线支付和短信提醒;支持无注册预订和快速预订。茅山风景区与中国银联合作,通过银联电子支付平台,提供在线支付功能。

4. 网络分销合作系统

茅山风景区已经完成了门票分销合作系统的开发,除了向旅行社提供门票分销外,还通过该系统与国内知名的旅游预订网站(如途牛旅游网、同程网、驴妈妈旅游网)以及旅游团购网站展开分销合作。分销系统为各分销渠道和平台开通独立账号,可直接提交预订,并进行费用扣除、佣金计算和返还。该系统还可以针对不同的分销渠道进行数据统计,以作为分销效果的考核依据。图9-2为网络分销合作系统组成图。

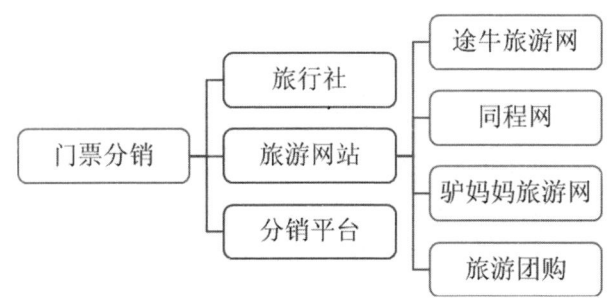

图9-2 网络分销合作系统组成图

5. 数字营销系统

茅山风景区数字营销系统是以利用智能手机和移动互联网等手段实现景区门票销售的数字化和自助化,让游客通过扫描二维码等方法实现门票预订以及在线支付。与此同时,数字营销系统还可为茅山景区的数字化推广宣传提供支撑,让国际国内的游客能更好地了解茅山、畅游茅山。

9.2 沙家浜—虞山尚湖智慧景区建设与发展案例

沙家浜—虞山尚湖旅游区位于江苏省南部常熟市,由东片区沙家浜风景区和西片区虞山尚湖旅游区组成。这里历来人文荟萃,胜迹遍布;山水相依,山明水秀;河湖错落,林木苍郁;古城名刹,点缀其间;园林古建,交相辉映;芦荡纵横,如梦如幻;风光旖旎,景色如画。自古以来,即为江南著名的游览胜地,享有"天下常熟,世上湖山"之美誉。

沙家浜—虞山尚湖旅游区生态环境良好,水网密织,农业基础好,也是国内著名的轻工业基地,春夏季的杨梅、秋季的螃蟹和休闲服装,都是游客所钟爱的旅游吸引物,而具有江南特色的水乡美食,更是很多游客赞不绝口的宝贵旅游资源。沙家浜—虞山尚湖旅游区作为新晋级的5A级旅游度假区,在智慧景区建设方面走在了全省的前列。

9.2.1 建设背景

沙家浜—虞山尚湖旅游区近几年除加大宣传招徕力度外,还不断丰富旅游活动,已连续举办了20届的尚湖牡丹花会、沙家浜旅游节、虞山森林生态旅游节,以及其参与的江南文化节等,均已成为了国家和省市著名的旅游品牌项目,随着客源市场占有份额不断扩大,近年来境外客源市场份额不断提高,洲际远程游客已占有一定比重,而且上升趋势明显。目前沙家浜—虞山尚湖旅游区的主要客源地根据自驾车交通里程计算,分为1小时客源圈、2小时客源圈和4小时客源圈。1小时客源圈主要以苏州本地、无锡、上海等地为主;2小时客源圈以浙江、江苏两省部分城市为主;4小时客源圈以浙江、江苏、安徽、江西、山东五省的部分城市为主。随着高铁建设的进程以及汽车租赁行业的迅速发展,沙家浜—虞山尚湖旅游区的客源地范围还在逐步加大。

根据沙家浜—虞山尚湖旅游区的资源情况和景区发展思路,游客市场群体主要定位是以自驾车和自助旅游形式为主。这部分旅游者消费能力强,每年的旅游出行计划频繁,对生活品质要求高,是高质量的旅游群体。沙家浜—虞山尚湖旅游区是常熟市政府、常熟市旅游局重点打造和扶持的旅游项目,大力发展智慧旅游是景区发展的重要战略部署,并在较短的时间内取得了较为明显的成效。

9.2.2 智慧景区公众服务项目

面向游客的智慧服务是沙家浜—虞山尚湖旅游区智慧景区建设的重要内容,近年来在以下方面取得了一定的突破:

1. 景区信息网站

沙家浜—虞山尚湖旅游区在官方网站的功能定位、模块设计、栏目设置、建设实施过程和后期运营维护方面,都投入了大量的人力和物力。旅游景区网站建设的定位是以介绍旅游景点、旅游指南、门票信息为主,以旅游景点为核心,为旅游者提供更便捷、直观的旅游服务。景区官方网站的功能模块设计包括:旅游信息发布系统、景点导航演示系统、风景图片展示系统、精彩视频展示系统、交通信息查询系统、天气预报查询系统、在线旅游问答系统、在线调查管理系统、旅游投诉反馈系统、门票预订管理系统、网站流量统计系统。

2. 电子商务平台

沙家浜—虞山尚湖景区从 2003 年开始开展电子商务,起初只是简单的网络广告宣传和意见咨询,实现这一功能的版块是景区网站,网站几经改版后增加了一些新的功能,实现了广告宣传、网上订购、网上支付、电子账户、服务传递、意见征询、交易管理等各项功能。景区网站电子商务实现景区门票、餐饮、宾馆、娱乐、特产和线路产品的在线预订;根据不同产品设定不同的产品描述参数,支持酒店不同时间不同房价,支持旅游线路不同时间不同价格、多种价格形态等;支持购物车功能,用户可以一次性购买多个产品,统一预订支付;支持在线支付、支持短信提醒;支持无注册预订和快速预订。注重电子商务流程和网下实际业务体系的对接,做到在对应运营模式下,所有在线预订有对应单位处理,并以 Web 提示、邮件短信提醒等方式提高订单处理的及时性。还可以对门票、酒店等产品预订的退订进行合理的处理。

3. 智能导览系统

智能导览系统采用射频技术,具有自动语音讲解、视频播放、电子地图、道路指引等功能,实现旅游景区自助游。景区共有集成系统一套,手持语音导游 87 台,其中 6 台为外语语音导游设备。景区电瓶车均实现了定点语音导游,景区电瓶车自带播放功能,将录制有讲解词的记忆卡或 USB 存储器插入接入口,电瓶车到达对应的景点和区域即可自动播放。

4. 景区导览 APP 开发

第三方应用开发商合作开发基于智能手机操作系统的景区导览应用,现已完成开发可供游客下载的包括"沙家浜—虞山尚湖旅游区导览"和"爱自游·常熟"手机应用。手机应用投入使用后,广大游客尤其是自助游客,能通过智能手机轻松获取景区游览的全面信息,实现出行前了解景区信息,行程中自助导游导览,并可以随时分享旅游体验。

5. 触摸屏系统

沙家浜—虞山尚湖旅游区投入15万元,建设了为游客服务的触摸屏系统,首期共采购了4套触摸屏设备,分别设置在景区票务与服务中心、沙家浜游客中心、尚湖游客中心、宝岩游客中心。触摸屏内容功能包括游、食、购、住、行、玩、影、照八个方面内容,其中,"游"包括风景区介绍、特色旅游、历史文化、节庆活动、主要景点、游览线路、旅游服务七个方面内容;"食"包括招牌美食、餐饮名店、特色餐饮、同城美食四个方面内容;"购"包括地方土特产品、工艺品、特色纪念、购物场所、购物常识、咨询投诉、同城购物七个方面内容;"住"包括景区推荐、住宿宾馆、度假村、快捷酒店、城区住宿、住宿知识六个方面内容;"行"包括景区区位、旅游专线、城乡公交、租车服务、长途客运、火车飞机六个方面内容;"玩"包括民俗体验、游乐运动、文化休闲、城市公园、大型商场、足浴按摩、咖啡酒吧、KTV八个方面内容;"影"则是景区视频宣传;"照"则是景区摄影作品欣赏。

6. LED大屏远程管理系统

多块LED大屏分布在沙家浜景区、尚湖景区的室外广场和游客中心,通过同步控制系统和LED播放软件,实现对LED大屏播放内容的远程操作和集中管理,支持通过手机短信直接发布信息。

7. 影音播放管理系统

旅游区内设有数十个影视厅,通过影视播放管理系统进行播放管理。大影视厅采用环形大幕和投影仪的形式向游客提供游览和服务信息,各中小影视厅采用电视机的形式向游客展示。影视厅分布在游客中心休息室、游客中心大厅、沙家浜革命历史纪念馆、法制教育馆、禁毒教育馆、横泾老街影视基地、横泾剧场等区域。部分展区还采用电子技术展示历史文化,例如通过声、光、电展示的浒墅关战斗场景,以幻影技术展示的八字桥战斗,夜袭虹桥机场场景,采用电子示意图展示的苏州、常熟、太仓地区反"清乡"斗争示意图,江南抗日义勇军东进线路示意图等。

8. IP网络广播系统

采用基于IP定位的网络广播系统,在景区主要景点、游览区域、游客中心布置音箱设备并加以美化,支持景点广播寻呼、多路背景音乐播放、背景音乐定时自动播放、各景点本地寻呼和音频输入、远程广播寻呼。数控网络广播系统主控室位于景区的弱电总控室,主控设备可以对各个景点进行全区寻呼、对几个景点寻呼或单个景点寻呼。广播系统支持寻呼优先,系统中处于各景点的终端服务器无论处于何种状态,只要有寻呼广播信号输入,自动强行广播,并自动调整音量。而没有被寻呼的景点仍正常播放音乐节目,互不干扰。数控网络广播系统能够同时播放并传输 5 套音源,使得各个景点能同时播放不同风格的背景音乐,使音乐和环境和谐统一。也可以通过设在远端景点的终端设备手动选择播放哪一种音源。广播系统可以将每天不同时段、不同区域需要播放的音乐通过系统编程,事先设定好播放程序,实现全天候自动广播,无须专人值守,完全做到全自动化控制。每个分区可以通过设在本区域的终端设备,输入话筒进行本地的寻呼广播,还可以接入本地模拟音频(卡座、CD、收音机、话筒等)播放临时的背景音乐。不受控制中心的限制,灵活实用。每个分区都分布一个远程呼叫站,通过景点内任意一个呼叫站都可以对某一个分区、某几个分区或全区进行远程广播。无论游客在哪一个分区游览都可以就近找到广播站,发布寻人信息。

9.2.3 智慧景区管理项目

沙家浜—虞山尚湖旅游区在景区智慧管理方面主要实施了以下相关项目:

1. 智能售检票系统

针对散客使用门票加印条形码,在入园闸机刷卡进入;针对年票,启用 IC 卡电子年票;针对签单单位,使用 VIP 卡刷卡签单;针对团队,使用电子开单,团队数据通过统计系统,自动对旅行社进行地区分类、核定单价、计算返利,数据查询细化至任何时间段任何地区的对比,从而管理部门可对入园情况进行科学快捷的统计和分析。智能售检票系统的使用不仅可提高景区的旅游服务档次,在很大程度上将避免以往人工检票因为游客高峰期容易造成的漏检、错检情况,减轻工作人员的工作量;景区管理部门随时都能准确了解售票中心和各验票点的状况,有效解决了逃票、假票和人情票等问题;而且可以自动生成财务报表和客源分析表等,并通过建成的光纤网络及时将数据传送到景区的相关管理部门,从而大大地提升了景区旅游信息统计的及时度和准确度,为决策提供数字依据,使管理更加轻松。

2. 智能停车引导系统

因为沙家浜—虞山尚湖旅游区的主要市场群体就是自驾游的游客,所以在停车场的建设方面非常重视。建成的智能化停车场,规范了停车秩序,避免了乱收费现象,提高了停车收费的可信度;提高了停车管理人员的工作效率,减轻了工作人员的劳动强度;扩充了停车信息的可利用形式以及范围,提高了停车泊位利用率;停车泊位引导系统的采用,减少了车主进入停车场后寻找停车位的时间。外来车辆缴费开闸、内部车辆刷卡入内,每车自动识别车牌号码,通过数据库确认所属地区,有效统计散客和团队的地区分布。

停车场系统采用光电隔离抗雷击 CAN 总线通信网络,信息主动发送,实时性、灵活性和可靠性远高于采用 RS485 查询方式工作的通信网络,通讯距离可达 10km,非常适合停车场系统现场条件,明显优于 100m 就要中继的 TCP/IP 网络。停车场系统采用非接触式感应卡操作,无机械磨损,免维护,其性能远优于磁卡、条码卡、接触式 IC 卡,系统适配专用接口的 IC、ID 卡读头。

停车场系统采用了专为停车场系统自主研制的无射频干扰的全字库 LED 中文显示屏,精确指示驾驶员的使用操作,及时反应读卡状态。系统待机时显示时钟、客户及制造商信息;入口车辆到时提示"读卡或取卡",读卡操作不规范会提示"请平贴重读",读卡成功后显示卡类卡号,计算机应答后临时卡提示"请拔卡抬闸",月卡提示有效日期及相应问候语;出口还可显示临时卡收费金额;中央收费系统出口还提示临时卡"请插卡回收"、"超时补交费"、"请到中央收费处交费"等信息。另有"此卡已过期"、"此卡已挂失"、"此卡已锁定"、入口"此卡已在场"、出口"此卡未入场"等相关提示,使司机及管理人员对车辆拒入、拒出车场的原因一目了然,避免许多不必要的误会和争执。此 LED 汉字屏内含国标全部字库,可通过系统计算机发布各种通知公告、节假日问候语、停车车位引导信息及月卡的个性化问候语等。本屏采用了独特的消除射频干扰技术,使各种感应头读卡距离不衰减。这些都是采用有限字库及固定语句广告屏的简易停车场系统所不能比拟的。

停车场系统具有配置灵活的车位引导屏接口,可满足不同场合的各种需求。可挂接数码车位显示屏、全字库 LED 中文显示屏、超高亮远视距满位显示屏,其中全字库 LED 中文显示屏除了可以显示车位引导信息外,亦可发布其他任何信息。停车场系统采用自主研发生产的自动出卡机,其在出卡率、发卡速度、装卡的方便性以及对卡片的损伤等方面远优于其他品牌的出卡机。

停车场系统采用专门设计的线性稳压电源,多种电压输出,低压差工作效率较高且无射频干扰,能有效地保证各种感应头读卡距离与准确性。因其与市电高度隔离,故而大大地提高了系统的抗雷击性能。这也是学习了国外长期的工程产品经验而采取的方案,其比采用价格低廉的开关稳压电源方案的停车场系统稳定得多。停车场系统实时联网运行时可实时图像捕捉对比,除了具有防盗防换车等功能外,通过"在场车图像"查询更为常见的"丢卡"、"恶意丢卡"、等现象提供了有力的惩罚依据及补救措施。那些无图像捕捉对比的停车场系统只能任凭驾驶员单方面叙说,丢卡现象严重,且不能及时准确挂失,潜在危机严重。停车场系统电脑通讯故障时可自动转为脱机运行,可完成除图像捕捉对比功能以外的其他所有专业停车场功能。系统控制器内存保存的记录,足以满足大型专业停车场的容量要求,通信恢复后记录可自动卸载。

停车场管理系统采用了卡片作为车辆出入停车场的凭证,实现一卡一车,并结合先进的图像抓拍技术,实现车辆出入停车场图像的对比,有效防止了车辆的丢失,完成停车场收费的电脑化管理。系统采用先进的计算机网络技术,数据传输实时快速可靠,读卡响应速度快,车辆出入迅速。系统根据车辆出入停车场的时间,自动计算停车费用,可支持多达十六种类别车辆的不同标准的收费。

3. 自行车智能使用管理系统

常熟市自然风景优美,生态环境良好,以沙家浜—虞山尚湖旅游区为核心的旅游区内,景点众多,为了方便休闲型游客的游览,景区与常熟市公共自行车系统管理公司合作,为游客提供公共自行车服务,并采用智能化管理与使用的形式。对于苏州本地游客,只需要出示身份证明,就可以获得车辆智能借用卡,可以在全市范围内(包括景区周边)的 150 个站点免费使用自行车游览。外地游客只需要支付一定比例的抵押金,就可以领取车辆智能借用卡,无论在任何站点还车,都可以退回押金。本系统升级后,所有游客只需要使用二代身份证,就可以领取车辆智能借用卡。

4. 智能监控系统

通过遍布景区的监控系统,安装摄像头超过 60 个,可以对景区内各景点的验票口、停车场、售票中心等位置进行实时监控。工作人员可以随时掌握景区内的人流量、秩序状况及停车场的运行情况,及时进行协调,从而让整个景区的秩序始终处于合理有序的状态。并可在监控室和内部网络实现实时监控,所有监控记录都自动保留记录 60 天。

为提高森林防火工作的科技含量及森林防火工作的信息化、规范化、现代化程度,提高工作效率和工作质量,虞山林场在市委、市政府的关心支持下,先后分三期投资 1000 多万元用于建设虞山林场森林防火指挥监控系统,目前三期工程已全部完工并正常运行。虞山林场森林防火指挥监控系统是以计算机为核心,集多媒体、网络技术、监控技术、信息和图像处理、地理信息系统于一体的先进技术,采用数字压缩的方法,将林火监控信息从现场通过专线远程传输,以达到实时监控林火的需要,可以做到全天候、全方位、远距离、高清晰度地监控大范围内火情发生情况,并安装了红外线夜间林火自动报警系统。改变了过去依赖人工巡逻、守候、瞭望的传统方式,具有很强的科学性和实用性,火情发生时,可在森林防火指挥监控中心通过计算机远距离对前端摄像头进行遥控操作,以更清楚地了解火场情况,供领导决策、调度、指挥,极大地提高了对森林火灾应急反应能力和扑救效率,为实现森林火灾"打早、打小、打了"的目标提供有力和科学支撑。

5. 气象预报与预警

景区与常熟市气象局合作,在尚湖和沙家浜分别安装了六要素(风向、风速、气温、气压、雨量、湿度)自动气象站,站号分别为 M5937,M5940,并列入了国家区域气象综合观测网,每分钟向国家气象信息中心传输一次气象观测数据。通过手机短信发播平台,向相关人员发播灾害性天气预报信息,节假日天气预报,预警信息等信息。

6. 智能巡查系统

随着沙家浜—虞山尚湖旅游区的规模不断扩大,安全管理、时间管理越来越重要。通过遍布景区的监控系统、智能停车场管理系统、二次入园管理系统、智能导游系统以及巡更检查,来实现时间管理、运营安全等方面的统一管理,让工作人员可以随时掌握景区内的人流量、秩序状况及停车场的运行情况,及时进行协调,从而让整个景区的秩序始终处于合理有序的状态。可在监控室通过内部网络实现实时监控,并且所有监控记录都自动保留记录 30 天。在提高景区自身管理和服务水平的同时,为景区现代旅游业的发展和创新数字旅游服务模式提供了坚实基础。

巡逻员每天按照规定的时间到每个巡逻点去进行巡逻,通过将每个地点的具体巡逻时间记录下来,然后储存巡逻的原始数据,输入计算机相应的巡更管理软件当中,指挥调度中心每天再将巡逻情况备份,达到查看每个景区巡逻员每天的具体巡逻情况,发现问题后可及时对景区提出更改意见。

9.2.4 景区智慧营销项目

沙家浜—虞山尚湖旅游区在推进智慧营销方面,重点建成了以下业务系统:

1. 游客数据管理和定向营销系统

景区根据沙家浜电子票务统计分析系统以及虞山尚湖票务系统统计游客流量,分析数据的工作主要涵盖散客管理、旅行社管理、接待管理、开单管理、统计管理五方面,其中,统计管理设有总数据统计、游客日统计、游客月统计、游客年统计、旅行社(接待)统计、旅游区排行、按省统计、按地级市统计、按区县统计等九项内容。

建立了这个系统,景区就可以为每位到过常熟的游客建立个人或者家庭档案,根据他们的旅游次数、游览景点、消费情况和停留时间,整理与分析游客的喜好,及时对景区的旅游产品进行调整和完善。并根据该系统中游客的所属地区,向周边游客及时发送景区的活动、优惠等信息,吸引游客多次前来常熟休闲度假。

2. 景区门票分销管理系统

景区门票分销管理系统主要用于管理门票分销渠道,包括传统旅行社和旅游预订网站,均可以通过分销管理系统完成交易。

分销管理系统针对不同客户进行分组管理,对不同组别采取不同的价格政策、信用授权,也可以对某一客户进行单独设置。可以设置普通折扣、分级折扣、赠送等价格方案,也可以根据时间不同设置不同的价格政策。可针对不同客户组或者客户进行信用授权,根据业务需要给予不同的额度,便于业务开展与账务结算。对于不同客户组或者客户,可以进行产品数量、类别等资源限制,可通过预售票来实现限流。

对于有高级技术要求的客户,可以提供系统技术接口,通过接口可以获得产品资源及对应的价格政策,并通过接口进行订单提交、查询等指令。通过分销管理系统与合作旅行社或旅游网站签订合作协议,预存款项,就可以获得对应的价格政策和接口密钥等。在网站直接预订购买产品后,在对应账户进行扣款完成。

3. 营销渠道管理和数据分析系统

围绕目的地品牌主题,策划与创新相关的主题活动,选择知名的旅游网站和社会化媒体网站进行广告投放和宣传合作。以景区旅游信息网站和电子商务网站为效果分析平台,根据各渠道导入的网站流量、咨询量和预订量等,判断各合作网站的营销效果。

在效果评价的基础上,逐步筛选出合作效果较好的网络营销渠道,建立稳定的营销合作关系,不断加大营销投入。

景区先后与数十家旅游相关网站和社会化媒体开展营销合作,并通过多年的营销数据分析,与同程网、驴妈妈旅游网、途牛旅游网等建立了稳定的合作关系。同时景区还加强对新营销渠道的探索,开通新浪微博,并在多个团购网站尝试旅游产品的销售,营销渠道管理和数据分析系统成为景区发现优质营销渠道、提升营销效果的有力武器。

9.3 环球动漫嬉戏谷智慧景区建设与发展案例

环球动漫嬉戏谷位于山清水秀的常州武进太湖湾旅游度假区,作为全球首个以"动漫艺术、游戏文化"为主题的大型主题乐园,嬉戏谷将超前的数字娱乐和互动技术完美融合,并创先将风靡全球的动漫游戏中的虚拟世界震撼实景化,将一个从未有过的、神秘未知的、超越现实的"奇幻世界"带入现实。在智慧景区建设方面,环球动漫嬉戏谷经过多方面的探索,取得了较为明显的成效。

9.3.1 建设概况

环球动漫嬉戏谷智慧景区建设分为两期实施。

一期智能化系统建设,主要分为两大部分,即智能化服务软件系统建设和智能化弱电网络工程建设,2011年5月开园完成了智能化弱电网络工程和"环球动漫嬉戏谷线上线下信息管理系统"的建设,初步形成了线上线下的互动应用系统和智能管理系统。

2011年6月起,开始实施环球动漫嬉戏谷智慧景区智能化系统建设的二期"掌上嬉戏"的设计(掌上嬉戏——线上线下互动娱乐智能移动系统平台),并于2012年6月开始实施,2013年7月1日正式上线运营。

环球动漫嬉戏谷智慧景区规划投资5000万元,其中一期智能化服务软件系统部分投资1200万元,弱电工程投资2800万元;二期"掌上嬉戏"项目计划投资1000万元。

9.3.2 智能化服务软件系统建设

智慧景区一期的智能化服务软件系统——"环球动漫嬉戏谷线上线下信息管

理系统"是国内首套线上线下一体化主题乐园智能服务管理系统,也是主题乐园中第一个将物联网技术、无线和有线网络通信技术及大规模数据库集成一个综合性的文化传播、品牌推广、产品销售和旅游服务的智慧景区综合平台,提供游览服务、线上网络游戏项目与线下体验项目互动,以及环球动漫嬉戏谷各项运营的智能管理职能,是园区的中枢神经系统。

"环球动漫嬉戏谷线上线下信息管理系统"分线上线下两部分,线上部分采用先进的java技术开发,J2EE架构,主要提供网络票务代理平台和分销商平台管理的功能。线下部分采用三层架构模式,系统可靠、稳定性强,具备客户端自动升级功能,含20大模块,700多个功能插件,提供网上购买电子门票(手机电子门票)、线上线下游戏虚实互动、客户会员制管理、游客归属地统计与分析、全园消费一卡通、园内商品从设计采购到使用和销售全程管理、客户消费行为、园内经营管理的全过程信息化管理、营销管理和成本管理的决策支持、员工福利和员工管理全面电子化以及其他数字化游乐体验等功能。后台采用海量级数据库:Oracle 11g,数据处理能力强大,支持实时、高效的多数量并发客户端。

线上线下两套体系通过技术手段实现数据同步,在保障会员制客户利益的同时,还能带给客户线上线下的新奇体验。"环球动漫嬉戏谷线上线下信息管理系统"的业务集成度和数据完整性,在国内各旅游景区中首屈一指,是国内旅游景区管理软件的新标杆。

为确保系统安全稳定运行,环球动漫嬉戏谷线上线下信息管理系统采取包括双机热备(含UPS)、双百兆光纤提供网络支持、园内双环网建设以及双核心交换机配置内外网安全防火墙等手段,取得显著效果。自嬉戏谷开园至今,服务器及数据库一直平稳运行,未出现因网络和数据故障影响乐园运营的情况。

"环球动漫嬉戏谷线上线下信息管理系统"线下平台根据应用对象不同,可分为客户端应用程序和后台管理程序。其中客户端应用程序根据应用领域不同,分为停车场收银系统、票务系统、租赁系统、商品POS系统、餐饮POS系统、触摸屏点餐系统、平板电脑点餐系统、热浪湾(水公园)系统和高速拍照系统等应用程序,而后台管理程序则根据管理职能,分为人力资源管理系统、员工一卡通系统、进销存系统、财务系统、互动系统、报表系统、宿舍系统、阅览室系统、贵宾卡系统和年卡系统等模块。

9.3.3 智能化弱电工程建设

"技术的理性应用,系统的务实设计"是环球动漫嬉戏谷智能化系统的基本设计思想,设计一次到位,实施分步进行。以需求为导向,注重实用性、可靠性、先进性和经济性;既考虑到目前的适用性,也具有前瞻性;注重系统运行管理,使智能化系统真正发挥作用,降低能源消耗,减少运行成本,也就是说讲求实效。

"技术先进、成熟,系统安全、可靠"是环球动漫嬉戏谷智能化系统的特点。这一系统既考虑信息资源的充分共享,又注意信息的保护和隔离。分别针对不同的应用和不同的网络通信环境,采取不同的措施,包括系统安全机制、数据存取的权限控制等。

环球动漫嬉戏谷智能化系统集成方案,充分体现了"以人为本、按需集成"的设计理念。紧紧围绕"以人为本"的主题,根据整个园区规划特点和实际需要,从技术、经济、经营与服务等多角度去全面理解集成的内涵和决定系统集成的内容,去把握集成的"量"和"度"。通过采取分子系统、分层次由低到高逐级集成的思路,精心设计和规划,以达到获得管理数据,提高整个环球动漫嬉戏谷的监控管理效率。环球动漫嬉戏谷智能化系统包括综合布线系统、背景音乐及消防广播系统、安全防范系统、园区信息发布系统、计算机网络系统以及其他子系统。

9.3.4 掌上嬉戏

环球动漫嬉戏谷 2011 年 6 月开始着手智慧景区的二期研发,主要项目是"掌上嬉戏"(3g.ccjoy.com),即线上线下互动娱乐智能移动系统平台。掌上嬉戏为手机或移动终端提供全方位智能导航、导览、导购、交友、休闲游戏、会员服务的综合平台,是嬉戏谷线上线下虚实互动系统的重要组成部分。"掌上嬉戏"项目提供游客从自己家到嬉戏谷的精确手机地图,游客在园内的精准定位服务,获得最新的排队信息和演出信息等资讯,让游客用手机参与园内游乐互动,游客之间可以分享游乐经验和体会,游客和线上游戏人物之间展开互动。再加上嬉戏谷的会员卡(包括年卡)和积分系统,实现手机加会员卡自由往返线上线下的游戏新模式,并依托三大移动通讯运营商的网络平台探索新的线上线下盈利模式。掌上嬉戏实现模块包括:首页、淘宝商城、地图模块(包括交通路线)、搜索模块、项目介绍模块(包括园内各场演出)、游戏模块、签到模块(交友)、新闻模块、活动(优惠)、下载专区、会员模块(包括线上线下互动)。

1. 地　　图

实现索引自动生成,首页上的"乐园地图"可进入乐园地图模块,可选择查看嬉戏谷各个区,地图上自动标识出来,包括售票处、停车场、公交车场、设备、商店、餐厅和生活服务,细致到某个游乐设备。点击查看详情(跳至项目介绍)。地图上的设备有颜色预警,例如黄色表示排队等待时间大于1小时,红色表示大于2小时,绿色表示小于1小时。地图上对每个项目都有标识,可以点击,点击后可查看项目的详情。园区地图分层制作,地图需要现场测量,地图上的项目标识可后台修改。

2. 搜　　索

首页有"站内搜索",输入相应关键字,点击进入搜索界面,罗列所有模糊搜索的相关字节。"高级"可以进行过滤搜索,包含类型,关键字。点击搜索,输入任何一个游乐设备、餐厅、公共设施等名称,均可显示该设备的小图及简介,并且可点击"收藏",以便以后查看。

3. 项目介绍

项目包括:游乐设备、美食、购物、演出(大剧院、展览馆、其他演出)、生活服务五大类,还按需求分区。手机版新增添加点评时可以实时拍照上传照片,点击"地图"标志,可以定位,查找所在地到目的地的最佳路线。

4. 签　　到

会员登录,点击签到,而在游乐设备、餐厅等留下的签到信息,都会汇总到这儿,可以查看有哪些人在;添加好友,对好友添加关注,查看他(她)签到动向,了解他(她)去过乐园哪些地方,对这些地方的评价,还可以对好友留言(私密话)。另外,还可以查看自己的关注、粉丝、签到情况,查看自己的积分情况、留言情况。每次签到都可以送一定数量的积分。

5. 交　　友

附近的人,查看附近在线的会员,交友,查看周围好友(手机定位),查看在线好友与自己的距离。可以聊天,给对方传送照片。

摇一摇(类似微信)可查看谁在附近,可以进行聊天。摇一摇可链接到大屏幕,可以设定某个时间点摇的会员,显示在大屏幕上。

6. 新　　闻

"新闻"版块分官方新闻和官方微博,用户可通过点击此版块来得知嬉戏谷的新闻、活动等。官方新闻的内容需要管理后台的编辑,会员可以在下方发言评论;"微博"模块主要是查看嬉戏谷官方新浪微博的内容,用户可以直接在下面发布内容,发布时需要登录自己的新浪账号。

7. 游 戏

游客在往来嬉戏谷途中,在嬉戏谷游玩期间(排队等候、休息等),可以参加嬉戏谷的互动小游戏,获得积分,赢得实物奖励。

8. 优惠活动

乐园内各个优惠商品或者优惠活动的信息都汇总在这里。对于某些优惠活动需要优惠券或者验证码的,可以下载获取自己想买商品的优惠券或者活动的验证码。

9. 下载专区

主要针对乐园特色的下载:乐园特色铃声、特色图片、小游戏等可供下载。

10. 会员天地

会员天地即个人中心,包括会员注册登录、会员身份信息、会员的短信息、会员活动的记录(包括签到、评论等)、积分情况、好友动态等,如果好友参加了我们的游戏频道,可将消息推送至好友动态。会员前台可查询,后台管理员可查询。

此外,掌上嬉戏还包括票务信息,门票价格,购票途径等,周边景区(周边玩乐):周边美食,周边住宿的价格、环境等,服务条款、意见反馈、免责声明等内容,并计划开发全园商品定位系统,全园游客定位系统,以及游客行为分析系统等,用全新的技术为游客提供贴心的个性化服务。

9.4 七里山塘智慧景区建设与发展案例

国家 4A 级景区、中国历史文化名街、中国最受欢迎的旅游历史文化名街——七里山塘景区,位于国家重点旅游城市苏州古城的西北部,东连"红尘中一二等富贵风流之地"阊门,西接"吴中第一名山"虎丘。山塘街是唐代著名大诗人白居易所筑之地,是康熙、乾隆皇帝 11 次驾临之地,是清代徐扬《姑苏繁华图》浓墨重彩之地,是曹雪芹《红楼梦》开卷第一回隐指之地,是文物古迹荟萃之地,已有近 1200 年的历史。

9.4.1 建设背景

2002年,在市、区政府的决策和支持下,山塘保护性修复工程正式启动。2004年10月1日七里山塘景区正式对外开放,至今已接待市民和游客近1000万人次,吴邦国、李鹏、李瑞环等曾先后视察山塘,联合国旅游记者团和中央电视台等媒体曾多次来山塘进行专题采访报道。七里山塘景区被誉为"苏州旅游开始的地方"、"老苏州的缩影,吴文化的窗口"。

七里山塘在发展过程中,通过对当今旅游业发展要求及旅游市场的分析,总结出了"两个必须"的结论:景区的发展必须注重与时俱进,建设现代国际旅游景区。必须以一流的信息化水平为支撑,以精品旅游信息化为切入点。为此,七里山塘景区围绕《国家重点风景名胜区数字化景区建设指南》,将传统旅游产业与现代信息科技相结合,以信息化基础设施为支撑,以旅游应用系统为纽带,以景区数据中心为核心,整合景区各项资源,探索出有特色的智慧景区建设之路。

七里山塘围绕《国家重点风景名胜区数字化景区建设指南》,结合七里山塘景区的实际情况,科学定位,因地制宜,一切从满足游客的需求为出发点,建设相应的数字化智慧旅游项目。

为进一步加快七里山塘智慧景区建设发展进程,景区专门成立了七里山塘智慧景区建设工作领导小组,从高起点部署和制定山塘智慧旅游项目建设的方案,形成政府和景区的齐抓共管,保障智慧旅游项目的建设推进;制定了《七里山塘智慧景区项目建设方案》,根据景区的实际情况和游客的需求反馈信息,分步骤有顺序地策划和推出智慧旅游建设项目,同时联合多家专业信息技术企业分别开发相应智慧旅游项目。

9.4.2 智慧山塘建设项目

智慧山塘建设项目具体包括以下内容:

1. 山塘虚拟游

山塘虚拟游是一款兼顾娱乐学习及文化于一体的手机应用游戏娱乐软件,其初定设计模式为:游戏娱乐项不收取费用,与山塘虚拟游旅游文化产品有关系时收取一定的流量费。七山塘是一个相对较完整的项目,其融合了多方技术于一体,并融合多种模式于一体,能全方位地体现苏州七里山塘之历史文化价值,并能很巧妙地融合现代高科技技术于山塘文化之中,主要功能包括七里山塘实景展现、角色模拟游山塘、山塘景点说明、七里山塘小地图、交友聊天功能、留言功能、团购功能、模拟黑白天功能、酒店餐饮信息查询、订票功能、潮流服饰展示功能等。

七里山塘未来将会是一个世界级的国际旅游胜地,会有各种肤色的人群游玩山塘街,定期在上面展示些潮流服装,也会是展示潮流的一个亮点,各种服装穿在相应角色的身上,并配有相应的亮色或方框显示,点击后则会出现以下字样:"此款服饰由'美丽天使'服装店提供,独家经销,手机购买有多重优惠,还有精美礼品相送哟! 快快下单吧,以免抢不到了哦!"

2. 山塘旅游信息平台

山塘旅游信息平台包括七里山塘官方网站和微博。七里山塘景区的官方网站,由国内著名上市网络科技公司设计制作,网址为 www.shantang.com.cn。网站设计精美,各项功能齐全,包括山塘旅游动态、旅游指南、商品展示、山塘论坛、票务预订、下载中心、电子地图、在线客服、视频展示等。七里山塘还开通了新浪微博,并通过认证。景区通过官方微博,及时发布景区最新资讯,开展各种有奖转发等活动,分享景区美图、传说典故等。景区还注重及时点评网友发布的游览心得,成了与网友互动的极佳平台。

3. 山塘视频导游讲解器

随着景区的发展,原本单一的语音讲解导游机已经不能满足现代旅游的要求,导游讲解器也需进行更新换代。为了进一步提高游客在景区内的游览体验效果,七里山塘景区与专业公司共同研发推出了视频讲解器,并投入景区,为游客更好地游览七里山塘,提供便利。

该讲解器具有自动定位景点、自动触发讲解、景点自动切换、地图定位查询、视频手动浏览等全自动功能,且便于携带,租赁方便,操作简单,便于游客深入了解山塘历史文化。现在讲解机已放置在游客中心及水上游游客中心,供游客使用。同时,该讲解器还可以应用到旅行团队中:团队游客在进入景点时,每人可佩带一个耳机。团队导游通过该讲解器,将讲解内容传递到每个游客的耳机中,从而保证了游客们收听讲解的内容完整度和清晰度,同时也避免了景点中多头讲解和声音嘈杂的弊端。

4. 多功能电子售票系统

七里山塘景区于2011年5月1日正式启用了多功能电子售票系统。该系统由七里山塘景区与专业软件制作公司共同研发。该软件根据七里山塘景区运营中实际情况而量身定制,系统由IC卡售票系统、游船统筹系统及财务系统组成。IC卡售票系统由IC卡、读卡器及电脑终端三个部分组成。IC卡收录了与七里山塘景区签约的旅行社导游的相关个人信息,包括姓名、导游证号、所在旅行社等。旅行社导游在购票时刷卡,所有信息一目了然,保证了导游的带团质量。游船统筹系统可随时掌控山塘每条游船的行驶时间,使用该系统后可灵活调度游船,帮助讲解员明确接团时间。在财务系统中,景区管理人员可通过后台实时了解销售动态,包括即时销售报表、各市场销售情况及历史数据对比分析等。

5. 幻影成像展示

幻影成像展示项目,位于玉涵堂二楼。该项目采用真人实景拍摄,通过后期制作,与山塘古街的模型结合,并伴以声、光、电的技术手段,以投影的方式,展现出了明清时期山塘街的繁荣景象。整个展示内容中,将山塘的市井风貌、民间习俗等一一展现。幻影成像画面活灵活现,游客观赏之后无不赞叹。该幻影成像也是华东地区最大的幻影成像。

6. 画舫游船

画舫游船项目,放置在玉涵堂二楼处。整个项目由一艘真实的画舫游船改造而成。在船舱内设有古色古香的桌椅、古筝、字画等。船头处放置了一台高清背投,背投可通过数据线和船舱内的隐藏式摄像头,将游客在船尾端坐的形象,通过数据处理,将船游山塘的外部景象与人像合成,形成游人仿佛乘坐在游船游览山塘河的景象,并最终显示在船头的背投上。该展品为玉涵堂内人气极高的互动项目,经常在该处出现游客排队合影的景象。

7. 山塘相关二维码制作

手机二维码在当今社会中的普遍使用,给人们的生活带来了快捷和便利。七里山塘景区紧跟时代发展的步伐,将二维码技术及时的应用于景区的方方面面。比如,在景区街道上,通过设置印有相应二维码的宣传牌,可以快速地让游客浏览景区官方网站、关注官方微博,并实现了通过扫描二维码快速下载"山塘虚拟游"软件。在景点里,展品标识牌上,游客只需掏出手机,把标识牌上的二维码扫描一下,便可以浏览该展品的详细信息,还可以通过语音方式,收听景点讲解。

8. LED电子屏幕

景区在各售票处及游客中心,都配备了LED电子屏幕。以滚动字幕的方式向游客发布天气预报、安全提示、景区推介、客流信息、节庆活动预告等。

9.4.3 智慧山塘计划实施的项目

根据相关的规划,山塘智慧景区正在实施以下项目:

1. 七里山塘手机客户端

七里山塘手机客户端分为苹果和安卓版,借助专业手机信息技术公司基于在手机客户端和网络推广及设计方面的成功经验,基于 Internet 的网络推广服务,让更多的游客了解七里山塘景区详细情况,充分利用网络宣传的广泛性、交互性,最大限度地挖掘潜在游客,开拓市场,并在旅游行业内塑造品牌形象。

七里山塘手机客户端主要分为景点介绍、商铺展示、网上购票、旅行社导游积分管理、活动专题、关于我们六大板块。

手机客户端在界面设计上和交互体验设计上都使用简约风格,菜单设计指向明确。常用的按钮都放置在比较明显的位置,用户通过浏览客户端界面就基本了解该客户端能够实现的主要功能,并且能较容易地找到业务入口。

景点介绍:景点图文、视频资料信息展示,在相应景区设置相应的二维码,游客根据二维码扫描对应位置,或者选择,可播放此景点的影音文件,进行自助导游展示;商铺展示:可提供景区内商铺信息及主要产品展示及预订;网上购票:可提供网上优惠券下载、网上预购门票服务,游客可提前进行网上购票、支付,并成功获得短信或二维码确认信息,至景点后可优先通过快速通道进行购票确认;旅行社导游积分管理:包含对导游及所属旅行社购票进行积分,年度按积分排名给予一定的奖励和回馈。活动专题:景区内开展活动,配合活动进行宣传和预告;关于我们:包含景区介绍、服务时间、服务内容、地图定位、意见反馈、版本升级。

2. 智能版大九连环

大九连环展示项目,位于玉涵堂一楼。该项目为苏州非物质文化遗产——桃花坞木刻年画的代表之作。该项目用反刻的手法将苏州民歌"大九连环"的歌词,排列成"大阿福"的人像形状。现着手将《大九连环》民歌吴语演唱版原声嵌入其中,配合投影技术及隔空触摸系统,通过手部动作完成开启和关闭,令游客产生兴趣,并使用投影技术配合声效同步化聚焦表现,营造出美轮美奂的诗篇意境。

9.5 本章小结

江苏智慧旅游建设起步较早,经过数年的快速发展,已形成了一批既有代表性又有示范推广价值的典型项目,本章选取了茅山智慧景区、沙家浜—虞山尚湖智慧景区、环球动漫嬉戏谷智慧景区以及七里山塘智慧景区四个案例进行系统分析,希望能为江苏智慧旅游的发展作一个阶段性的总结,为全省智慧旅游下一阶段更好更快地发展提供参考和借鉴。

这四个典型案例的实践得出以下五个方面的启示:第一,智慧旅游的建设并没有固定的模式,不存在拿来照搬的套路;第二,智慧旅游的发展,不是推倒重来,更多的是过去信息化建设成果的继承和创新,通过新技术的应用,取得更大的突破;第三,智慧旅游的建设必须坚持以游客为中心,以满足旅游业务更高效、更便捷、更贴心、更经济为出发点,提高旅游业务的运营效率,提升运营质量;第四,智慧旅游是一个长期的过程,绝非一朝一夕之功,只有起点,没有终点,既要有长远规划,又要脚踏实地,一步一个脚印,要务求实效;第五,智慧旅游的发展不要盲目追求技术的先进性,更多的是要从实际业务需求出发,坚持"好用、适用、实用"的技术应用原则,使现代信息通信技术能最大限度地与旅游业务深度融合,充分发挥技术的作用和价值。

智慧旅游的发展虽然有着多方面的困难和挑战,但只要目标明确,路线正确,措施得力,就一定能够取得显著成效。

第10章

江苏智慧旅游发展战略

江苏有着得天独厚的旅游资源,是国际国内游客的重要旅游目的地。尽快将江苏建成旅游强省,并把旅游业培育成为国民经济战略性支柱产业和人民群众更加满意的现代服务业,是省政府明确提出的当前江苏旅游业发展的重要战略目标。大力促进智慧旅游的建设和发展,是江苏旅游业做大做强的重要抓手,是江苏实现旅游业发展目标的必然选择。本章拟从江苏旅游业的现实发展情况出发,对江苏如何更好更快地发展智慧旅游做出深入的探讨。

10.1 江苏智慧旅游发展总体状况

江苏是国内最早提出智慧旅游概念的省份,也是全国智慧旅游发展的重点省份,经过多年的快速发展,已具备了良好的发展基础和优势,一定程度上为全国智慧旅游的发展做出了典范。

10.1.1 江苏智慧旅游发展所取得的进展

经过多年的发展,江苏智慧旅游建设取得了多方面的进展,具体说明如下:

1. 明确了江苏智慧旅游的工作目标

经过反复研究和论证,江苏省明确了智慧旅游的主要发展方向、发展目标。

●发展方向:以融合的通信和信息技术为基础,借助手机等便携移动终端的旅行应用以及适合旅游行业特点的运作机制,主动感知游客状态并提供相应旅游信息服务,形成一体化、敏捷化、数字化、交互式的旅游发展新模式。

●发展目标:围绕将江苏打造国内一流、国际知名旅游目的地的总体目标,构建以手机等智能移动终端应用为核心、以符合旅游行业特色的运营体制为基础的旅游信息服务体系,使江苏成为全国旅游电子商务新标杆、一体化旅游服务样板以及体验互动旅游实践区。

2. 建立起了江苏智慧旅游的工作机制

江苏省旅游局建立起了全省智慧旅游工作领导小组,该小组以省旅游局局长为组长,省旅游局分管副局长为常务副组长,其余副局长和全省各市旅游局局长为副组长,负责领导和协调全省智慧旅游工作的整体推进。与此相对应,建立起了以省旅游局办公室、综合法规处、规划发展处、旅游促进处、质量管理处、港澳台处、人事教育处、信息中心、质监所负责人,和各市旅游局分管领导在内的全省智慧旅游工作领导小组办公室。办公室主任由分管副局长兼任,日常工作由省旅游信息中心承担,具体负责全省智慧旅游规划与实施等工作。

3. 建立起了全省智慧旅游联盟

2010年江苏省内南京、苏州、常州、无锡、镇江、扬州和南通七市,抓住中国旅游电子商务大会在常州召开的契机,建立了"智慧旅游联盟",2012年,多个城市又进入全国首批智慧旅游试点城市,并决定携手开展合作共建活动,建立创建智慧旅游城市联盟,并将联合其他各兄弟城市携手共进,从城市智慧旅游,逐步向城市群、区域性智慧旅游发展,形成点、线、面、网的连接和结合。

4. 开展了一批智慧旅游试点项目

2012年11月,南京中山陵、常州中华恐龙园进入全国首批智慧旅游试点景区的同时,江苏省旅游局又从全省范围内优选出一批旅游景区、饭店、旅行社开展智慧旅游试点,积累经验,扩大影响。南京把中山陵风景区、玄武湖公园、红山森林动物公园三家景区作为第一批试点单位,游客统计分析系统已经发挥作用,车船管理系统、环境监测系统和游客虚拟体验系统等正在建设。镇江把金山景区、镇江国际饭店和市内主要公交线路作为试点,探索数字化在旅游产业链上的应用。

5. 涌现出了一批智慧旅游示范基地

省旅游局对全省智慧旅游的发展基地进行了遴选,于2014年4月公布了全省智慧旅游的示范基地,具体名单如下:

●中国电信旅游行业信息化应用南京基地(中国电信江苏鸿信系统集成有限公司);

- 南京途牛科技有限公司(途牛旅游网);
- 南京师范大学地理科学学院;
- 新沂市旅游投资发展有限公司(新沂市智慧旅游基地);
- 常州嬉戏谷有限公司;
- 江苏景尚旅业集团股份有限公司;
- 江苏水乡周庄旅游股份有限公司;
- 同程网络科技股份有限公司;
- 江苏有客网络科技有限公司;
- 扬州市瘦西湖风景区;
- 句容市茅山风景区管委会。

6. 产生了一批智慧旅游优秀项目

近年来,江苏全省已出现了一批智慧旅游项目,产生了良好的示范效应,具体项目如下:

- 南京智慧旅游数据运行监测中心;
- 江苏智慧旅游卡;
- 无锡市智慧旅游立体化营销体系;
- 无锡市智慧旅游饭店星级评定系统;
- 无锡市智能旅游车辆配载平台;
- 无锡市智慧餐厅 O2O 云平台;
- 无锡旅游全程解决方案——DTD 项目;
- 徐州市江南民俗文化体验智慧中心项目;
- 徐州市"百川智慧旅游"旅行社门店营销管理系统;
- 徐州市龟山景区旅游服务与管理信息化系统;
- 徐州市一体化电商平台构建项目;
- 常州国旅智慧旅行社建设项目;
- 私人定制江南行——悠游常州;
- 苏州市旅游局官方手机应用——姑苏 style;
- 苏州漫游卡;
- 苏州智慧的票房;
- 苏州尚湖风景区智慧导游游客助手;

- 苏州八爪鱼在线旅游分销平台；
- 苏州景区电子商务及电子票务系统、手机客户端；
- 南通环濠河博物馆群博物苑"掌上博物馆"；
- 南通酒店智助系统；
- 淮安市智慧旅游综合展示厅；
- 盐城大丰荷兰花海智慧景区；
- 扬州城市旅游智能导引导览项目；
- 扬州旅游营销中心电子商务平台；
- 扬州市O2O智慧旅游信息服务云平台系统；
- 镇江市马上游旅游移动电子商务平台项目；
- 镇江市西津湾公共地下停车场；
- 镇江市91稻草结伴同行；
- 自游泰州手机APP和微信一体化系统；
- 宿迁市旅游地接团队统计系统；
- 宿迁客流监控系统。

10.1.2 江苏智慧旅游发展的主要优势

江苏是旅游大省、教育大省，也是科技大省，发展智慧旅游具有"三大优势"。

1. 科技与人才支撑强大

2014年，江苏的科技进步贡献率接近69%，全社会研发投入占地区生产总值的比重达到近2.5%，电子信息产业销售收入占全国信息产业的四分之一以上，区域创新能力在全国科技发展研究评价中保持全国首位。全省智慧城市建设、物联网建设加快推进，无锡的"感知中国"中心和云计算中心在全国领先，为智慧旅游提供了技术支撑。同时，江苏高校和科研院所众多，两院院士数量居全国第一，为智慧旅游提供了人才支撑。

2. 旅游网络体系发达

全省基本形成了覆盖全省的多语种旅游网站集群及手机网站，建立了导游管理、旅游统计等业务管理平台，建成了江苏12301旅游服务热线和旅游咨询中心网点。同时，旅游部门积极与中国移动、中国电信等通信运营商开展合作，探索通过信息技术提升旅游业发展的新途径，取得了较好的成效。

3. 旅游网络经营发展迅猛

据统计,全省5000多家旅游企业中,已经自主建设网站或在国内著名网站开设网页的达到一半以上。通过携程旅游网等主流网站在线销售产品的企业达4000余家。许多旅行社龙头企业如江苏国旅、江苏中旅、常州春秋、常州国旅、苏州青旅等已经实现了在线商务运营。同时,同程旅游网、途牛旅游网两家在线旅游运营商快速发展,营业收入位于全国旅游电子商务运营商前列,其中途牛旅游网已在美国纳斯达克正式上市,大大提升了我国智慧旅游服务企业的国际影响力和市场竞争力。

10.1.3 江苏智慧旅游建设的主要特点

回顾江苏智慧旅游建设发展的过程,主要呈现出以下四个特点:

1. 规划和建设并进

全省"十二五"智慧旅游建设规划早在2011年就开始制定形成,各市也先后完成本地的规划和实施方案。一边坚持总体规划设计,一边坚持项目的创新实践和手段建设。

2. 政府和企业并进

在智慧旅游建设中,各级政府以及旅游部门无论是在行业管理还是在公共服务、营销推广等方面都既高度重视,加大投入,又积极引导企业以服务游客为核心,加快推动企业的转型升级,推进了信息技术的应用。

3. 科研和应用并进

科技高度发展的江苏有一大批热心于旅游信息技术研究的科研单位和机构,他们的研究成果不断转化为一个个项目,被广泛应用。这也是江苏智慧旅游起步高、应用广、发展快的根本原因。

4. 服务和推广并进

江苏旅游资源丰富,旅游产品多样,各地根据旅游市场发展的特征和消费者的需要,创新推出了直接服务游客的智慧服务平台、终端和项目。组织了内容丰富多彩的线上线下活动,既宣传推广了江苏旅游,吸引海内外游客关注江苏,又为广大游客提供了便捷高效的服务。

10.2 江苏智慧旅游发展存在的主要问题

在江苏智慧旅游取得较大成绩的同时,也应看到在发展过程中还存在着多方面的问题。

10.2.1 全省范围内发展不平衡

经过数年的建设和发展,江苏全省各市在智慧旅游发展方面取得了不同程度的进步,但从全省范围来看发展还不平衡,具体表现如下:一是苏南、苏中、苏北的区域不平衡,总体是苏南强一些,苏北弱一些;二是国家智慧旅游试点的7个城市不平衡,苏南5市加扬州、南通,有的全国领先,有的试点项目不多,成果不多,行动比较迟缓;三是企业之间的不平衡,有的旅行社、景区、饭店的网站非常实用、美观,有的仅仅是有个网址,数据陈旧,不好看,不实用。这与全社会的期望和快速发展的旅游形势不匹配。

10.2.2 专业人才匮乏和专职队伍建设滞后

智慧旅游是一项复杂而又艰巨的技术工程和社会工程,目前在人才队伍建设上面临两大难题。第一,在指导、规划和建设层面,需要有一批既懂各类现代信息技术又精通旅游业务的专业人才;第二,在各级旅游部门和面广量大的旅游企业的日常管理和维护层面,需要有一大批管理和具体维护的工作班子。仅就目前情况来看,省旅游信息中心现有12个事业编制,在岗人员只有5名(其中行政编制2人),远远少于山东、浙江的30多人和四川、福建的20多人,13个市旅游局平均只有2.07名专职工作人员,县级旅游管理部门平均只有1.1人。7个试点城市中,还有镇江、南通旅游局未设置专门机构,差距十分明显。

10.2.3 智慧旅游专项经费严重不足

据估算,"十二五"期间江苏全省用于智慧旅游建设的资金在3亿元左右,每年平均投入约需6000万元;"十三五"期间的建设经费至少应在年均5000万元以上。从目前政府对智慧旅游建设的投入来看,资金的缺口还比较大。从省局层面来看,由于过去对旅游信息化的投入没有到位,投入资金有限,在当前大力推进智慧旅游发展的环境下,资金矛盾必然更为突出。全省各市县总体对旅游信息化的预算都比较少,与智慧旅游的发展需求差距较大。因此,省、市、县三级财政部门都应加大对智慧旅游的资金支持,确保智慧旅游的发展能够顺利推进。

10.2.4 智慧旅游缺乏相应的信息技术和服务标准

智慧旅游工作的推进,有赖于与之相适应的信息技术规范和服务标准。在这项工作的"先行先试"阶段,缺乏智慧景区、智慧酒店、智慧旅行社、智能购物点等不同旅游企业的信息化标准、实施的具体方案,以及智慧旅游系统工程建设的扶持政策,不仅基层旅游管理部门无章可循,旅游企业的智能化建设也难以协同发展。

10.2.5 智慧旅游管理机构不健全,专职人员偏少

从纵向发展来看,全省智慧旅游的发展水平还处于初级阶段,约三分之一的市旅游主管部门缺乏专门的机构与专职人员,有的一件事分属几个部门,有些市旅游主管部门信息中心政府公共服务的功能与作用还不是很明显,一些专职人员经常被抽调到其他部门或忙于其他事务,各种智慧旅游的信息采集、报送工作无法落实或者落实不到位。少数市县旅游政务网站更新较慢,点击率低,难以发挥应有作用。有些地方旅游政务网站平时尚能正常,但在遇到旅游节庆活动或节假日,需要及时传播的信息很多并且旅游者也大量需要信息的时候,反而不能及时更新,设施设备利用率较低,网站缺乏特色,与游客对政府的公共服务要求相去甚远。

10.3 江苏智慧旅游发展的规划部署

经过多年的发展,江苏智慧旅游的建设取得了多方面的进展,总体已走在了全国的前列。在新的形势下,江苏智慧旅游面临着诸多机遇和挑战,必须从江苏旅游业发展的大局出发,结合国家对智慧旅游发展的相关要求,奋力开拓,力争取得更大的突破。

10.3.1 江苏智慧旅游发展的总体要求

江苏智慧旅游的发展既要根据已经形成的相关规划部署,又要顺应新的发展形势,做到继承和创新,为智慧旅游的未来发展提供强有力的指导。

1. 指导思想

深入贯彻实施《中华人民共和国旅游法》、《国务院关于促进旅游业改革发展的若干意见》(国发〔2014〕31号)以及《省政府关于全面构建"畅游江苏"体系促进旅游业改革发展的实施意见》(苏政发〔2014〕85号),全面推进施行国家旅游局《关于促进智慧旅游发展的指导意见》和江苏省旅游局《关于全省智慧旅游的实施意见》,以提高旅游便利化水平和产业运行效率、助推旅游强省建设为目标,以满足旅游者现代信息和服务需求为基础,以游客为中心,以满足旅游业务需求为导向,以实现旅游服务、管理、营销、政务和体验的智能化为主要途径,加强全省顶层设计和统筹协调,完善技术规范和相关标准,推进信息资源整合和共享,建立健全市场化发展机制,鼓励引导模式与业态创新,不断提升旅游业现代化、国际化、信息化、标准化水平,科学有序地推进智慧旅游持续、健康、快速发展,为把江苏建设成为国内一流、世界知名的旅游目的地提供强有力的支撑。

2. 基本原则

江苏智慧旅游发展的基本原则包括以下几个方面:

●坚持政府引导与市场主体相结合。全省各级政府部门着力加强规划指导和政策引导,推进智慧旅游公共服务体系建设;企业作为市场主体,在政府规划、政策和行业标准引导下,以市场需求为导向,开发适应游客需求的产品和服务。

●坚持统筹协调与上下联动相结合。着眼于江苏旅游业发展的整体和长远需要,着力加强信息互联互通,有效规避信息孤岛化、碎片化;在确保信息资源共享互通的基础上,各地结合实际需求,创新智慧旅游服务与管理模式,形成优势和特色。

●坚持问题导向与循序渐进相结合。突出服务游客这一主线,防止重建设、轻实效,使游客充分享受智慧旅游发展的成果;充分认识智慧旅游建设的系统性和复杂性,通过成熟的技术手段,从解决最迫切、最紧要的问题入手,循序渐进,务求实效。

●坚持信息共享和资源整合相结合。大力促进各类涉旅信息的共享,有效实现各类信息系统的互联互通,逐步破除信息孤岛;以满足游客的需要作为出发点,积极推进跨地区、跨行业的资源整合,构建高度一体化的智慧旅游服务体系。

3. 发展目标

围绕打造国内一流、世界知名旅游目的地的总体要求,综合利用大数据、云计算、移动互联网、物联网等新一代信息技术,着力打造一批智慧旅游景区、智慧旅游企业和智慧旅游城市,加快建成江苏智慧旅游公共服务网络和平台,使江苏成为全国智慧旅游发展先导省,并成为全国旅游电子商务的新标杆、一体化旅游服务新样板、体验互动旅游的创新实践区。

到2020年,江苏全省智慧旅游服务能力将明显提升,智慧管理能力将持续增强,大数据挖掘和智慧营销能力将显著提高,移动电子商务、旅游大数据系统分析、人工智能技术等在旅游业应用将更加广泛,培育多家实力雄厚的以智慧旅游为主营业务的企业,形成系统化的智慧旅游价值链网络,南京、苏州、无锡等城市基本建成智慧旅游城市。

10.3.2 江苏智慧旅游发展的主要任务

在新的历史时期,江苏智慧旅游发展的主要任务主要如下:

1. 夯实智慧旅游发展信息化基础

江苏总体上已拥有良好的智慧旅游信息化基础条件,但区域差异较大,无论是政府旅游主管部门还是各类旅游企业,都在一定程度上存在着信息化基础建设滞后的问题。一是要加快旅游集散地、机场、车站、景区、宾馆饭店、乡村旅游扶贫村等重点旅游场所的无线上网环境建设,推进全省4A级以上旅游景区和4星级乡村旅游区Wi-Fi免费服务,提升旅游城市公共信息服务能力;二是要提升政府工作人员以及旅游企业管理和服务人员的信息化装备水平,增强他们参与智慧旅游业务的运作能力;三是进一步提高旅游触摸屏、户外大屏等设备的投放,为游客提供更加全面、准确的信息。

2. 建立完善旅游信息基础数据平台

旅游信息基础数据分散,共享机制缺乏是制约智慧旅游发展的重要原因。一要规范数据采集及交换方式,逐步实现统一规则采集旅游信息,统一标准存储旅游信息,统一技术规范交换旅游信息;二要实现旅游信息数据向各级旅游部门、旅游企业、电子商务平台开放,保证旅游信息数据的准确性、及时性和开放性;三要通过建设智慧旅游大数据平台,为全省旅游基础信息的汇集、共享和整合应用提供专业支撑平台。

3. 建立游客信息服务体系

为游客建立全方位的信息服务体系,是提供高水平的旅游服务的前提条件。一是要尽快建成并发挥省级智慧旅游公共服务平台的作用,使其成为面向全行业的公共服务的重要载体;二是要发挥12301呼叫中心的作用,使其成为提供旅游咨询服务和旅游投诉的有效渠道;三是要建立健全信息查询、旅游投诉和旅游救援等方面信息化服务体系;四是大力开发运用基于移动通信终端的旅游应用软件,提供无缝化、即时化、精确化、互动化的旅游信息服务;五是积极培育旅游相关服务产品的电子商务平台,切实提高服务效率和增加用户体验;六是积极鼓励多元化投资渠道参与投融资,参与旅游公共信息服务平台建设。

4. 建立智慧旅游管理体系

建立适合智慧旅游发展的省、市、县三级智慧旅游管理与服务体系,是推进智慧旅游健康快速发展的重要保证。一是要建立健全省、市以及部分县(市)旅游应急指挥平台,提升旅游应急服务水平;二是要完善在线行政审批系统、产业统计分析系统、旅游安全监管系统、旅游投诉管理系统,建立使用规范、协调顺畅、公开透明、运行高效的旅游行政管理机制;三是要强化政府对游客和旅游企业的服务,协调政府各相关部门提供全面、及时和权威的涉旅信息。

5. 构建智慧旅游营销体系

智慧旅游营销体系建设是智慧旅游发展的重点内容,必须开拓发展思路,创新发展模式。一是要依据旅游大数据挖掘、建立智慧旅游营销系统,拓展新的旅游营销方式,开展针对性强的旅游营销;二是要逐步建立广播、电视、短信、多媒体等传统渠道和移动互联网、微博、微信等新媒体渠道相结合的全媒体信息传播机制;三是要结合乡村旅游特点,大力发展智慧乡村游,鼓励有条件的地区建设乡村旅游公共营销平台;四是通过发行畅游江苏卡等手段对游客进行个性化和专业化的管理,满足游客差异化的服务需求;五是建立跨区域的智慧旅游营销互助合作机制,促进旅游营销的一体化。

6. 推动智慧旅游产业发展

智慧旅游产业是推动旅游业转型升级、提质增效的重要驱动力量,要把培育智慧旅游产业的发展壮大成为全省各级政府做大做强旅游业的有力抓手。一是要建立智慧旅游示范项目数据库,鼓励旅游企业利用终端数据进行创业,支持智慧城市解决方案提供商以及云计算、物联网、移动互联网应用项目进入旅游业;二是在全省若干地区建立智慧旅游产业园区,促进智慧旅游产业要素的集聚,逐步形成智慧旅游产业集群;三是建立智慧旅游产业联盟,推动智慧旅游产业的资源共享和优势互补,使江苏成为全国智慧旅游产业的主要汇集地。

7. 加强示范标准建设

按照国家对智慧旅游示范城市、智慧景区以及智慧旅游企业建设的要求,大力推进全省示范标准建设。一是要积极推进南京、苏州、无锡等城市按国家要求建设智慧旅游示范城市,尽早形成国家智慧旅游城市的样板;二是遴选具备条件的景区和企业进行智慧景区和智慧旅游企业的示范,鼓励标准统一、网络互联、数据共享的发展模式;三是鼓励有条件的企业先行编制相关标准并择优加以推广应用;四是将智慧旅游景区、饭店等企业建设水平作为推荐各类评级评星的重要依据,引导智慧旅游健康、深入、可持续地发展。

8. 推动创新融合发展

智慧旅游的发展是一个复杂的系统工程,需要整合各方面的力量,推动创新融合发展。一是全省各级旅游主管部门要加强与通信运营商、电子商务企业、专业服务商、高校和科研机构开展合作,引导相关部门和企业通过技术输出、资金投入、服务外包、资源共享等方式参与智慧旅游建设;二是要探索建立政、产、学、研、金相结合的智慧旅游产业化推进模式,充分发挥各方独特优势,形成整合性的新优势,为各合作方服务;三是推进跨地区、跨所有制和跨行业的融合,探索智慧旅游发展新模式,培育新的经济增长点。

9. 建立景区门票预约制度

加强对景区的门票管理是突破景区安全、提升旅游服务的重要着力点,建立景区门票预约制度是有效的举措。一要鼓励博物馆、科技馆、旅游景区运用智慧旅游手段,建立门票预约制度、景区拥挤程度预测机制和旅游舒适度的评价机制,建立游客实时评价的旅游景区动态评价机制;二要通过移动互联网、旅游卡、手机等多种技术手段方式实现景区、旅行社、酒店、旅游电商以及游客等各参与主体的门票信息共享;三是要加强政府对旅游门票的监督和调控,防止出现景区过度拥挤等情形发生。

10. 推进数据开放共享

旅游数据孤岛现象长期存在是制约旅游业发展的主要障碍之一，加大数据开放共享的力度是全省旅游业面临的重要任务。一是要加快改变旅游信息数据逐级上报的传统模式，推动旅游部门和企业间的数据实时共享；二是全省各级旅游部门要开放有关旅游行业发展数据，建立开放平台，定期发布相关数据，并接受游客、企业和有关方面对于旅游服务质量的信息反馈；三是鼓励互联网企业、OTA企业与政府部门之间采取数据互换的方式进行数据共享；四是鼓励旅游企业、航空公司及相关企业的数据实现实时共享，鼓励景区将视频监控数据与国家智慧旅游公共服务平台实现共享；四是要建立旅游行业数据交换和共享的相关标准，为促进数据交换和共享提供技术支撑；五是利用大数据平台，实现相关旅游数据的集中存储和关联分析，为促进数据资源的共享和深入应用提供可靠保障。

10.3.3 江苏智慧旅游主要建设项目

江苏智慧旅游的主要任务是实施"1256"工程，即：一个超级门户、两个优化项目、五项示范工程和六大新建平台。

1. 一个超级门户

一个超级门户是指为游客提供查询、预订、结算和反馈等服务的门户平台，用以整合13个市的信息资源和吃住行游购娱诸多要素，集合查询、预订、结算、反馈等功能，提供一站式、全方位、一体化、交互式的旅游服务。

2. 两个优化项目

两个优化项目是指12301人工服务热线和旅游业务管理系统。12301人工服务热线是超级门户的补充，通过逐步改进完善，将人工服务与网络服务相结合，增强旅游信息服务的及时性和互动性，同时还将实现其行业监督功能。旅游业务管理系统是实现旅游行政部门决策、管理的重要平台，已建有旅游统计、导游管理、出境游系统、假日预报等业务系统，在此基础上建立省、市、县三级电子政务报送系统、导游人力资源服务系统、旅游项目管理平台、自驾游基地管理平台和乡村旅游管理平台。

3. 五个示范工程

五个示范工程包括智慧旅游示范城市、IT上市企业、智慧景区示范工程、智慧酒店示范工程和智能旅游购物示范点。

● 智慧旅游示范城市。结合国家和省两个《指导意见》的建设要求,加上本地已经具备的旅游发展优势,相关城市可以在全省率先实现智慧旅游。

● 旅游 IT 上市企业(企业上市)。江苏现有同程旅游网、途牛旅游网两家重点旅游 IT 企业,在全国位列前五,通过促进两家公司上市,使它们成为旅游电子商务的新典范。

● 智慧景区示范工程。智慧景区是指应用三维观景、电子门票、电子导游、客流预警、环境监控以及网络营销等信息系统,为游客提供准确、及时、触发式信息服务的旅游景区。通过数年的努力,实现全省所有 5A 级景区、4A 级景区达到智慧景区的目标。

● 智慧酒店示范工程。在酒店客房内设置带有当地旅游服务系统的智能终端,为消费者提供周到、便捷、舒适的服务,同时酒店能源实现智能化控制,成为绿色低碳的示范酒店。

● 智能旅游购物示范点。在旅游购物场所建立感知网络,准确感知游客购物喜好,促进本地旅游特色商品的研发、设计和销售。

(4)六大新建平台

六大新建平台是智慧旅游服务体系的核心,包括数字旅游营销平台、体验互动平台、智能终端旅游应用平台、旅游企业电子商务服务平台、旅游质量保障平台和智慧旅游一卡通。

● 数字旅游营销平台是"畅游江苏"品牌网络营销的重要载体。其特点是实现个性化旅游定制以及身份认证和信息报送。数字旅游营销平台还包括利用互联网门户、博客、微博、网上交友社区等渠道进行交流推广。

● 体验互动平台是游客选择旅游产品和消费产品的生动参考。运用遥感、360 度实景拍摄、虚拟现实和地理信息系统,制作虚拟旅游产品,让消费者轻松实现在线旅游体验。

● 智能终端旅游应用平台是旅游全程服务的桥梁。在以手机为主的智能终端上开发旅游应用系统,使游客体验无处不在的移动旅游服务,达到"我行由我、服务随行"的效果。

● 旅游企业电子商务服务平台是企业提升管理、降低成本的必要手段。该平台为旅游企业提供在经营活动中所需要而又自身无力实现的云存储中心以及数字应用平台。

●旅游质量保障平台是营造高品质智慧旅游的保障。包括旅游企业资质查询、业务服务投诉、救援等旅游保障系统,使游客在江苏能够放心旅游。

●智慧旅游一卡通"畅游江苏卡"是跨平台身份认证及组合优惠载体。以 IC 卡作为载体,联合全省各地景区、宾馆酒店、娱乐购物等旅游企业,为消费者提供不同程度的优惠。既是跨平台的身份认证系统,又是游客信息和需求跟踪反馈系统。如果将一卡通卡号与手机号绑定起来,可以实现真正意义的"一卡(机)在手,玩转全省"。

10.4 江苏智慧旅游发展对策建议

江苏智慧旅游的发展已进入了一个新的历史阶段,面对新的形势和任务,必须抢抓机遇,科学部署,通过全方位、多角度、深层次的发展,力争经过数年的努力,使江苏智慧旅游的发展进入一个全新的阶段,全面开创江苏旅游发展的新局面。

10.4.1 全省上下尽快形成发展智慧旅游的共识

加快智慧旅游的发展已成为我国旅游业转型升级的重要措施,也是江苏旅游业做大做强的有力抓手。江苏旅游产业经过 30 多年的发展,已经从 20 世纪 70 年代末的白手起家,快速发展到目前已经拥有两千多家旅行社、上千家旅游星级饭店,1000 多家旅游景区景点和数万家上规模的乡村旅游点,再加上不断出现的新业态、新项目,江苏旅游已经成为今天直接从业人员超过 50 万人、年接待旅游者 5 亿多人次和旅游总收入突破 6000 亿元的大产业,行业管理与旅游公共服务单单依靠传统经验和传统手段已经远远不能适应产业发展需求。今天的旅游公共服务、行业管理、市场营销已经不能单凭传统的经验性工作模式和人工化管理手段来发展,必须通过发展智慧旅游来破解一系列的难题。

智慧旅游作为当今信息社会旅游业发展的新生事物,对于整个旅游产业都有着重要意义。对游客而言,智慧旅游系统可以让他们足不出户,就能全面了解目的地旅游信息,预订产品和进行结算;旅游过程中游客能够动态了解旅游信息并获得帮助;旅游结束后还能够通过该系统进行有效的信息反馈。对旅游企业而言,智慧旅游平台是他们充分展示形象和提供产品的有效载体,在线营销系统可大大节约企业经营成本。对旅游管理部门而言,通过定位、统计、安全和反馈等系统,可以全面了解游客需求、景区动态、意见建议等内容,帮助实现科学决策和管理。总之,智慧旅游体系的建成,将改变游客的行为模式、企业的经营模式和行政部门的管理模式,引领旅游业进入"体验时代"、"定制时代"和"互动时代",从而逐步改变整个产业的运营模式,是旅游业强化现代服务业特性,提高现代服务业水平的重要途径,是江苏建设旅游强省、建成世界一流旅游目的地的不二法门。

面对这一新的重大战略性机遇,全省旅游系统的干部群众应对发展智慧旅游有清醒的认识,尽快达成共识,并能根据全省的统一部署,结合自身的实际需要,积极稳妥地推进智慧旅游健康、快速、可持续地发展。

10.4.2 加强对智慧旅游发展的组织领导

智慧旅游的建设是一项只有起点没有终点的巨大工程,只有审慎规划、务实行动、一步一个脚印,才能逐步取得成效。加强智慧旅游的组织领导,是智慧旅游确保正确的发展方向的重要保证。

全省各级旅游主管部门要加强领导,积极稳步推进智慧旅游建设。省市两级旅游主管部门应根据需要成立智慧旅游推进工作领导小组,主要负责智慧旅游建设的总体指导和监督实施,指导国家有关技术标准规范的贯彻实施以及省级标准规范的编制工作。全省各区县应结合实际建立智慧旅游建设推进机构,统筹协调本地区智慧旅游基础建设、技术应用和示范推广。

省旅游部门为积极发挥智慧旅游参与各方的积极性、主动性和创造性,与有条件的市旅游主管部门将会同相关部门共同设立智慧旅游协同创新中心、产业孵化中心、公共服务运营中心、人才服务中心,发展技术外包服务机构,培育智慧旅游产业链,为智慧旅游发展创造良好的发展环境,并提供强有力的基础保障。

10.4.3 加强全省智慧旅游发展的顶层设计

智慧旅游顶层设计是运用系统论的方法,从全局的角度,对智慧旅游发展的各个方面、各个层次、各种要素进行统筹规划,以集中有效资源,高标准、高水平地实现各项目标。国家旅游局已经出台了《关于促进智慧旅游发展的指导意见》,为我国智慧旅游的发展指明了方向。江苏也已经出台了《关于全省智慧旅游建设的实施意见》，为江苏智慧旅游发展提供了依据。省旅游局应以国家、省已出台的相关文件为依据，进一步完善和细化顶层设计，为全省智慧旅游发展提供全面、系统和可靠的依据。

10.4.4 优化全省智慧旅游的发展规划

智慧旅游发展规划是指导智慧旅游发展的纲领性文件，也是顶层设计的具体体现。省旅游局已经发布了《江苏省"十二五"智慧旅游发展规划》，为"十二五"期间智慧旅游的发展起到了积极而重要的作用。南京、苏州、淮安等市也发布了"十二五"智慧旅游发展规划和计划，不同程度上为当地智慧旅游的发展提供了重要的支撑。在"十二五"与"十三五"交替之际，全省各级主管部门要充分总结和评价"十二五"智慧旅游规划的得失，并在此基础上，编制更加科学、更为合理的"十三五"智慧旅游发展规划，使规划成为引领未来智慧旅游更好更快发展的重要法宝。

10.4.5 加强对智慧旅游的人才队伍建设

人才队伍建设是促进智慧旅游更好更快发展的关键所在，必须采取多方面的措施予以推进。第一，要大力支持社会力量培养智慧旅游人才，形成多方培养智慧旅游人才的良好局面；第二，要经常性地邀请国内外高等院校、著名软件企业与全省相关部门合作办学或建立职业培训机构，并加强对智慧旅游人员的继续教育和岗位培训；第三，要完善人才政策，大力引进人才，创建一个有利于智慧旅游人才发展和创业的良好环境，并在科研经费、科研设备、生活待遇、工作报酬、知识产权保护和技术入股等方面制订优惠政策，吸引各类人才在智慧旅游领域进行创业；第四，要聘请国内外专家、学者和企业家组成智慧旅游智囊团，参与全省智慧旅游的发展战略制订、关键技术攻关和重点工程项目方案评审等工作，为智慧旅游发展提供高标准的智力支撑。

10.4.6 加强对智慧旅游建设的投资力度

加大对智慧旅游的投资力度，确保智慧旅游建设资金需要，是推动智慧旅游发展的重要支撑条件。具体措施如下：

第一，构筑服务于智慧旅游的多元投资环境，建立起以政府投入为引导、企业投入为主体、其他投入为补充的多元化、市场化、多渠道智慧旅游建设投融资机制。

第二,将智慧旅游发展资金列入政府投资管理体系,加强对投资科学性的管理,强化智慧旅游建设投入的激励、约束和评估机制。

第三,要稳步增加政府智慧旅游的投入,重点和优先支持以下类型的项目:一是目标明确、管理责任清晰、服务效益显著和协同机制完善的智慧旅游工程建设。二是整合部门业务系统、大幅度提高管理和服务水平、降低行政成本的项目;整合政务信息资源,提升现有系统应用水平和信息共享水平的项目。三是跨部门业务协同、跨部门资源共享、共用基础平台、综合应用平台等节约财政投入效果显著的项目;有利于深化政府机构改革、优化业务流程、创新组织模式,提高行政能力的项目。四是支持数据清理、架构规划等资源整合基础工作。

第四,加强对具有公益性、基础性、战略性的重大智慧旅游工程项目的支持力度,大力推进包括政务信息网络建设、智慧旅游公共服务平台建设、数据中心和关键性信息资源开发利用、安全支持中心建设等基础设施项目的建设。

第五,探索建立"政府引导、市场运作、企业主体"的智慧旅游建设运营模式,在符合政策和法规的前提下,对适合市场化运作的项目,按照"谁投资、谁受益"的原则,吸引社会资金投资智慧旅游建设,发展多元投资主体和多种投资融资渠道,为加快全省智慧旅游建设步伐提供稳定可靠的资金保障。

第六,加强对信息产业发展的政策和资金支持力度,安排设立发展专项资金,支持信息通信技术自主创新和重点战略产业突破发展,引导社会资金投入。

10.4.7 积极推进信息共享和资源整合

智慧旅游信息资源整合是一项复杂的系统工程,全省旅游系统要抓住时机,积极探索,勇于实践,创造有利于智慧旅游信息资源整合的良好环境。具体包括以下推进措施:

第一,要制订切实可行的信息资源整合规划,坚持"以需求为导向,以应用促发展,统一规划,有序推进,协同发展,注重实效,资源共享,安全保密"的发展原则,建立符合全省实际的智慧旅游信息资源开发利用框架,明确政府各部门、社会各相关单位在智慧旅游信息资源共享上的分工与协作,重点选择与旅游发展密切相关,而且信息资源密集程度比较高的政府部门作为信息资源整合的重点领域。

第二,要发挥政府在建立智慧旅游信息资源共享机制上的主导和示范作用,按照统一的信息资源分类方法和元数据等标准规范,建立智慧旅游信息资源目录体系和交换体系,为各级旅游政务部门的业务协同、公共服务和辅助决策提供信息交换和共享服务。

第三,要按照国家《政府信息公开条例》的要求,进一步完善政府涉旅信息的发布机制,保障游客和旅游服务企业的知情权,增强旅游行政活动的透明度,监督政府机关依法行使职权,以便为有效整合信息资源提供坚实的基础。

第四,在智慧旅游信息资源整合的实施过程中,避免简单地把传统的政务活动计算机化或网络化,要按照智慧旅游信息资源整合的要求,对现行的政府管理职能、组织以及行政流程进行必要的调整和改革,提高政府旅游部门的依法行政和社会服务能力,为全面建设成新型的旅游电子政府创造条件。

10.4.8 充分发挥智慧旅游企业的示范效应

从多方面入手,充分发挥智慧旅游试点企业的示范效应,为行业推广提供示范。一要推选智慧旅游建设的先进企业作为示范,推广其发展经验,实现智慧旅游经验的有效共享;二要建立智慧旅游发展培训基地,加强对企业各层次人员,尤其是企业"一把手"和高级管理人员的智慧旅游知识与技能的培训;三要加强企业间信息化经验的交流,鼓励企业因地制宜,探索符合自身的信息化建设模式。

与此同时,要采取有效措施,尽快建立中小企业智慧旅游发展帮扶机制。一要依托政府、企业、科研机构、旅游行业组织等多元投入,以市场化的运作模式,加快建设重点面向中小旅游企业的创新技术平台,从政策、资金和技术上给予中小旅游企业支持;二要在智慧旅游建设基金中设立中小企业智慧旅游创新基金,重点资助智慧旅游建设成绩突出的中小企业;三要加强政府对中小企业智慧旅游的发展引导,并积极争取国家、省、市的专项资金支持;四要发挥智慧旅游先进企业的示范作用,建立企业间智慧旅游帮扶机制,有针对性地指导中小企业智慧旅游建设工作。

10.4.9 积极发挥智慧旅游在产业融合中的独特作用

坚持旅游、文化、生态和科技"四位一体",充分发挥江苏旅游的独特优势,积极推进旅游与文化、生态和科技的深度融合,利用智慧旅游的理念和技术开发建设一批特色鲜明、附加值高的旅游项目,进一步增强江苏旅游对游客的吸引力,不断提升江苏旅游的新优势。

坚持依托资源创新、创意创新和技术创新相结合,科学开发旅游资源,深度谋划旅游项目,大力促进历史文化旅游资源与现代科技、动漫创意相结合,提升江苏旅游产品的文化表现力和创意吸引力,进一步增强江苏旅游的影响力、辐射力和发展力。

10.4.10 进一步发挥智慧旅游在江苏旅游国际化中的价值

旅游业国际化程度低、入境游客数量减少以及旅游创汇水平下降,是我国各地旅游业发展所普遍面临的问题,江苏也不例外,近年来,境外游客的到访量和旅游消费均有一定程度回落。究其原因,最根本的还是国内旅游服务的水准已无法满足日益提升的境外游客的需求。充分利用智慧旅游的手段,推进旅游的国际化,是行之有效的措施。一要充分利用 PC 互联网和移动互联网等多种渠道设立面向不同国家的多语种服务平台,向国际游客提供及时、权威和可靠的信息指导,针对江苏旅游市场的特点,前期可以重点推出英语、日语、韩语等旅游服务信息,在取得成效的基础上,再逐步向更多语种发展;二要全面完善服务境外游客的各项基本设施,如包含多个语种的各类指示牌、景点或景区的外文资料介绍以及自助语音导游等,为国际游客提供更多方便;三是通过社交媒体以及其他手段加强与境外旅游服务商合作,共同开展江苏旅游资源的推介以及境外游客的组团等业务;四是利用智能终端和移动互联网等手段,为境外游客定制有针对性的旅游行程和专门服务,满足境外游客独特的需要;五是利用大数据和云平台建立面向国际游客的智慧服务体系,开发有针对性、创新性的旅游产品和线路,进一步改善面向国际游客的服务。

10.4.11 建立健全网络与信息安全保障机制

网络和信息安全是智慧旅游发展的基础保障,对智慧旅游发展有着至关重要的影响。一要按照"谁主管谁负责,谁运营谁负责,谁使用谁负责"的原则,落实信息安全管理责任制;二要强化信息网络安全基础设施建设,信息安全保障系统与应用系统同步规划、同步建设、同步运行和同步发展;三要建设和完善信息安全监控体系,高度重视信息安全应急处置工作,制订应急预案,开展应急演练,各应用系统要普遍建立灾难备份体系,提高对信息安全事件的防范和应对能力;三要建设网络信任体系,在旅游智慧营销等业务中加强 CA 认证等信息安全保障措施的运用。

10.4.12　加强对智慧旅游建设的评价与考核

智慧旅游作为一项新生事物,如何正确把握科学的发展方向,确保应有的发展成效,是一个十分重要的问题,加强对智慧旅游建设的评价和考核必然是行之有效的措施。一要根据国家以及省局的相关要求,并结合智慧旅游的发展实际,尽快研究拟定相关的评价与考核体系;二要建立起由来自政府部门、高等院校、科研机构以及旅游企业相关专家共同组成的评价考核小组,承担相应的评价和考核任务;三要建立智慧旅游工作目标责任制,将智慧旅游建设工作纳入各级旅游部门年度考评目标,引导科学的发展方向;四要积极引入第三方评价机制,对智慧旅游项目和成果进行投入、产出、综合效益、推广价值等方面的综合评价,在综合评估基础上不断加以提升改进。

10.4.13　发挥智慧旅游在营造文明旅游大环境中的作用

文明旅游关乎公民素质和整体形象,是智慧旅游建设需要努力改进的方向。一要通过手机短信、官方微博、微信公众号等多种渠道向全省游客发布文明提示,提醒游客自觉做到"讲安全、讲礼仪、讲卫生,不大声喧哗、不乱写乱画、不违法违规",对出境旅游管理做到审核培训责任到位、行前说明提示到位和领队履行职责到位,并把好"组团关"、"落地关"、"行程关";二要分级建立游客旅游不文明档案,与航空公司、旅行社、旅游饭店等涉旅企业联动,形成游客旅游不文明信息通报机制;三要建立旅游不文明曝光台,将旅游不文明照片、视频等在媒体上集中公布,形成声讨旅游不文明行为的监督氛围;四要通过手机短信、微信等手段评选"文明领队"、"文明游客"和"文明旅行社",树立旅游文明新形象。

10.4.14　强化智慧旅游对旅游安全的保障

安全是旅游行业的生命线,切不可有一丝一毫的松懈,要将保障游客安全纳入智慧旅游建设范畴,切实提升安全保障水平。一要建立旅游安全预警机制,充分利用微信、微博、手机短信等渠道,发布各种旅游预警信息,指导游客防范各种事故和意外;二要建立旅游目的地安全风险提示制度,发布旅游目的地气象预警,提升旅游行业灾害性天气预警防范能力;三要强化重点领域和环节的监管,与交通运输、公安等部门共同建立对旅游用车联合检查制度,协助交通部门全面推动旅游客运汽车安装具有行驶记录功能的卫星定位装置并实行联网联控;四要加强对大型旅游节庆活动的安全管理,通过对视频监控、交通流量监控等信息共享,进一步加强对旅游安全的监管和控制。

10.4.15 加快旅游应急平台与应急预案体系建设

旅游应急救援体系是旅游业发展的重要组成部分,也是智慧旅游发展的新的建设内容之一。一要建设省级旅游应急指挥平台,实现对全省旅游系统各类突发事件的指挥调度和应急处置,并实现与国家旅游应急指挥平台的对接;二要实现与公安、消防、卫生、交通等专业部门应急平台的互联互通,并与省政府应急平台实现对接;三要加强适应旅游业务需要的移动应急指挥系统、应急通信系统的配备,有效保障旅游应急业务需要;四要进一步完善旅游行业应急预案体系,并尽力推进应急预案的智能化管理,确保应急预案适应性强、应用效果好。

10.5 本章小结

当前,我国旅游业正处在向法制化、规范化、科学化、国际化和信息化发展新的历史阶段,并将全面开启智慧旅游的新时代。江苏旅游业的发展正处于重要的机遇期,旅游业在全省国民经济中的地位与日俱增,对促进经济转型、扩大就业与消费、带动社会繁荣以及培育新的经济增长点方面的作用正在日益凸显,以大力发展智慧旅游为抓手,引领全省旅游业科学有序、健康快速地发展已成为基本的共识,目前正处在深入推进的关键时期。

作为全国智慧旅游试点城市数量最多、发展最早的省份,江苏智慧旅游建设的使命光荣、任务艰巨、道路曲折、前途光明,全省上下既要树立坚定的信心,以必胜的信念面对各种挑战,又要以科学负责的精神,扎扎实实地推进智慧旅游建设取得实际成效,为全面开创全省智慧旅游发展的新局面奠定坚实的基础。

后 记

　　智慧旅游是伴随着以移动互联网、物联网、大数据和云计算等为代表的新一代信息技术的快速崛起而产生的新概念,已成为我国旅游业转型升级、提质增效的重要抓手,也将成为我国旅游业在今后比较长的时期内建设和发展的重点内容。智慧旅游涉及面之广泛、影响力之巨大、发展意义之深远,已大大超越我们的预料,一定程度上已掀起了一场声势浩大的旅游业革命。

　　在全国上下大力推进智慧旅游建设和发展的大背景下,我们不无忧虑地看到,一方面,政府主管部门和各类旅游企业对发展智慧旅游既倾注着极大的热情又抱有极高的期望;另一方面,智慧旅游作为一项新生事物,不但在理论研究方面缺乏较为成熟的体系,而且在技术应用方面,目前国内尚未形成相对完善的技术支撑体系。换言之,当前无论是理论研究还是技术研发,在很大程度上都滞后于智慧旅游快速发展的需要。如何补足智慧旅游的发展短板,是全国旅游系统必须共同面对的现实问题。

　　江苏是世界上很有影响的旅游目的地,旅游资源得天独厚,旅游产业总体发展水平国内领先,加快建设"旅游强省和国内一流、世界知名的旅游目的地"的目标正在如火如荼地推进之中。智慧旅游作为实现这一宏伟目标的重要选择,正在发挥越来越重要的作用。作为我国智慧旅游概念的起源地和全国智慧旅游城市试点建设的重点省份,江苏在全国智慧旅游发展方面无疑担当着排头兵和领军者的角色。为了更好地指导江苏智慧旅游健康、科学、有序地发展,江苏省旅游协会组织南京邮电大学等专家学者对智慧旅游发展的相关问题进行深入的研究,希望相关的研究成果能为江苏乃至全国兄弟省市提供理论支持、技术指导和决策参考。

本项目由以姚国章教授(南京邮电大学)为组长的研究团队联合完成,研究成员包括:丁世红(江苏省旅游局)、周晓平(江苏省旅游局)、韩玲华(中国电信江苏公司)、刘忠祥(南京邮电大学)和高峰(南京安信达信息科技有限公司)等,研究团队在江苏省旅游协会的直接指导下对全省旅游系统作了全面的调研,通过大量的访谈,并结合国内外研究成果的梳理,形成了本成果。研究团队希望关注智慧旅游发展的朋友能够从中获得更多的启发和思考,并就相关问题展开更加深入的探索。

本书是在充分吸收和借鉴前人所取得的一系列学术研究成果以及相关发展案例的基础上形成的,一定程度上对我国智慧旅游发展和应用成果进行了梳理,正是各位同行所付出的努力,为本项目研究提供了极大的支持和帮助。在此,向各位同行致以最诚挚的谢意。因为受能力、水平和时间等因素的局限,本书中必然存在一些问题和错误,在此请各位读者多加包涵。如有可能,请将发现的错误或完善的建议转告我们,以便我们进一步学习改进。

智慧旅游的发展是一个复杂的过程,需要来自各方面的共同努力,我们非常希望能和省内外关注智慧旅游发展的同仁携手,共同为推进我国智慧旅游更好更快地发展贡献更多的力量。

姚国章
2015 年 6 月